当代浙江学术文库
DANGDAI ZHEJIANG XUESHU WENKU

浙江省社科联省级社会科学学术著作出版资金资助出版（编号：2015CBQ08）

# 老年教育与老年福利

黄燕东　著

浙江工商大學出版社
ZHEJIANG GONGSHANG UNIVERSITY PRESS

**图书在版编目(CIP)数据**

老年教育与老年福利 / 黄燕东著. —杭州：浙江工商大学出版社，2016.6
ISBN 978-7-5178-0402-4

Ⅰ. ①老… Ⅱ. ①黄… Ⅲ. ①老年教育—研究—中国 Ⅳ. ①G777

中国版本图书馆 CIP 数据核字(2016)第 106660 号

**老年教育与老年福利**

黄燕东 著

**出 品 人** 鲍观明
**策划编辑** 任晓燕
**责任编辑** 沈明珠 白小平
**封面设计** 林朦朦
**责任校对** 何小玲
**责任印制** 包建辉
**出版发行** 浙江工商大学出版社
(杭州市教工路 198 号 邮政编码 310012)
(E-mail:zjgsupress@163.com)
(网址:http://www.zjgsupress.com)
电话:0571-88904980,88831806(传真)
**排 版** 杭州朝曦图文设计有限公司
**印 刷** 浙江云广印业股份有限公司
**开 本** 710mm×1000mm 1/16
**印 张** 13.75
**字 数** 237 千
**版 印 次** 2016 年 6 月第 1 版 2016 年 6 月第 1 次印刷
**书 号** ISBN 978-7-5178-0402-4
**定 价** 45.00 元



浙江工商大学出版社营销部邮购电话 0571-88904970

# 前　言

老年教育(老年大学)自20世纪70年代出现以来,已在世界范围内发展成规模化、组织化和大众化的形态。老年教育是老年人生活的一个重要组成部分,为提升老年人的福利水平发挥了积极作用,但传统经济学方法并不能准确评价老年教育的福利价值。老年教育具有多元化特征,即多个层次、多种形式、多种收获(收益),这使得老年教育蕴含着某种特殊的价值。此外,国内外对老年教育的资源配置问题还缺乏研究。本书力图解决这些问题,并对老年教育的发展提出政策方面的建议。

诺贝尔经济学奖获得者阿马蒂亚·森的能力方法理论为重新评价老年教育价值提供了新的视角,即功能和能力的视角,但能力还仅是静态的,是水平和范围上的概念,无法表达老年福利的实际产生过程。能力方法理论的核心是功能,本书以能否进行功能扩展,即动态的功能增量为评价标准,对阿马蒂亚·森的能力方法理论进行拓展研究,提出完备能力和功能扩展的福利分析框架,并以此对老年教育的价值进行重新评价。提高老年人的生活质量和福利水平无疑需要更为完备的能力体系,其具体表现为功能空间的不断扩展,福利的不断增长。如果能力不增加、功能不扩展,则老年人的福利水平表现为停滞不前或者开始下降,而一旦老年人失去能力(成为失能老人),则很有可能成为家庭和社会的负担。因而老年人积极主动地参加各种老年教育活动,实际上是对自身能力下降的一种自觉补偿。人在进入老年期以后,其生理功能开始衰退、能力开始下降,但老年人追求幸福生活的愿望并没有因此而减弱,提高生活质量就要增加能力,参加老年教育成为老年人增加能力的最主要,也是最有效的手段。

老年教育的能力补偿机制可以从一般教育获得收益的机制中得到更多的证据。就目前而言，大多数老年人参加教育活动并非是为了获得工作和收入，他们从参加教育活动中获得了怎样的收益，国内外还没有相关文献给予定量说明。作为教育的一种具体形式，老年教育也具有教育获得各种收益的一般机制，为此必须从源头去寻找原因，探究教育学和经济学之间更深层次的内在联系。通过文献研究发现，教育收益具有多样性的根本原因在于教育培养和提高了人的多种能力，能力是教育及其收益之间的一个重要中间变量。更深入的分析表明，以人力资本解释教育收益多样性具有一定的局限性，人力资本只是教育所培养的能力在生产领域的资本化形式，通过投入产出模型获得收益，未被资本化的能力还可以作用于其他很多领域，因而教育还可以产生其他许多非经济的、非货币的、很难评估的收益。教育提高的能力有多种，根据其所发生作用的活动领域，可以分为认知能力、生活能力、生产能力、社会化能力及创新能力等。不能资本化的能力不像资本那样获得货币形态的投资收益，而是通过能力活动模型获得各种收益。能力通过能力结构单元对各种经济社会活动产生作用，而能力结构单元是基本能力的组合及其分工协作。一个典型活动必须依靠能力结构单元的协同工作才能得以完成，收益才能产生。能力结构单元具有自我修正、提高和创新功能，因而能力可以学习、传播和自生长，进而产生外部性。能力在经济学中的演进表明，能力具有福利增长效应，作为达到福利目标的手段，其实现方式并不是能力自由，而是能力平等。

老年教育的能力补偿机制还可以得到实证检验。简单地以功能和能力为衡量标准还不能很好地评价老年教育给老年人带来的收益。其一，功能向量并没有包含做和完成这些功能性活动后获得的收益；其二，功能向量没有表达功能性活动之间的关联性；其三，静态的功能向量不能表达老年教育给老年人带来的福利增量。老年教育本身不仅是一种基本功能（活动），而且可以培养和提高老年人完成其他各种活动的能力。老年教育虽然培养的就业能力有所减弱，但培养的许多其他能力不仅并未减弱，甚至还得到了加强。老年教育通过扩展老年人的功能（活动）空间和能力空间，进而提高了老年人的福利水平。因此，完备能力和功能扩展分析框架可以更为准确地评价老年人的福利增量，老年教育带来的福利增加可以表达为公式：$F=\sum_{i=1}^{n}A_iR_i$。以老年人社会参与为例，使用 CHARLS(中国健康与养老追踪调查)(2011)数据进行的实证检验表明，老年教育每增加一个单位，老年人社会活动将提高 2.4—3.2 个单位，也就是说从平均意义上而言，老年人参加老年教育活动可以扩展 2—3 种新的活动或者引起某种活动的持续增加。经常参加社会活动是较高生活质量的体现，因而有越来越多的老年人喜欢参加老年教育活动，老年教育作为老年人的能力补偿机制以及能力的福利增长效应也因此得到更为确切地证实。

老年教育的产生与一个国家或地区的经济社会发展条件密切相关，老年教育的发展会受到经济社会发展阶段和资源条件的限制，对老年教育资源进行优化配置也就显得十分必要。人均 GDP10000 美元是老年教育可以起步的标志性条件之一，第三产业的发展对老年教育的发展具有推动作用。2011 年，中国人均 GDP 超过 5000 美元，中国发展老年教育的物质基础较为薄弱。随着老龄化的日益深化，未来三四十年中国参加老年大学的老年人数将有 2—7 倍的增加。供给不足与需求不断增加之间的矛盾使得当前老年教育资源难以满足老龄化社会的需求。老年教育的发展不可能一蹴而就，老年教育是一个复杂的系统工程，受到多种制度因素的影响，如户籍、社会保障、退休制度、公共教育政策等。

由于老年教育是一个国家提供给老年人口的公共服务，现在的老年人和年轻人都会因此获益。作为一种准公共产品，老年教育存在供给难题。各国老年教育资源组织模式的比较为中国老年教育的发展提供了有益的借鉴，如共享高等院校、政府集权、社区服务、自治自助、非营利企业资助等。政府大力发展老年教育，在增加公共支出的同时，应改变单一的政府集权管理模式，通过政策指导和资助，引导非营利企业、民间组织、慈善机构以市场化的方式来提供老年教育服务。同时应依托社区兴办老年教育，赋予政府基层以更大的财政权力。

由于老年人的功能和能力具有下降趋势，老年人非常需要具有能力补偿机制的老年教育，老年教育的发展必须以实现老年人的“赋权增能”为目标，因此开发和设计适应老年人能力需求和能力发展规律的课程至关重要。老年人成功老化需要包括在生理层面、心理层面以及社会层面的多种能力，这些能力可以通过完成相应的课程体系获得。

本书具有的重要政策含义有：第一，能力作为实现福利目标的手段，其实现方式并不是能力自由，而是能力平等。第二，老年教育是提高老年人生活质量和福利水平的有效手段，政府应从多方面入手鼓励发展老年教育。政府在增加公共支出的同时，应改变单一的政府集权管理模式，通过政策指导和资助，引导非营利企业、民间组织、慈善机构以市场化的方式来提供老年教育服务。同时应依托社区兴办老年教育，赋予政府基层以更大的财政权力。第三，老年教育提高老年人的福利水平的途径是能力补偿，因此发展老年教育必须注重老年教育的能力培养，开发和设计适合老年人心智特点以及行为特点的课程，培养和提高老年人在生理层面、心理层面以及社会层面的多种能力，帮助老年人提高生活质量。

本书的创新之处在于：第一，拓展了阿马蒂亚·森的能力方法理论，提出完备能力和功能扩展的福利分析框架。第二，提出能力的福利增长效应，指出作为手段的能力实现方式并不是能力自由，而是能力平等。第三，发现老年教育的能力补偿机制，并提供相应的理论依据和实证证据。第四，揭示老年教育发展和经济社会条件之间的内在联系，人均 GDP10000 美元是老年教育可以起步的标志性条件之一，第三产业的发展对老年教育的发展具有推动作用。第五，进一步明确“赋权增能”的老年教育发展方向，建立成功老化的能力体系和它们的课程培养体系。

有待于进一步研究的问题有：第一，能力和功能扩展的福利分析框架还需要更多的实证检验。第二，教育培养的能力对于教育收益多样性的影响机制还缺乏实证研究，典型活动、能力结构单元和功能扩展树的概念还需要充实和完善。第三，还需要对老年教育的全部收益进行测算，进一步深入研究还需要创新方法，开拓思路。

# 目 录

# 第一章 绪 论

## 第一节 研究背景及意义

### 一、应对人口老龄化的挑战

人口老龄化是21世纪中国必须面对的挑战。中国于1999年进入老龄化社会，具有老年人口基数大、老龄化速度快、未富先老等特点。人口老龄化对个人、团体、社区以及整个社会都会产生深远的影响，带来了持续、深刻的挑战：人口老龄化意味着劳动力短缺、人口红利消失，老年赡养比例增加，国家财政（养老金支付）面临巨大压力；人口老龄化特别是高龄化将带来老年人生活照料问题；如何使老年人过上有欢乐、有幸福、有创造、有价值的生活是进行政策安排时必须考虑的问题。

应对人口老龄化的挑战，发挥老年人的能动作用是关键。联合国先后在维也纳（1982）和马德里（2002）召开世界老龄问题大会，分别提出健康老龄化和积极老龄化的建设目标。美国西奈山医学院国际长寿中心主任罗伯特·巴特勒在1982年提出生产性老龄化（Productive Aging）的观点，认为老年人仍有“生产率”，仍然可以参加商品生产及服务供给的活动（可以有报酬，也可以没有报酬），老年人仍然可以对经济和社会的发展做出巨大贡献。1987年，美国学者罗和卡恩提出成功老龄化的观点。成功老龄化通常定义为生活在社区里、在日常生活生理能力方面没有问题、在一般体力活动方面没有太大困难、在认知能力测验中取得高分、自评健康状况为很好或好。健康老龄化、积极老龄化、生产性老龄化、成功老龄化等概念的提出，唤起了整个社会对于老年人和老龄化问题的关注。这些概念同时也指明，通过老龄化社会的一个重要主体——老年人自身的努力以及整个社会的积极应对，完全可以解决老龄化所产生的难题。

由于年龄歧视、强制性退休等认识误区和制度误区的存在，整个社会忽视了老年人所具有的价值和潜能。积极老龄化和生产性老龄化政策的核心在于通过各种途径和方式来增强老年资本存量，降低老龄化的各种风险和冲击。老年人力资本存量表现为老年人的能力水平，老年人能动作用发挥的程度取决于老年人的能力水平。在中国解决老龄化问题的目标更为实用，即 6 个“老有”：老有所养、老有所医、老有所为、老有所学、老有所教、老有所乐。其中的“老有所为”和生产性老龄化的思想相一致，“老有所为”以一定的能力水平为条件，即老年人身心健康，基本生活有所保障，保持个人的独立性，做到生活能够自理，不断学习，跟上时代，参与社会，继续做出贡献。“老有所为”具体可分为经济生产、家庭照料、志愿服务和终身学习四大范畴（见表 1-1）。毫无疑问，老龄化社会中各种问题的解决，均有赖于老年人各种能力水平的提高。老年教育是提高老年人能力水平的重要手段和一项重要的公共政策。老年人通过参与各种教育活动获得认知的发展，获得提高生活质量所需的知识技能，还获得工作、参与社区以及参与社会活动所需的能力，并以此继续为家庭和社会做贡献。

**表1-1 “老有所为”概念范畴**

| | |
|---|---|
| 经济生产 | 有酬劳动（如返聘、再就业等） |
| | 其他经济活动（如从事股票、债券、分红等） |
| 家庭照料 | 家务劳动 |
| | 照料家庭其他成员（如配偶、子女、孙子女等） |
| 志愿服务 | 参与社区志愿服务活动（如巡逻、义务劳动、互助等） |
| | 参与社会公益活动（如指导青少年生活和学习、参加老年志愿组织等） |
| 终身学习 | 正规有组织的学习（如参加老年大学、参与社区老年兴趣小组或接受技能培训等） |
| | 自我学习（如利用网络、图书馆资源的自我学习等） |

资料来源：杜鹏、王菲：《“老有所为”在中国的发展：政策变迁和框架构建》，《人口与发展》2011年第 6 期。

## 二、赋权增能的老年教育

全民教育和终身教育在当代以及未来对个人生活改善和整个社会的发展都具有非常重要的意义。早在 20 世纪 70 年代，以富尔为主席的联合国教科文组织国际教育发展委员会发布了《学会生存:教育世界的今天与明天》的报告书,第一次强烈地提出了当代教育所面临的危机、挑战和面向未来的重大主题,提出了终身教育的理念、走向学习化社会的目标及信息时代的学习。1990年,世界全民教育大会通过题为《世界全民教育宣言:满足基本学习需要》的报告,该报告认为,当人类社会已经成为一个命运共同体时,它得以维系的基本前提是全民教育,即全体人民都能享受到应有的教育;在当今全球范围内,整个社会唯一不能浪费的资源就是人的智力、创造力和想象力。1996年,联合国教科文组织21世纪委员会发布德洛尔报告,即《学习:内在的财富》,提出学习的四大支柱,即"学会认知""学会做事""学会共同生活"和"学会生存",这份报告通过宣扬终身学习和学会学习,全面阐述了国际社会对未来人类学习问题的理解,成为国际社会的一份学习宣言。

当教育已经成为关系人类生存命运的重要前提,老年人已不可能被排除在教育和学习之外。在当今社会,教育不仅关系到个人的经济收入、社会的经济增长,更关系到人的全面发展。教育已不再是青少年的专利,而成为全部人口基本生活的重要组成部分和必要权利。教育既是工具也是手段,对所有人来说,终身学习就是一种最基本的生活方式。和年轻人一样,老年人也需要生存和发展。老年学习、老年教育成为终身教育的最后阶段、最后部分,同时也是个人和社会进行人力资本累积的一个重要组成部分。和针对年轻人的教育一样,老年教育也是老年人获得知识和技能的教学过程,这些能力不仅可以提高老年人的生活质量,还可以帮助老年人实现自身的价值。因此,如何通过老年教育实现老年人的赋权增能、如何强化老年学习的功效性、如何使老年人群成为社会发展的推动力,是今后中国老龄政策必须考虑的重要方面。

## 三、世界各国的老年教育实践

老年人接受正规学校教育是20世纪70年代以来出现的一种新的教育形式。世界各国发展老年教育的形式虽然不同,但均受到广大老年人的热烈欢迎,也受到各国政府和国际组织的高度重视。可以说,老年教育在各国规模化、组织化和大众化的发展是当今社会剧烈变革的一个重要组成部分。在许多国家,包括发达国家和发展中国家,有越来越多的老年人进入老年大学接受正规教育。在创办第一所第三年龄大学的法国,目前全国有50多所各种形式的老年大学为55—90岁的老年人提供各种专业和课程的学习(全法国约有80所大学)。在瑞典,正规教育和老年教育融为一体,全国所有大学均对老年人开放。在校大学生中,55岁以上的人占20%左右,65岁以上的占10%以上,发达的教育也使得瑞典成为全球最有竞争力的国家之一。在德国,有越来越多的老年人走进大学,和年轻人在一个教室学习,在法兰克福的歌德大学,有1500名“银发学生”自愿旁听生态学、营养学、社会学等课程。在金砖四国之一的巴西,全国有150所公立和私立大学接收老年大学生。在澳大利亚的职业技术学院(TAFE),15—19岁的年轻学生和60—69岁的老年学生的比例约为10∶1,其中60—69岁的老年学生占全部学生的比例约为5.2%,50—69岁的比例约为12.4%(见图1-1)。

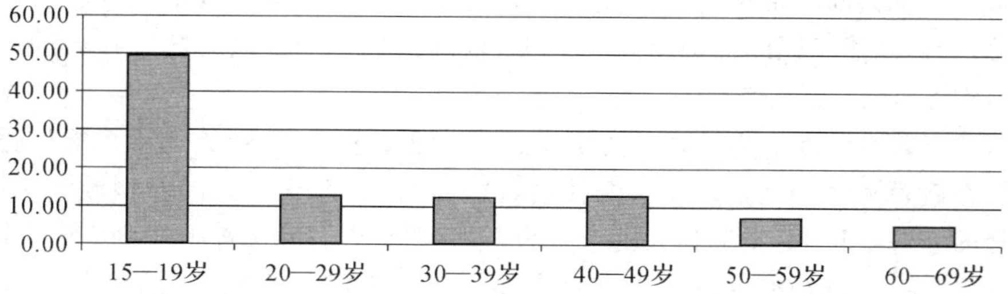


**图1-1　澳大利亚的职业技术学院中各年龄层次学生的比例**

资料来源:澳大利亚新南威尔士州Illawarra职业技术学院(TAFE)。

在中国,截至2011年末,全国共有老年学校48116所,在校学习人员603.2万,在校老年学员约占全国老年人口的3.3%。[①] 30多年来,中国老年大学从无到有,从小到大,取得了很大的成就,但由于认识上的误区以及资源条件的限制,中国老年大学独立建制,封闭运行,以少部分的“精英阶层”的休闲娱乐为主,缺乏和其他年龄群体的交流,没有能够实现终身教育体系的整体功能。老年教育的供给还很不足,在许多城市的老年大学中出现了“一座难求”的现象。老年大学和老年学校中机构不完整、人员不到位、设备简陋的现象比较普遍,而绝大多数拥有丰富教育资源的高等院校和职业院校却置身事外。中国老年教育现有的教学内容重思想、娱乐,缺乏开发,包括健康开发、职业技能开发等都很缺乏,难以满足老年人日益增长的多样化需求。这些问题不仅与教育资源的公共支出性质以及社会平等精神相违背,也严重制约了老年教育的进一步发展,不利于老年人力价

① 参见中华人民共和国民政部:《民政部发布2011年社会服务发展统计公报》(2012-06-21),http://www.mca.gov.cn/article/zwgk/mzyw/201206/20120600324725.shtml。

值的开发和实现，不利于老年人继续为家庭、社区以及社会继续做贡献。

## 四、经济学对老年教育的研究

经济学在教育收益方面的丰富研究成果是经济学几十年来取得非凡成就的重要组成部分之一。在20世纪五六十年代，经济学就已经证明，教育不仅仅是一种消费行为，更是一种投资行为。家庭和社会为孩子提供小学、中学教育，甚至大学教育，社会推行强制性的义务教育、提供各种正规和非正规的教育，为教育进行大量的公共支出，其目的和动力在于当前的教育投入可以在将来为个人、家庭和社会带来远远超过投入的财富和其他收益。教育的产出并不局限于直接的货币收益，还有其他诸多收益，如精神文明、文化传承、卫生健康、环境保护、降低犯罪率、公民责任和权利、社会资本，等等。虽然这些多种收益背后产生的机制还不是很清楚，经济学家们也难以达成一致的意见，但已有的这些研究成果为老年教育的研究提供了有益的参考。

对于老年教育，凡是参与过的老年人都认为是值得参与的一项活动，而且参与之后都感觉很有收获，老年大学不仅“一座难求”，甚至出现老年人不愿意离开老年大学的情况。应该说无论是老年人、家人还是社会管理者，对老年教育活动都有很高的评价，学者们也从不同角度，如老年学、心理学、社会学、教育学等角度对老年教育的价值进行了评价，但从经济学的角度对老年教育进行研究的文献还不是很多，且主要使用传统经济方法对老年教育进行研究。传统方法的缺点在于无法对老年教育的非货币价值进行评价，仍然使用教育回报率对老年教育收益进行测算，其结果是要么无法得到老年教育回报率，要么结果牵强，无法令人信服。例如金德琅将老年教育看作一种人力资本投资手段，认为老年教育具有投资成本和投资收益。他指出，老年教育对经济增长和劳动力市场均有影响，老年教育的收益分为货币化私人收益、货币化社会收益、非货币化私人收益以及非货币化的社会收益。针对在老年教育经济学的研究中面临的统计数据及资料匮乏的困境，岑咏霆、金德琅提出基于模糊隶属度的老年教育拉动消费比重指数和基于模糊推理的老年教育经济保障效率指数的数学模型，得出拉动消费指数为0.0005893，经济保障效率指数为0.8的结论，但他们并没有实际计算出老年教育的货币化私人收益。应该说岑咏霆和金德琅对老年教育的经济学分析具有一定前瞻性，但不能很好地解释现实中的老年教育，因为就目前而言，参加老年大学的学员并非是为了获得工作和收入，或者说老年教育的最主要性质并非是给予经济以动力的人力资本投资。由于传统的经济学理论和方法已不能很好地解释老年教育现象,因此,从经济学角度对老年教育进行分析,还需要创新方法。

## 五、研究的意义

老年教育的经济学研究关注的是老年教育的价值以及老年教育资源如何进行配置的问题。老年教育是提供给老年人的一项重要公共服务,作为一项社会制度,无论是现在的还是未来的老年人都将从中获益,整个社会也将从中获益,这是老年教育本身所具有重要价值的外在表现,但这种重要价值是什么以及是多少,国内外文献还缺乏研究。因此,从经济学视角对老年教育的价值以及老年教育资源配置状况做进一步审视,不仅具有重要的社会政策方面的意义,还具有重要的经济理论意义。

### (一)政策意义

研究老年教育的政策意义主要表现在三个方面:

1.对开发和利用老年人力资源具有重要意义

从2012年开始的中国劳动力减少以及人口老龄化的加速使得人们更为担心未来中国劳动力的短缺以及由此造成的经济增长乏力。在老龄化社会里,老年人需要实现他们不断增加的寿命的价值,社会需要解决不断增多的老年人与日益缺乏的社会参与机会之间的矛盾。随着技术的进步、时代的变革,老年人需要获得更多的生存以及发展的机会和能力,而积极地参与老年教育是获得这些知识、技术和能力最为便捷、最为高效的方式。

2.对提高老年福利水平和提高整个社会的福利水平具有重要意义

老年教育的内容涉及老年人生活的方方面面,文化、娱乐、休闲、健康、职业培训,等等,其本身不仅可以成为老年幸福生活的一个部分,还可以帮助老年人获得建设新生活和参与社会所需的能力,甚至可以帮助老年人重新获得工作和收入。所有这些不仅提高了老年人的福利水平,也减轻了社会保障的支出负担。由于现在的年轻人就是未来的老年人,老年教育制度作为一种长期存在,必将提高所有社会成员的福利水平。

3.对提高老年教育资源的配置效率具有重要意义

老年教育在中国还是一个新生事物,也是一项崭新的事业,由于理论和实践上存在的误区以及经济社会发展阶段的制约,中国老年教育和国外先进国家的发展路径并不一致。中国老年教育局限在“老年精英阶层”的“休闲娱乐”活动，而已有的研究成果还主要集中在教育学、心理学、社会学以及老年医学等领域，还缺乏对老年教育行为的经济学认识，这显然不利于对老年教育资源进行优化配置。在有限资源的条件下，提高资源的配置效率，不仅节约个人和社会的财富，还能更好地发挥老年教育的重要作用。

### (二)理论意义

研究老年教育也具有重要的理论意义。初步研究表明，老年教育处于供不应求状态。老年教育具有多种收益，而能力是教育及其收益之间非常重要的中间变量。教育产生多种收益的根本原因在于教育培养的多种能力，人力资本收益只是能力所产生的收益中的一个部分。教育的能力培养表明一国的教育水平并不仅仅是在教育上花费多少金钱，而是在于培养什么样的能力和多少水平的能力。在目前，对于大部分老年人而言，参加老年教育并不是为了获得金钱上的收入，因而老年教育的收益是什么以及如何评价成为研究老年教育收益的难点问题。为此，需要在传统经济学理论和方法的基础上进行创新。

人总是会老的，不知人类是否也会老。人类从蛮荒时代逐步发展到如今的现代工业文明、信息社会和知识经济时代，可能只是刚刚进入青年期，对自己未来的生存和发展道路并不十分明确。通过对老年教育行为进行研究，能为人类理解自身的未来行为提供一些有用的帮助。比如说，经济发展并不仅仅是为了利润和财富，人类还应该明确自己的发展目标，否则年轻的人类可能还会误入歧途，这是研究老年教育的更深层次意义。总之，本书不仅具有重要的学术价值，而且具有直接的政策含义。

## 第二节 研究思路及内容

### 一、研究的总体思路

本书主要想解决的问题有两个：一是为什么有如此多的老年人愿意参加老年教育活动，老年教育的收益是什么以及是多少；二是如何对教育资源进行优化配置以促进老年教育的发展。本研究的具体思路见图 1-2。

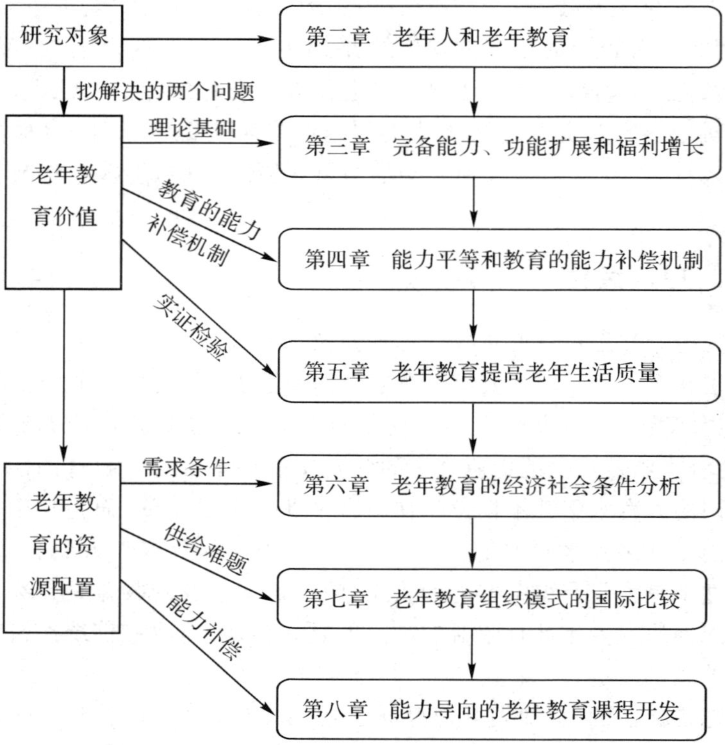


**图 1-2　研究思路、研究内容及相互关系**

解决第一个问题需要做三个方面的工作。首先,通过对老年大学学员的调查和访谈发现,老年教育确实提高了老年人的生活质量和福利水平,但传统经济学方法很难对此进行准确评价和衡量,为此需要进行理论创新。阿马蒂亚·森的能力方法理论为福利的评价提供了新的视角,但它无法表达老年福利的实际产生过程。完备能力和功能扩展的福利分析框架表明,老年人的福利增长具体表现为功能的不断扩展,这种功能的持续扩展以完备能力为条件,而参加各种教育活动无疑可以多方面提高老年人的能力。由于老年人的功能和能力处于下降趋势,老年人积极主动地参加各种老年教育活动,实际上是对自身能力下降的一种自觉补偿。

其次,老年教育对老年人的能力补偿机制还需要进一步从一般教育获得收益的机制中得到理论支持。就目前而言,更多的老年人参加教育活动并非是为了获得工作和收入,那这部分老年人具体从参加教育活动获得了怎样的收益,国内外还没有文献给予定量说明。作为教育的一种具体形式,老年教育也具有教育获得各种收益的一般机制,为此必须从源头去寻找原因,探究教育学和经济学之间更为深刻的内在联系。通过文献研究归纳和总结教育产生各种收益的机制,可以发现能力是教育及其各种收益的重要中间变量,能力是人力资本的初始形态或者说是最本真的形态,能力具有不同于人力资本获得收益的机制,人力资本的投资收益只是这些能力获得收益的一个部分。能力在经济学中的演进表明,能力具有福利增长效应,作为达到福利目标的手段,其实现方式并不是能力自由,而是能力平等。

最后,老年教育对老年人的能力补偿机制还需要通过实证检验。老年教育本身不仅是一种功能(活动),而且可以培养和提高老年人完成其他各种活动的能力,进一步增加老年人的福利。老年教育虽然培养的就业能力有所减弱,但许多其他能力不仅没有减弱,甚至还得到了加强。老年教育通过扩展老年人的功能(活动)空间和能力空间,进而提高了老年人的福利水平,CHARLS以老年人社会参与为例的调查数据,证实了老年教育对于提高老年生活质量的积极正向作用,同时也证实了能力所具有的福利增长效应。

解决第二个问题需要进行三个方面的工作:

第一,人口老龄化提出了对年教育的更大需求,但相对于年轻人的教育投资而言,老年教育的资源条件更为有限。中国老年教育的发展必定会受到资源条件的限制,不可能超越自身的经济发展阶段,为此必须对老年教育产生和发展的经济社会条件进行分析。

第二,作为一种准公共产品,老年教育存在供给难题,而通过老年教育资源组织模式的国际比较,可以为国内老年教育资源的优化提供必要借鉴。

第三,老年教育对老年人的能力补偿机制表明,老年教育的发展必须能够实现老年人的"赋权增能",为此开发和设计适应老年人能力需求和能力发展规律的课程至关重要。成功老化的能力包括生理层面、心理层面及社会层面的多种能力,为此需要开发和设计适合老年人能力发展的课程体系。

## 二、研究内容

根据研究思路,本研究按以下八章内容逐步展开,具体组织见上页图1-2。

第一章:绪论。以现代老年教育的规模化、组织化和大众化这一现象为逻辑起点，阐述分析老年教育行为的重要意义。如何评价老年教育的价值以及如何配置老年教育资源是经济学研究必须重点解决的问题。

第二章：老年人和老年教育。本章从厘清基本概念出发，认识老年教育的具体实施过程、特点以及各国老年教育的发展现状，总结老年人和老年教育的重要特点，提出老年教育是老年人的福利提升通道。

第三章：完备能力、功能扩展和福利增长。通过对阿马蒂亚·森的能力方法理论进行拓展研究，提出完备能力和功能扩展的福利分析框架。老年人的福利增长具体表现为功能的不断扩展，这种功能的持续扩展是以完备能力为条件的，而参加各种教育活动无疑可以多方面提高老年人的能力，即老年教育具有能力补偿机制。

第四章：能力平等和教育的能力补偿机制。老年教育的能力补偿机制以及福利效应可以从研究教育收益的文献中获得更多证据。作为众多教育的一种形式，老年教育也具有一般教育获得各种收益的机制。接受各种教育首先是获得各种能力，当这些能力作用于实际生活中的各种活动时，才能获得多种收益。人力资本收益只是能力收益的一个部分。能力获得收益的机制是能力活动模型。能力在经济学中的演进表明，能力具有福利增长效应，作为达到福利目标的手段，其实现方式并不是能力自由，而是能力平等。

第五章：老年教育提高老年生活质量。完备能力和功能扩展的福利分析框架表明，老年教育由于可以直接教会老年人完成某种活动以及完成其他功能（活动）的能力，老年人因此得到了功能和能力上的扩展，进而提高了福利水平。通过CHARLS以社会参与为例的数据可以检验上述观点。

第六章：老年教育的经济社会条件分析。解决老年教育的资源配置问题首先需要面对的是资源条件的限制。本章即为揭示老年教育和经济社会发展之间的内在联系，分析促进老年教育产生的各种社会经济条件，确定未来老龄化社会对老年教育的需求，研究在资源条件有限以及有地区差异的情况下，中国老年教育资源如何实现优化配置。

第七章：老年教育组织模式的国际比较。作为提供给老年人的一项公共服务，所有人都将从中获利，但公共产品存在供给难题。本章即是确定老年教育的准公共产品性质，通过对世界各国老年教育资源组织模式进行比较研究，为中国老年教育资源的优化配置提供借鉴。

第八章：能力导向的老年教育课程开发。资源配置的效果最终通过老年人的能力补偿状况来得到体现，而这些能力需要通过完成具体课程的教学活动来实现，为此需要开发和设计适合老年人能力发展的课程体系。通过培养和提高老年人在生理层面、心理层面以及社会层面的多种能力，帮助老年人提高生活质量。

# 第三节　研究方法

本研究使用的研究方法主要有以下几种。

## 一、理论研究

老年教育是一种社会现象，也是一种经济现象，对老年人的行为动机进行分析，需要有基础性的理论分析。

## 二、实证研究

实证研究包括经济计量和对大量经验案例进行实证研究。理论需要实证检验，实际案例比任何一个理论模型都要复杂。

## 三、实地调研和访谈

对老年人的研究离不开对老年人生活的理解和总结，这需要实地调查。

## 四、政策研究

研究教育制度和社会政策应该做怎样的调整，才能确确实实地满足老年人的多样化的教育需求。

# 第四节　可能的创新与价值

## 一、可能的创新

本研究可能的创新主要体现在以下几个方面。

第一，拓展了阿马蒂亚·森的能力方法理论，提出完备能力和功能扩展的福利分析框架；

第二，首次提出能力的福利增长效应，并且指出作为手段的能力实现方式并不是能力自由，而是能力平等；

第三，发现老年教育的能力补偿机制，并提供相应的理论依据和实证证据；

第四，揭示老年教育发展和经济社会条件之间的内在联系，人均GDP10000美元是老年教育可以起步的标志性条件之一，第三产业的发展对老年教育的发展具有推动作用；

第五，进一步明确“赋权增能”的老年教育发展方向，建立成功老化的能力体系和培养它们的课程体系。

## 二、本研究的价值

本研究的重要价值主要体现在以下几个方面。

### （一）完备能力和功能扩展的福利分析框架具有重要的理论价值

阿马蒂亚·森的能力方法还仅是静态的，是水平和范围上的概念，无法表达老年福利的实际产生过程。完备能力和功能扩展的福利分析框架以动态的功能增量为出发点，用功能扩展来评价福利增长，为准确评价福利水平提供了新的工具。

### （二）作为手段的能力实现方式并不是能力自由而是能力平等的观点具有重要的社会政策含义

实现经济与社会的可持续发展，每个公民均可以过上幸福的生活，这是每个国家致力追求的目标，作为实现这一目标的手段，能力自由只能导致放纵的个人主义，而确保每个人都具有参与的权利和参与的能力，即社会保障能力平等才具有政策的可操作性。

### （三）提高老年人以及整个社会的福利水平，减轻老龄化的负面影响

老年教育首先是老年人的福利通道，教育本身以及培养的能力可以显著提高老年人的生活质量，而社会也会选择以最节约的方式来提供教育。老年教育是对老年弱势群体的能力补偿，这有利于减轻个人以及整个社会的社会保障负担。老年教育通过"赋权增能"使老年人成为自身发展和社会发展的积极力量。

### （四）为老龄化社会的教育政策完善提出建议

教育收益中能力所起到的重要作用以及能力的福利增长效应表明，一国教育水平并不仅仅是体现在教育所花费的金钱和资本上，而是体现在培养什么样的能力以及多少能力上，未来中国教育的发展应着重于对各种能力的提高和培养。对于老年教育而言，应该将认知能力、生活能力、生产能力、社会化能力以及创新能力的维持和提高纳入其教学体系。采取多元化的包容策略，开放高等教育和职业院校，使包括老年人在内的各个年龄段的人均具有获得职业技能的机会。因此，中国的老年教育还有许多可以发展的空间。

### （五）提出以能力为导向开发老年教育课程，提出成功老化的能力体系以及培养它们的课程体系

开发和设计适合老年人能力发展的课程体系，对于培养和提高老年人在生理层面、心理层面以及社会层面的多种能力具有积极作用，这些能力帮助老年人提高生活质量和福利水平。

# 第二章　老年人和老年教育

上学接受教育在过去被人们认为是年轻人的事情，而在现代社会，这种观念已经发生改变，人们意识到老年人也可以上学。截至2011年底，中国老年大学在校学员人数已超过600万，而发达国家的老年教育发展状况更是只有过之，而无不及。老年教育是专门针对老年群体的教育活动。老年教育有两个关键部分，一是作为教育对象的老年人，二是有老年人参与的比较特殊的教育活动。数量如此众多的老年人愿意参加各种教育活动，说明老年教育是符合老年人需求的活动，也说明老年教育对老年人具有非常大的吸引力和价值，但这种价值是什么现在还不得而知。由于老年教育所蕴含的价值能通过老年教育的外在特征表现出来，因此在研究老年教育价值之前，必须首先考查老年教育具有怎样的表现形式和特点。

## 第一节　老年人

老年人是接受老年教育的主体，因此研究老年教育首先需要确定的是什么样的人可以被称作老年人。老年人是整个人口中一个重要的组成部分，是相对于中年人、青年人、少年和婴幼儿的其他人群，即是已经达到“老”的标准的人。但在不同的国家、社会及不同的学科中，“老”的标准并不相同。

### 一、老年人的含义

在现代社会，对于老年人的定义显然不能从单个维度进行，因为老年人具有多方面的含义。最普遍、最常见的方法是按生理年龄来确定。生理年龄是指一个生物体自出生以后所经历的时间年限，一个人的生命周期从出生到死亡可以分为婴幼儿、少年、青年、中年和老年五个阶段。处于老年阶段的人具有老年生理特征，如各项生理功能的逐步衰退，包括视听能力减弱、呼吸短促、肺活量减少、心肌力量减弱、活动能力以及耐力不足、慢性病产生等。一般认为出生至19岁为生长发育期，20—39岁为成熟期，40—59岁为衰老前期，生理年龄60岁以上的人被认为是老年人。

但生理年龄还不足以定义老年人，还需要考查心理年龄和社会年龄。心理年龄是指个体认知方面的能力，如学习、记忆、情绪控制、动机性力量、应对机制等。那些比同样生理年龄拥有更大程度的心理特征的人，就被称为心理年轻的人，否则就是心理老化的人。通常可以用“老顽童”来形容心理比较年轻的老人。社会年龄是指人的社会角色和社会期望，有些标准，如退休、子女的长大离家、家庭中第三代的出生等，标志一个人进入老年阶段。随着生活水平和医疗水平的提高、预期寿命的延长以及个体的差异性，传统依据生理年龄划分老年人的方法已不那么准确，还需要综合考虑心理年龄和社会年龄。比如，许多达到退休年龄的人身体还很健康、头脑依然灵活，经验丰富，经济价值等同于中年人。老年人定义的复杂性要求制定社会政策时还应具有一定的个性化和弹性，使得社会政策更为公平和富有效率，比如弹性退休制度可以让更富有创造性的人创造更多财富，而让弱者更有生活保障。

## 二、老年人的划分标准

对老年人进行定义，仍然需要有统一的标准，对老年人的划分往往是综合考虑各种因素的结果。国际上通常的做法是以60岁或65岁作为老年人的划分标准。联合国1956年出版的《人口老龄化及其社会经济后果》一书中首次将65岁作为老年人口的划分标准，将7%的老年人口比例值作为老龄化社会的标准。各国中，以60岁为标准的有俄罗斯、法国等，以65岁为标准的有欧美多数国家，如美国、英国、德国、加拿大、意大利、瑞典、西班牙等。中国法律规定60岁以上的公民为老年人。《中华人民共和国老年人权益保障法》第二条规定：“本法所称老年人是指六十周岁以上的公民。”但我国的统计年鉴将65岁及以上的人作为老年人来统计。老年人的年龄标准通常也是法定退休年龄的标准，达到老年标准的人通常被认为是处于退休状态的人。

60岁或65岁的标准并不唯一，还有许多学者以及国际组织有着其他划分标准。拉斯利特将一个人的生命历程划分为四个相继的阶段：从出生到开始工作为第一年龄，这是一个依赖期；从工作到退休为第二年龄，这是最具生产力的时期;从退休开始到身心机能进入快速衰退期为第三年龄,这是个人成就和自我发展的最高阶段;从身心机能快速衰退到生命结束为第四年龄,这是个人非常脆弱的时期,在生活上需要别人的照顾。如果用生理年龄来划分这四个阶段的话,一般来讲60—80岁为第三年龄,80岁以后为第四年龄。所以法国、英国、澳大利亚、新西兰等国家将老年大学称为"第三年龄大学"。

2002年,联合国世界卫生组织将人的年龄阶段划分为新的五个阶段,其中18—44岁为青年期,45—59岁为中年期,60—74岁为老年前期,75—89岁为老年期,90岁以上的为长寿老年期。这一划分标准综合考虑了人的生理年龄、心理年龄和社会年龄,将人类衰老期向后推迟了十年,这不仅对人们的抗衰老心理和意志产生积极影响,也为老年人更多地参与社会经济活动提供了新的依据。一般而言,处于刚步入老年年龄、老年前期或者第三年龄的老年人是老年教育的主要对象。

很显然,对于老年人的划分很多时候取决于老年起点的界定。如果将退休年龄提高到70岁,那么60—69岁的人就进入了壮年行列,人力资本可以得到更长时间的使用。退休年龄的本意是达到该年龄的劳动者已无法承担工作任务。在工业革命初期,体力劳动的极限年龄是60岁,但在知识经济时代,体力已经居于次要地位,思想、知识、技能和智力居于主要地位,人的创造价值的年龄大大提高,即只要能够思考,人就能创造经济价值。以单一的60岁或者65岁作为强制性退出市场的标准,已经越来越不合时宜。老年人也是一个有着很多差异的群体,个性对待才能鼓励创新和提高效率。

## 三、人口老龄化

群体老化和个体老化是不同的概念,群体老化即是人口老龄化问题。按照联合国的标准,60岁以上老年人口达到总人口的10%(旧标准),或65岁以上的人口达到总人口的7%(新标准),就是老龄化社会,65岁以上的人口超过14%则为老龄社会。人口老龄化是世界性的趋势,也是21世纪各国都不得不面对的难题。截至2006年,各主要发达国家65岁及以上的老年人口比例已达高位,其中日本为20.8%,德国为19.8%,意大利为19.4%,法国为16.2%,英国为16%,挪威为14.7%,荷兰为14.2%,加拿大为13.2%,澳大利亚为13.1%。随着社会的进步,人类的平均寿命在不断增加,个体退休后的生活时期延长到30年左右,老人期约占人生的1/3,

人口老龄化带来的问题将会更加严重。

中国于1999年开始进入老龄社会，2010年第六次全国人口普查结果显示，中国人口老龄化进程在加快，老龄化地区分布由于人口流动的影响发生了改变。2010年11月1日，中国65岁及以上老年人口占总人口的比重为8.87%，比2000年人口普查的6.96%上升了1.91个百分点，而从1990年到2000年，这一比重上升了1.39个百分点，这说明中国的人口老龄化进程在加快。2010年，中国65岁及以上的老年人口为1.19亿，其规模相当于整个欧洲老年人口的总和，比2000年增加3072万，其中80岁及以上的高龄老人达到2100万，比2000年的1200万人增加了900万人。扣除流动人口的影响，从各地区户籍人口中65岁及以上人口占总人口的比重来看，人口老龄化程度排在前五位的依然是上海15.88%、北京12.88%、江苏11.56%、天津11.29%、浙江10.95%。[①]

根据预测，2010—2020年，中国将迎来人口老龄化第一次增长高峰期，老年人口年均净增从“十一五”时期的480万人提高到“十二五”时期的800万人，到2015年总量会突破2亿人，占总人口的14.8%，比“十一五”期末增加2.5个百分点。2020—2035年将迎来人口老龄化的第二次增长高峰期，连同第一次高峰期的叠加效应，老年人口每年净增1000万，2026年、2037年总量将相继突破3亿、4亿，占总人口的20.6%、27.4%。[②] 可以说，未来中国社会的老龄化是社会发展的常态。

人口老龄化表现为老年人口的绝对数量以及相对数量的上升，这表明老年人在经济与社会中的影响力将越来越大，对老年教育的需求将进一步增加，其原因表现在以下几个方面：一是社会保障的压力以及劳动力的短缺使得对老年劳动力的需求增加，且由于技术进步，老年人的知识、技术和技能需要更新；二是寿命的延长使得老年人的存活时间延长，因而参加各种生活、生产和社会活动的时间都将增加，这其中也包括参加老年教育活动的时间；三是越来越多的证据表明，良好的教育激励，作为环境刺激，可对大脑产生积极影响，如改变脑细胞的结构与功能，重建脑细胞关联模式，以维系智力活跃抵抗衰老。因此，人口老龄化使得老年教育的地位日益重要。

---

① 参见中国人口与发展研究中心课题组：《中国人口老龄化战略研究》，《经济参考研究》2011年第34期。

② 同上。

## 四、老年人力资本

老年人力资本是老年人拥有的知识、技能以及健康资本的总和,而老年人力价值则是老年人力资本的货币价值。传统经济学认为,老年人已经退出劳动力市场,不再直接从事生产活动,不再创造新价值,因此老年人属于被赡养人口。但实际上老年人力资本依然很有价值:一是随着医疗卫生水平、健康营养水平的提高,人的寿命得到了延长,健康余寿期也相应延长。科学技术的进步,信息化、自动化和智能化的发展,使得工作对体力的要求大大降低,而对个体的技术和智力水平的要求大大增加。二是随着工作年限的不断增加和社会生活阅历的持续积累,老年人力资本中的经验价值和社会资本价值的占比大幅度增加,这些经验资本和社会资本可以使其他形式的资本得到更有效率的使用。三是个体的差异很大,许多老年人在退休时身体健康,头脑清晰,仍适合在岗位上工作。

老年人力资本价值可以体现在许多方面,首先是继续工作为社会创造财富。实际上在劳动力市场中,拥有一技之长的老年人非常受欢迎,尤其是那些高、精、专的技术岗位和管理岗位,许多老年人也因此会选择“退而不休”。由于人口老龄化造成的劳动力短缺,世界各国对老年劳动力的使用实际已相当普遍。根据中国 2010 年全国第六次人口普查结果,全部就业人口中 60 岁及以上的老年人占 7.4%,其中男性老人就业占比为 8.1%,女性老人占比为 6.5%,城市为 1.6%,镇为 5.4%,乡村为 10.9%。欧洲的老年就业率更高,2011 年 55—64 岁的老年人就业人口比例德国为 39.5%,法国为 44.4%,芬兰为 49.6%,葡萄牙为 51.1%,英国为 55.5%,丹麦为 60.2%,瑞典为 68.6%。美国的老年就业率比例也一直呈现稳步上升的趋势。据美国劳工部统计,从 1987 到 2007 年,65—69 岁男性的劳动参与率从 25.8%增加到 34.3%,女性从 14.3%增加到 25.7%。这些数据均表明,老年人力资本仍然极具价值,老年人仍然是经济和社会发展的一支重要力量。

老年人继续工作有诸多好处,除了有利于个人增加养老收入之外,还可以减轻社会负担和国家财政压力。老年人继续工作,推迟了领取社会养老保险金的时间,并通过纳税继续为社会养老保险基金的积累做出贡献。政府通常采取带有激励的社会保障措施以鼓励老年人继续就业。比如,在芬兰,65 岁退休领取的养老金比 60 岁退休最高可多出 40%。美国人到了退休年龄仍愿意坚持工作的,每多工作一年就奖励 10 余个百分点的退休会，直至正式退休。

由于人口老龄化造成的劳动力短缺，西方发达国家均在考虑使用更多的老年劳动力，但问题是对于那些受教育程度不高的、低技能的、知识已经老化的普通劳动者来说，再次就业很困难，而这些老年人通常也会处于比较贫困的状态。通常解决这一问题的做法是实行开放的、终身的正规教育，尤其是开放高等教育和职业教育，对老年人实行减免学费、补贴、资助等措施，加大对老年劳动者的培训力度，增加他们的受教育程度，提高其为一定工作岗位服务的能力。老年就业率很高的国家，同时也是老年教育非常发达的国家，如法国、瑞典、英国等。可见，在老龄化背景下，老年劳动力的使用需要开放的终身教育体系的支持。

除了就业，老年人力资本的价值还体现在其他方面。许多老年人，即使是百岁老人，他们的社会贡献也不会输给年轻人。下面是一些百岁老人的简单事迹，从他们身上可以看到老年人多种多样的生活安排。

1. 百岁镇长

20 世纪 90 年代，巴西戈雅斯州沃西登塔尔镇有位镇长的年龄是 107 岁。他在竞选时已年过百岁，但记忆力超群，且十分健谈，最终脱颖而出，成为该镇历史上最年长的镇长。

2. 百岁编辑

瑞士的卜尔·奥古斯丁百岁时还在主编一家周报，108 岁的他不仅从事编辑工作，而且还管理着一家印刷公司。

3. 百岁诗人

美国的奥法·努斯鲍一直从事教育工作，到了 92 岁时开始写诗，112 岁时出版了个人诗集。

4. 百岁送报人

智利的巴尔德尼格罗·罗曼从 12 岁开始当报童，超过百岁后仍热衷于这份工作。

5. 百岁球迷

捷克布拉格有位球迷叫英德日尔·夏斯特内，在 101 岁时还活跃在看台上。

6. 百岁模特

秘鲁的佩德罗·阿亚拉有一张典型的印第安老人的面孔，脸上皱纹密布，满头白发。然而正是这种形象，使她成为一所美术学院的模特，到了 112 岁时仍在从事这项工作。

7. 百岁新娘

澳大利亚的明尼·芒罗在102岁时与一名84岁的男子结婚,此举使她成为世界上年龄最大的新娘子。

8. 百岁新郎

南非的拉尔夫·坎布里奇在105岁时与艾德里亚纳结婚,新娘当时70岁。

## 第二节　老年教育活动

### 一、老年教育的概念

教育是人类社会最为重要的文明成果之一。联合国教科文组织将教育定义为:"有组织且持续性的教学以传授生活中的各种知识、技能和价值的活动。"[①]所谓"教育"是指有意识、有目的、有组织和较持久性的学习活动,是以传授知识、能力或形成态度为目的的过程。随着社会变革的加剧,老年人也时常需要参与各种教育活动。通俗地讲,老年教育是指以老年人口为教育对象而实施的教育活动的总称,它是成人教育的一种形式,是指在义务教育之外,专门为老年人提供各种专业和课程的教育和教学活动。老年教育有广义和狭义之分。广义是指所有针对老年人的教育活动,包括学校教育和社会教育,包括所有正规、非正规和非正式的老年教育,而狭义仅指老年学校教育。"非正规"老年教育主要包括社区老年教育、大众传媒中老年教育和老年人自发组织的老年教育。

各国老年教育的层次、形式非常多样化,在管理体制上也非常松散,实施的范围很广。考察世界各国的老年教育实践,发现老年教育几乎可以和所有形式的教育相结合,从正规大学的学校教育到发生在社区的娱乐健身活动都可以有老年教育。正规的老年学校教育则强调计划、持续和系统化的学习,促进老年人在知识、态度、价值和技能上的形成和改变,业已成为现代老年教育的主流。由于老年教育已经从个别、零星、非正式发展成为规模化、组织化、大众化和多元化的形式,因此很有必要研究这种变化背后

---

① Peter Jarvis: *An International Dictionary of Adult and Continuing Education*, London and New York: Routledge, 1990, P105.

的经济动机以及资源配置的效率问题。

老年教育在各国的称谓并不相同。常见的有老人教育、老年教育、第三年龄教育、银发族教育、长者教育、资深公民教育、乐龄教育等。因为有国际第三年龄大学协会等大规模组织的推广,早期国际上普遍使用第三年龄的称谓。但近年来这种趋势有所变化,比如在首先提出第三年龄名称的法国,1990 年以后已逐步不再使用"第三年龄"这一词汇,因为他们认为该名称有歧视的意味,"第三年龄大学"纷纷改为自由时间大学、混龄大学或全民大学等。目前老年人入学的比例还不算很高,发达国家老年人入学率约为 10%,中国仅有 3%左右,但参加老年教育的老年人的绝对数量已相当可观,比如在中国,每年有超过 600 万的老年人参加正规老年大学(学校)的学习。

世界上第一所正规的老年大学是 1973 年由皮埃尔·维勒斯教授在法国图卢兹大学创办的第三年龄大学(University of Third Age),简称 U3A,其后老年大学在那些人口老龄化较早、经济发达的国家中迅速发展起来。第三年龄大学为老人尤其是退休后的老人提供了学习场所,一般没有入学资格要求,也不授予学位。在中国,老年学校教育的最主要形式是老年大学和老年学校,是以课堂授课为主要教学方式的非学历学校教育。1983 年 9 月,中国第一所老年大学——山东省红十字会老年人大学(现为山东老年大学)诞生,此后中国老年大学迅速发展起来。截至 2011 年末,全国共有老年大学(学校)48116 所、在校学习人员 603.2 万,在校老年学员约占全国老年人口的 3.3%。全国许多地方已初步建立了覆盖市、区(县)、街道(镇)、居委会(村)的老年教育四级办学网络。

## 二、老年教育的内涵

### (一)老年教育的特征

顾名思义,老年教育是以老年人为对象而实施的教育活动。概括起来,老年教育有以下几个基本特征。

(1)老年教育的对象是老年人。

(2)老年教育的宗旨是促进积极老龄化和成功老龄化,即老年教育给予老年人健康、参与、保障的机会,从而提高老年人的生命质量和健康的预期寿命。

(3)教育过程"学、乐、为"结合整体化,即把老年人接受教育的过程视为其学习、快乐、作为的有机过程。

(4)学习原则为弹性和自愿性,基于老年人的社会角色和身心特点,老年教育将弹性和自愿性作为遵循的准则。

(5)教育模式为教与养结合一体化,即将教育与养生、养老结合成有机整体,包括其途径、方式、方法等。

### (二)老年教育的具体内涵

作为专门针对老年人的教育活动,老年人主体地位的变化使得老年教育的性质在发生变化。传统社会认为老年人是弱势、被救济的社会边缘群体,而现代社会则认为老年人是自由、睿智、具有独特作用的社会活跃群体。与此同时,老年教育则从救济、福利性质向潜能开发转变。综合起来,老年教育有以下四个内涵,其中前两种性质,是国外早期对老年教育的认识,而后两种性质是2002年联合国第二次老龄问题世界大会后形成的共识,也是目前国际社会对老年教育的主流观点。

1.老年教育是养老教育

为了解决老年人贫困问题,对即将退休的或已退休人员所进行的养老教育。

2.老年教育是休闲教育

为了解决老年人退休后的空闲时间,为减轻他们的边缘化、孤独感,老年教育是对退休人员所进行的丰富其生活的休闲教育。

3.老年教育是潜能开发教育

老年人是丰富的社会资源,老年教育不仅是老年人获得丰富和富有意义的生活的途径之一,而且是让老年教育作为帮助老年人发挥其潜力,使之成为改善社会源泉的一种手段。

4.老年教育是参与适应教育

老年人有参与社会发展的权利,必须充分参与发展进程,享有发展进程的成果。老年教育被视为保障老年人接触、参与社会,适应技术和社会变革的教育活动。

## 三、教学组织与管理

教学组织是指教育者和学习者在一定的资源条件下完成教学活动的形式,关系到老年人所获教育资源的质量、数量以及学习效果。与专门针对青少年的学校教育不同，与完全的社会教育也不同，在教学组织与管理方面老年教育有自己的特点，这可以从考查教学组织的基本要素中得到印证，即老年教育在办学机构、教学形式、教学内容、教育成果等方面均具有多元化的特征。

### （一）办学机构种类很多

老年教育的提供依赖于各类老年教育机构，由于各个国家的社会制度、历史与文化的差异，举办老年教育的机构从一开始就相当多元。这些老年教育机构包括：自发性学习组织、大学院校、民间组织、宗教团体和政府部门等。老年教育最主要的投资人是各国政府，政府将老年大学的各项开支列入政府预算，如中国、德国、法国、瑞典、日本、西班牙等。日本是世界上人口平均寿命最长的国家，且是劳动力非常短缺的国家，所以日本非常重视发展老年教育。日本的老年大学直接由文部省和厚生省领导，在各地方开设老年教室和老年大学。日本的老年教育场所一般设在公民馆、学校、福祉会馆等地。

兴办老年教育离不开正规大专院校的支持。例如，美国在各类大学中开设各种针对老年人的专业课程，且对老年人实行减免学费的政策。大学开设老年课程一般不授予文凭，但随着社会的发展，对老年人才的需求日益强烈，文凭授予情况也发生了改变。2014 年 4 月 18 日，江苏开放大学老年学历继续教育开学，该学校面向男 60 周岁、女 55 周岁以上，身体健康，能够正常参与学习活动的老年人招生，开设摄影和诗词赏析两个专业，含本、专科学历两个层次。

依托社区的社区大学开设专门针对老年人的学院或课程，在美国和加拿大等国很受老年人的欢迎。社区大学采取正规教育、非正规教育和非正式教育三种形式开展老年教育。一是正规大学招收老年学员，进修或旁听大学课程，食宿与青年学生一样，免收学费。有的大学为老年人单独编班，开设老年人需要的课程。二是高等院校办暑期大学，推动老年寄宿教育。三是地方成立老年学校和专业班级，开设短期课程，吸引老年人参加非正式学习。社区老年教育的好处在于培养的老年人能够为社区服务。

宗教团体、非政府组织也是投资开办老年教育的主要机构。比如英国的第三年龄大学和法国的完全不同，没有正规大学的支持，属于非营利性的自愿组织。办学的房屋租金、设备及主要活动经费都来自慈善或者彩票的捐赠，老年人只要缴纳少量费用就可以参加学习。目前，全英有超过 45 所第三年龄大学，在校生 11 万人左右，且数量还在上升。

## (二)教学形式不拘一格

现代老年教育均有不拘形式的特点,很难一一列举,这和老年人的多样化需求相适应,也是老年教育发展的一种趋势。各国老年教育工作者针对自己国家的国情采取各种方法以提高老年教育的效果,既有传统的,也有现代的,具体主要有课堂教学、实践教学、远程教育、社区活动和社区教育等方式。比如,随着网络时代的到来,越来越多的老年人在网络新天地里实现自己新的人生价值和追求。长者教育网站(www.go60.com)是美国一个较有名气的老年教育网站,深受老年人欢迎,其设有长者新闻、退休生活、健康新闻、老年护理、驾校、旅游、计算机、互联网利用、60华龄、保持活力、华龄探秘等丰富多彩的栏目。在上海,上海市老龄委、市老年大学和上海广播电视大学联合创办了"网上老年大学",开设老年卫生保健、老年社会心理等课程,对网上老年教育做了有益的尝试。广播电视也是实施老年教育的不错场所,例如,《开放大学》栏目是中国国内首个以大学命名的电视栏目,2013年7月1日正式开播,其目标收视对象为老年观众。该栏目由江苏开放大学与江苏电视台教育频道联合制作,日播时长一小时,开设的栏目有"理财有道""生活知味""早读时间""神游天下"等。

## (三)教学内容丰富

教学内容是老年人获得资源状况在质和量上的具体表现。由于老年人对教育需求相当广泛,既有一般性又有特殊性,因此对一个国家的教育制度提出了很高的要求。一个有效的教育体系应该要做到,凡是老年人需要学习的都能够得到选择学习的机会。老年教育的内容实际上是一个动态发展的过程。作为成人教育的一部分,早先的老年教育主要提供非职业性课程,旨在将成年人教育为有教养的公民。但随着经济社会的发展,特别是从20世纪70年代开始,各国越来越重视老年人职业能力和社会参与能力的培养。比如说在瑞典,老年教育和高等院校融为一体,在大学生中,55岁以上的占20%左右,65岁以上的占10%以上。由于设立教育机构的组织并不相同,且这些组织追求不同的目标,因而不同的教育机构所提供的教学内容差别很大。一般情况下教学内容以健康、休闲、文化为主。例如在韩国,大韩老人会根据老年群体的需要,开设老年人课堂教学、老年社区活动和国内外时事等课程,课程内容包括20%的自由教育,40%的国家政策问题,20%的技能发展,20%的卫生、健康管理等。归结起来,老年教育课程所涉及的内容主要有以下几种。

1. 退休准备教育

这部分课程主要涉及退休的思想准备以及对退休后第二人生的展望和生活目标的设计等。在美国实行退休制度的大企业，为使将要退休的职工对退休有心理准备，实施退休准备教育计划或设立退休个人指导制度，一般在职工临退休前的3—5年进行，退休前的一年半的时间里再进行生活设计指导。还有一些企业进行关于退休后问题的研讨活动，使受训者明白退休后可能遇到的困难，如收入、生活照料、疾病等方面的问题。

2. 身心健康教育

这部分课程主要是培养老年人的兴趣和能力，确立自己独立的生活方式，以及面对衰老时应采取的生活态度等。据美国成人教育协会的资料反映，美国老年人的学习活动主要是对事物加深理解和进行新的创造。由于西方国家人口老龄化较为严重，劳动人口缺乏，政府多鼓励老年人进入60岁以后继续参与社会经济活动，因此西方老年教育的课程设置非常重视老年人的社会参与和人力资源开发。

3. 对待死亡的教育

这部分教育内容涉及如何对待死亡、自己周围的环境、人和人的关系以及对整个世界的价值、理念与认识。死亡教育活动多由各地老年学者和成人教育指导者在教会、大学、护理之家等场所组织研究和讨论。

4. 以健身、休闲为主的活动型教育

在中国，老年教育的课程包括很多健身休闲类的课程，如健身操、太极拳、绘画、唱歌、舞蹈等。此外还包括一些生活知识和时事新闻类课程。对这些课程采取的是活动型的教育，如组织老年人晨练、公益演出等。

## 第三节　发展老年教育的原则

以什么样的原则发展老年教育也就是回答如何配置老年教育资源的问题。如果仅依据利润最大化或者利益最大化的原则来配置教育资源，显然不适合老年教育。参阅老年教育方面的文献，可以发现老年教育处于一个非常复杂的交叉领域，具有多元的资源配置原则，其中起主导作用的原则在各国并不相同。不同的配置原则导致的资源配置方式有很大的差异。

## 一、权利原则

此种观点认为老年人的受教育权是老年人人权的重要体现之一。人权是作为人而享有的基本或自然权利，其基本要义是人人有自由地、平等地生存和发展的权利，自由地、平等地受教育权也是每个人的一项基本权利，享有这一权利的当然也包括老年人。1982 年，联合国的《维也纳老龄问题国际行动计划》指出，老年人接受教育是一种基本人权。受此推动，各发达国家引进"老年人教育权"的观念，教育政策也开始重新反思老年人的教育权益，着力为老年人提供充分的教育资源与适宜的教育方案。人权成为强制性的法律和制度并得到切实的保障才有意义。《中华人民共和国教育法》《中华人民共和国老年人权益保障法》即规定了中国公民包括老年人都有受教育的权利。中国自 2001 年开始，在普通高等院校招生中取消了对考生年龄和婚姻情况的限制，从制度上保障了每一个公民接受高等教育的权利。但权利的法律规定和权利的实际获得之间还有一定的差距。老年教育作为一项提供给老年人的公共服务，政府的财政支出决定了老年教育的数量和质量，而政府的财政支出则取决于老年人的政治影响力。在西方国家，老年人因老年人口比例增加以及拥有选择政府首脑的投票权而较容易获得更多的资源。

## 二、福利原则

福利是指社会成员所获得的间接报酬，包括企业中的福利和整个社会的福利。福利理论认为老年教育是社会为老年人提供的一种福利，这一观点为政府通过公共财政对老年教育进行直接投入提供了充分理由。福利理论的实质是社会收入的再次分配问题，一次分配的收入差距可以通过福利性的公共财政支出而得到一定弥补，进而使老年人的生活质量得到一定程度的改善。在英国、美国和澳大利亚等大多数西方国家，老年教育是社会福利事业的一个重要组成部分，政府为各种老年教育提供政策和财力支持。比如美国联邦政府在全国建立了专门为弱势老年人提供各种免费服务的老年中心，法律规定老年人进入各类高等教育机构学习的，可以获得免费、减免或奖助，对非政府组织和民间团体开展的各种老年教育活动给予一定的补贴。又如在日本，有诸多社会福利法以及政策都规定对老年教育的办理和设置提供经费补助：第一，1963 年，老年人福利法第十三条"老年人福利增进”中要求地方政府依据“老人俱乐部”会员人数补助经费。第二，1971 年，文部省设立并补助高龄者教室。经费补助条件为 65 岁以上的高龄者，每一班的学员人数为 50 位，学习时间每年 36 小时以上，学习地点为公民馆或学校。第三，文部省补助地方政府推动“高龄人才开发事业”所需经费，其中包括补助高龄者到社会教育机构参与活动的交通费和酬金等；补助每一次的研习活动参与人数为 20 位，研习时间每年 4 小时以上的研习活动。基于福利原则提供公共服务的好处在于有强大的财政支持，但也存在缺陷，即有时会忽略老年人的主动参与性和自主选择能力，常常使得一些老年人被动接受服务，造成“供给偏差”或“供给过度”，从而引起效率损失。

## 三、终身教育原则

终身教育的理念强调整个教育体系的完善，即任何人在任何时候都没有接受教育的障碍，这主要表现在：学校教育对所有人平等开放，不分年龄与种族；学校和各种社会团体以及企业合作，实现多种资源的共享、服务社会的同时，也可以及时将更多的企业元素纳入到教育教学中；学校因开放而获得竞争，学术因自由而得到创新，避免了闭门造车，使高等学校真正成为人类科学创新的摇篮。可以说，一国的教育体系的开放程度体现了一个国家的教育水平以及科学技术的发展水平。西方发达国家的高等院校一直以来均对老年人开放甚至已经和老年教育融为一体，老年人为大学带来了年轻时所不具备的许多东西。老年人和年轻人通过校园和教育实现了交流与合作，老年人可以因此变得更年轻，年轻人可以因此变得更成熟。

终身教育理念的实现需要有法律的保障。例如，美国通过立法建立了终身教育体系。美国是世界上成人教育立法最多、最完善的国家。世界上第一部终身教育法就是由美国于 1976 年制定的。美国于 1965 年制定了《美国老人法》，1975 年制定了《禁止歧视老人法》。1971 年白宫老化研讨会强调要重视老年学习者的需求，并主张提供美国社区及初级学院两年的经费补助，使得公立社区学院可以获得经费支持来应对老年人的需求和提高生活品质。一些社区学院也因为 1965 年高等教育法案和老人法案的规定而获得新的补助，使得这些社区学院可以雇用总监或项目主任来设计和执行针对老年人的课程。

## 四、社会参与原则

社会参与是社会学中的理论，这种观点强调老年人只有保持充分的活力和积极地参与社会活动，才会生活得更好，才能进一步实现自身的社会价值。社会参与的实质是老年人利用自身资源和社会资源，积极主动地创造物质价值和精神价值的过程，并以此来提高老年人的生活质量。老年教育不仅是老年人参与社会的一种形式，还可以在多个方面促进老年人的社会参与。比如，组织老年人参加社会公益事业，在社区从事义工服务，帮助孤寡老人，开展调查研究为社会发展献计献策等，或者以更为积极的参与形式，通过老年教育提高老年人的工作技能，帮助老年人实现再就业。

与年轻人的社会化不同，老年人的社会参与是成人继续社会化的最后阶段，即老年人要随着社会环境和自身状况的变化，不断地学习新的社会规范，担当新的社会角色，建立新的社会关系，承担新的社会责任和义务的过程。美国著名社会化理论倡导者哈维格斯特将老年人继续社会化的主要任务概括为：适应体力与健康的逐渐衰退并正确面对疾病与死亡；适应退休生活和经济收入的减少；与年龄相近的老年人建立愉快而亲密的关系；接受新生事物，改变陈旧观念；缩短代际之间的差距；承受丧偶事实并适应丧偶后的生活；学会科学、合理、健康地安排休闲时间；建立新的生活规律，养成与之相适应的良好生活习惯；继续适当履行作为公民的社会职责与义务；等等。

## 五、自我完善原则

自我完善理论来自心理学领域，该理论认为老年人接受教育是老年人出于自我完善的动机，即老年人通过参加各种教育活动而实现“自我改变”“自我提升”“自我完善”“自我超越”等。自我完善包括生理、心理和社会三个层面。老年教育提高老年人的自我保健能力，帮助老年人保持乐观向上的精神面貌，帮助老年人积极参与社会，进而实现老年人的自我完善。老年教育的自我完善理论强调老年人在学习活动中的积极主动参与以及互助教育，注重开发老年人自身所拥有的教育资源，进而在学习方式、学习内容以及教育组织方面形成老年人的主体性、主动性。

## 六、发展原则对资源配置的影响

不同的发展原则对老年教育的资源配置过程产生不同的影响(见图2-1)。权利原则要求老年教育的实施必须有较为完善的法律制度环境,福利原则要求政府对老年教育进行公共支出,终身教育原则要求教育体系的平等和开放,社会参与原则强调整个社会资源对老年人的支持,自我完善原则表明老年人需要对自身资源进行开发和利用。

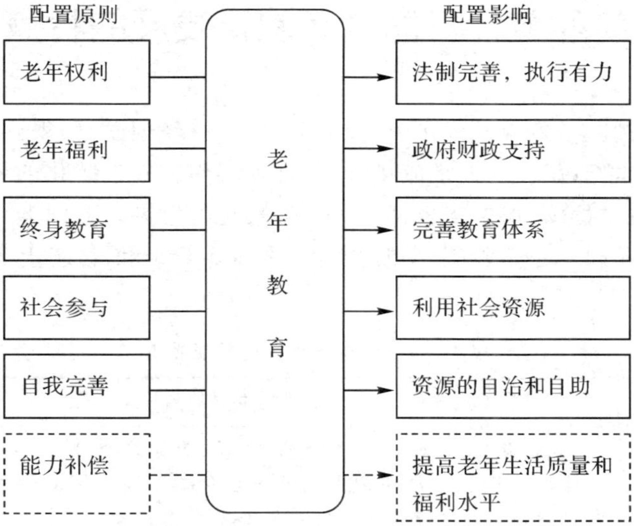


**图 2-1　老年教育发展原则对资源配置的影响**

这些不同的配置原则表现出来的是对老年人的不同态度。权利原则、福利原则的主旨仍然只是把老年人作为社会的弱者和被照顾对象,忽视了老年人所具有的能动性和创造性。老年人不仅是社会发展的受益者,更是社会发展的参与者。正如国际老龄问题联合会的海伦·海默琳所总结的:"很多学校提供的课程并非仅仅是为老年人消遣时光,专业培训的目标是帮助老年人找到第二或第三份工作。人们对工作的需求不仅是为了满足物质的需要,也是精神的需要。工作环境使老人们有归属感,能够确定自己在社会中的位置,这对他们的精神健康至关重要。"[①]老年人积极的社会

① 联合国电台:《如何应对世界范围内越来越严峻的老龄化问题》(2001-03-28),http://www.un.org/chinese/av/radio/transcript/ageing010328.htm。

参与以及自我完善，表明老年教育不仅可以为个人，还可以为整个社会带来更多的收益。而这些收益从最根本上讲，只能来自老年人自身的能力，即社会参与和自我完善以能力为基础。是老年教育所培养的能力帮助老年人实现就业和提高生活质量。从能力的角度来看，发展老年教育实际上是实现了国民获得平等发展的机会，即不分年龄、种族、身体是否残疾等，均可共享公共教育资源，均可以以此获得生存和发展的能力，而不是仅为了老年人而发展老年教育（见图 2-1 虚线框部分）。

## 第四节　各国老年教育发展的特点

在西方社会，老年教育在 20 世纪 70 年代一经创立，即得到快速发展，在进入 21 世纪以后，已处于成熟阶段，基本实现积极老龄化的要求。中国虽然是发展中国家，但老年教育也取得了长足的发展。各国老年教育所处发展水平不同，在资源投入的数量、质量、形式和渠道上都有差异。（见表 2-1）

**表 2-1　各国老年教育的发展特点**

| 国别 | 发展的主要特点 |
|---|---|
| 中国 | (1)1986 年开始，政府、工矿企业、军队、大专院校、科研单位以及社会团体兴办老年大学，县以上城市办老年大学，基层街道、乡镇办老年学校；(2)1999 年老年教育由政府管理、文化部指导；(3)2001 年开始投资建设老年大学示范校。(4)建立社区老年学校，使用志愿者。 |
| 美国 | (1)以法制为基础，体系稳定；(2)经费来自许多方面，主要是地方机构、联邦政府、基金会及学费四部分；(3)机构、组织、方法、内容、目的等都呈现多元化的复杂性，根据市场操作，公立机构或政府不直接参与，仅制定宏观政策和进行资助、补贴；(4)社区化、非营利组织是重要推手，地方政府在全国设立 15000 个社区化老年人中心，全国 1200 所社区学院，提供减免学费的课程，各州的公立大学学院免费登记学习。 |
| 法国 | (1)政府预算支持；(2)高等院校校方有关学院主持，自由入学；(3)高校和老年教育实现资源共享。 |
| 英国 | (1)民间自发组织，政府政策鼓励的发展模式；(2)全国性的发展机构包括各级政府、高等教育机构、开放大学、第三年龄大学和住宿学院等，大多数实行会员制；(3)大多数老年教育方案由老年人自己设计、筹划以及负责。 |

续　表

| 国别 | 发展的主要特点 |
| --- | --- |
| 日本 | (1)各级政府建立负责机制;(2)开发学校教育,包括中小学实现代际交流;(3)政府的福利部门和教育部门分别推动并进行协调;(4)民间机构积极参与提供老年教育。 |

资料来源:黄富顺主编:《各国高龄教育》,五南图书出版有限公司2008年版。

## 一、中国

中国由于教育部门资金缺乏,且存在浪费现象,教育行政部门并不管辖和投资老年教育。中国的老年大学由文化部指导,各级地方政府、各类国有企业、事业单位的老干部局或部具体实施。投资多元性的好处是老年大学可以迅速在各地举办起来,缺点是资金来源缺乏稳定性和可靠性,办学经费取决于主办方的影响力。各级老年大学(学校)的基础设施、师资及教学条件和教学水平参差不齐,处于权力高层级的老年大学由于影响力较强可以获得较好的教学条件,而基层老年学校的教学条件比较差。由于中国人口基数很大,老年人口的绝对数量很大,且增长速度很快,老年教育的发展实际上供给不足。进一步增加老年教育的供给以及提高教学质量是中国老年教育需要解决的问题。

## 二、美国

美国是世界上最发达的经济体,这和其先进的、发达的教育体系有很大关系。美国非常重视相关教育法律的制定,始终将教育看作公民的最基本权利,发展教育的重点是教育如何能够有效地提供给普通大众。由于先前的受教育水平是影响老年教育的重要因素,这使得美国参加老年教育的人数在持续地增加。根据1970年的一项调查,美国老年人平均一年参与学习活动的时间有300个小时,1990年的调查结果显示,美国老年人中参与学习的比例有15%,并且这一数字还在持续增长,到2005年时就已达23%。

美国老年教育的经费来自许多方面,主要是地方政府机构、联邦政府、基金会及学费四部分,其中最主要的是参与者的学费。美国许多老年教育的实施方案采用市场运作的方式,让大众投票来决定方案的好坏,因而美国的老年教育最能够满足老年人的需求。美国老年教育的机构、组织、方法、内容、目的等呈现出多元化的复杂性，一般公立机构或政府不直接参与具体方案的实施，仅制定宏观政策和进行资助及补贴。

社区化、非营利组织是美国老年教育发展的重要推动力。如老龄寄宿所、退休学习学会、老年人服务与咨询中心、老年人网站、慈善中心等，还有自愿组织设立的老年人社区服务与教育中心。美国地方政府在全国共设立了15000个社区老年人中心，这些中心可以获得联邦及州政府的部分补助。美国有1200所社区学院，可以为老年人提供减免学费的课程。各州的公立大学以及学院，只要有空位，62岁或65岁以上的老人可以免费登记学习。大学校友会、医院、银行、投资公司、劳工团体通过提供经费，开设非正规或非学分的课程，也有设计成网络学习课程供老人学习。市场化和多渠道的老年教育使得美国老年人的参与率持续增加，其中选择中小学或大学课程学习的老年人比例，1991年为4.6%，而1999年已上升到8.6%。

## 三、法国

1985年，法国65岁及以上人口超过7%，法国是第一个进入老龄化社会的国家，也是第一个建立第三年龄大学的国家。第三年龄大学的理念在于增进老年人的知识，促进他们对老年学的理解和身心健康的维护。法国政府于1980年开始敦促各地大学开办第三年龄大学，同时将老年政策列为第七国家发展计划中四项优先发展计划之一，不惜编列4.8亿法郎的预算以求完成。法国的老年大学一般由校方有关学院主持，采用自由入学方式，凡是老年人均可无条件参加，并根据兴趣选择科系研读，老年教育和大学的教育资源因此而实现了共享。大学可以提供现有的师资和专家，大学内的一切设备都是帮助老年人的资源，而大学的研究人员和老年人一起开展老龄化方面的研究。政府的资金支持是法国老年教育发展的关键，各级政府不仅对老年教育进行财政补贴，并促进老年教育和各类文化机构建立紧密的联系。

## 四、英国

在法国出现第三年龄大学之后，隔海相望的英国也受到了影响，老年人的受教育权利受到越来越多的重视。英国于1983年建立了第一所英国式的第三年龄大学——剑桥第三年龄大学，但由于政府经费上的限制，并没有形成明确化的发展。1987年，英国教育与科学部正式拨款给成人继续教育发展科，以推进老年教育的实施，并制定老年教育工作手册，给各地方教育局参考。此后，英国的老年教育走出民间自发组织、政府政策鼓励的发展模式。

英国的老年教育由许多全国性的机构进行实施，如地方教育局、高等教育机构、开放大学、第三年龄大学、基督教老化委员会、大伦敦老人论坛、强森基金会、代间服务中心等。民间机构一般采用会员制，如第三年龄大学，全国委员会与地方委员会是会员关系，而不是隶属与分部的关系。比如，基督教老化组织是英国全国性的义工组织，其目标在于从宗教的角色和观点，对老年人提供照护与服务。英国的第三年龄大学和法国的第三年龄大学有显著的区别，具有自身非常鲜明的特征：一是大多数老年教育方案由老年人自己设计、筹划以及负责；二是老年教育的过程强调老年人自身的经验交流与传递，不像学校师生之间是“授与学”之间的关系，可称作“老年人技巧的交流”；三是由于大多数课程由老年人自己设计，使课程更了解老年人的需求，更能满足老年人的特殊需求，大大提高他们的参与意愿与兴趣。

## 五、日本

日本是一个高龄社会国家且劳动力短缺，其老年教育非常发达，非常注重老年人力资源的开发和利用工作。日本在中央政府层面设置中央教育会议作为重大教育政策的审议和决策单位；地方政府层面，在都道府县设置终身学习局，作为推动单位；市町村方面，均设置负责终身学习的事业单位。日本老年教育渠道比较多，有福利部门推动的老年教育，还有教育行政部门推动的老年教育，同时开放学校教育，在学校教育中扩大成人参与的机会并促进学校设施的开放。从 1999 年开始，日本政府开始建立广播大学，播放全国公立、私立大学中具有特色的课程。

福利部门(厚生省)在都道府、市町村建立老人大学，在老人俱乐部举办老人大学。教育行政部门(文部省)建立老年教室、长寿学院供老年人参与学习，同时通过都道府县教育委员会与市町村、高等教育机构以及民间教育机构建立协调机制。老年教室是很有日本特色的老年教育方式。依据 1973 年文部省规定，老年教室参加者为 65 岁以上的老年人，学习时间每年 20 小时以上，每一教室学员 20—50 位。老年教室通常设在各地区的公民馆、学校、福利会馆等场所，同时提供休闲、娱乐、知识教养、体育等教育活动，并由高龄者教育促进会议进行检查与改进工作。为了帮助老年人从事志愿者工作,成立“志愿者工作养成讲座”,如儿童指导、展品解说员训练、调查员训练等。

# 第五节　老年教育特点及其福利效应

## 一、老年教育的特点

通过对世界上一些国家和地区老年教育发展状况的分析,发现老年教育具有一项非常重要的特点,即它可以和所有教育形式相结合,具有多元化的特征。对老年教育的研究在中国目前还比较局限,多为探讨老年教育的重要性和必要性,以及老年教育所讲授的内容等方面,并认为这是老年教育区别于对年轻人教育的主要方面。人们对老年教育内容的认识还局限在休闲娱乐活动,如琴棋书画、卫生保健、健身娱乐等。容易引起研究者忽略的是,老年教育具有多变的形式和丰富多彩的教育内容,恰是它可以培养多种多样的能力。

老年人可以参加的教育活动的种类很多,至少有 8 种形式。(见表2-2)

**表 2-2　老年教育和多种教育形式结合**

| 序号 | 可结合的教育 | 结合的形式 | 代表国家或地区 | 结合特点 |
|---|---|---|---|---|
| 1 | 直接融合正规学校 | 高等院校 | 瑞典、德国、美国 | 正规学校教育,减免学费 |
| | | 职业院校 | 澳大利亚 | |
| 2 | 大学院校内设 | 内设高龄者学习中心 | 美国 | 正规老年学校教育优惠、免费或只收少数资料费 |
| | | 社区学院内设 | 美国 | |
| | | 内设终身教育学院 | 韩国 | |
| | | 第三年龄大学、自由时间大学 | 法国 | |

续 表

| 序号 | 可结合的教育 | 结合的形式 | 代表国家或地区 | 结合特点 |
| --- | --- | --- | --- | --- |
| 3 | 政府单独办学 | 老年大学、老年学校 | 中国 | 正规老年学校教育，康乐休闲 |
| | | 美国高龄者中心 | 美国 | 帮助弱势群体 |
| | | 日本高龄者教室、长寿学院<br>日本老年大学 | 日本教育部门开办<br>日本社会福利部门 | 正规老年学校教育 |
| | | 长青学院 | 台湾地区 | 政府的社会服务 |
| 4 | 社团、老人会、宗教团体办学 | 韩国老年大学、老年学校 | 韩国老人协会 | 正规老年学校教育<br>具有较多的宗教课程 |
| | | 牧善中心 | 美国的教堂 | |
| | | 义工组织 | 英国的基督教老化委员会 | |
| | | 松年大学 | 台湾地区基督教长老会 | |
| 5 | 远程教育（政府、社团组织、非营利企业） | 电视老年大学<br>网络大学<br>博客<br>广播 | 世界各国，美国、日本、中国等 | 非正规老年教育 |
| 6 | 非营利企业办学 | 老年寄宿学校<br>美国高龄者服务与咨询中心 | 美国 | 以市场需求为导向，收费，但收支平衡 |
| 7 | 自组织学习团体 | 英国、新西兰和澳大利亚的第三年龄大学<br>美国退休学院 | 英国、新西兰和澳大利亚<br>美国 | 与大学院校合作或利用大学资源 |
| 8 | 自组织娱乐团体 | 老年人自己组织的活动，如晨练队、武术队、腰鼓队、歌唱队等 | 中国 | 街道、居委会等基层组织 |

首先，是正规学校教育。在瑞典、德国、美国、澳大利亚等教育发达国家，老年人可以直接和年轻人一起参加正规大学和职业院校中的各种专业或者课程的学习，并且可以享受减免学费的优惠，合格以后还可以获得文

凭和学位，并据此获得新的工作岗位。教育发达国家的高等教育和职业教育不设入学年龄限置，以期将教育的效率以及整个社会的人力资本水平提升到极致。

其次，为了满足老年人对课程的特殊需求，一些大学会考虑开设专门的老年学院以方便设立适合老年人学习的课程和专业，如美国的社区学院会下设老年学院，韩国的许多大学有内设的终身教育学院，法国大学的一些院系会开办第三年龄大学等。

再次，政府单独开办适合老年人学习的场所，这在东亚国家和地区比较普遍。比如，中国政府部门和国有企业的老干部局开办老年大学，日本的教育行政部门在全国开办高龄者教室和长寿学院，而日本的福利部门则在全国开办各级老年大学。

最后，依托社区兴办老年教育。为了可以给老年人提供更直接的帮助，美国政府在全国社区开办美国高龄者中心，类似的，中国台湾地区的社会服务部门开办了长青学院。在发达国家，社团组织、老年协会以及宗教团体也是开办正规老年学校的主要机构，如韩国老人协会举办的老年大学、美国教堂下设的牧善中心、英国的基督教老化委员会开办的义工组织等。其他还有许多非正规的老年教育形式，如政府、社团组织、非营利企业兴办的远程教育，非营利企业办学，自组织学习团体，自组织娱乐团体等。

老年教育形式的多样化与老年人多方面的需求以及不同的学习目的有关。应方淦认为老年教育的目的是帮助老年人完成继续社会化、提高生活品质和完善自我发展。彼得森认为老年教育的目的是为新工作做准备、担任志愿工作者的角色、经由内在的探索而获得心灵的成长、防止身心与社会能力的衰退、学习知识以总结经验重新发现生命的意义等。归结起来，老年人学习有 5 个最主要目的：(1)学习家政管理、烹饪技术、插花园艺等家庭技能以丰富家庭生活，教育孙辈；(2)再就业，通过提高工作技能或获得新技能以重新获得一份工作；(3)为担任志愿者工作、从事公益事业而学习所需的知识与技能；(4)满足心理成长的需求，开发内在的潜能以及超越自我；(5)防止生理、心理和社会机能的衰退。

不同需求的老年人参加不同形式的老年教育，政府、社会团体也会提供相应的学习机会，进而形成老年教育的多种形式。在西方教育发达的国家，老年人参加各种正规和非正规的学习活动已经是社会中相当普遍的现象。在中国，由于老年人的生活并不为社会大众所熟知，很容易造成对老年教育认识的误解，很多人将老年教育和休闲娱乐活动等同起来。在世界范围内，实际可以观察到的结果是老年教育不仅是休闲娱乐活动，还可以帮助老年人重新获得岗位和收入。比如在澳大利亚,许多老年人进入职业院校学习一种技能,从而找到新的工作,重新获得收入。如果能帮助弱势老年群体重新获得工作,帮助老年人提高生活质量和福利水平,则老年教育就是一种能力补偿机制。因此,通过满足老年人的多种需求,整个社会需要提供多种形式、多个层次的老年教育,进而培养能力以提高老年人的生活质量和福利水平。老年教育的多元化形态的发展对一国教育制度的终身性、开放性、全民性提出了很高的要求。

## 二、老年教育的福利效应

老年教育具有多元化特征,即多个层次、多种形式、多种收获(收益),这使得老年教育蕴含着某种特殊的价值。对于老年教育的多元化特征,一种解释是老年人的年龄跨度非常大,即使考虑从60—100岁的老年人,他们的年龄跨度也有40岁,在40岁的范围内人们的年龄、社会地位、兴趣爱好、身体条件均有很大的不同,因而老年教育的形式也是多种多样。应该说这种观点有一定道理,但并没有从本质上说明老年教育对老年人的重要价值。

老年教育所具有的多元化特征表明老年人广泛参与到了老年教育活动之中,也说明老年教育能够广泛满足老年人的需求,而这种满足需求即是老年人的生活质量以及福利水平的普遍提高,所以老年教育具有多元化特征的最本质原因在于多方面提高老年人的福利水平,因此老年教育必须多元化地发展。相应地可以在以下几个方面总结老年教育的价值。

### (一)老年教育本身即是社会给予老年人的一种福利

老年人通过参加教育活动获得健康、快乐和幸福感,进而提高老年人的生活质量。政府用公共支出兴办老年大学,社会团体、非营利企业捐款、捐物以组织老年人的学习活动,这也使得老年教育表现出非常明显的福利特征。

### (二)老年教育是提高老年人福利的一种工具性手段

老年教育所培养的多种能力可以帮助老年人在其他领域完成功能性活动,使得老年人的生活质量和福利水平得到进一步提高。

### (三)老年教育是对弱势老年群体的能力补偿机制

对弱势老年群体进行职业技能培训,可以帮助他们重新获得工作和收入,进而缓解他们的生活压力和提高他们的生活水平。

对老年教育的多元化特征原因的探讨指出了本研究的基本观点:首先,老年教育是老年人的福利通道,教育本身及其培养的能力可以在多方面改善和提高老年人的生活质量,社会也会选择以最节约的方式提供教育机会;其次,老年教育是提供给老年弱势群体的能力补偿机制,即所谓"授之以鱼,不如授之以渔"。以后三章将围绕此基本观点逐步展开论证。

## 第六节　本章小结

从生命的历程来看,老年教育是一个开放的终身教育体系,从老年人的生活内容来看,则可以帮助老年人适应环境,改变生活(工作和社会参与),提高生活质量。老年教育所具有的多元化特征,是为了满足老年人的多元化需求,因而老年教育可以多方面提高老年人的生活质量和福利水平。老年教育的多元化特征指向了一个基本观点:老年教育首先是老年人的福利通道;另外,老年教育是提供给老年弱势群体的能力补偿机制。

# 第三章　完备能力、功能扩展和福利增长

从经济学角度来看，老年人之所以踊跃参加各种老年教育活动，是因为获得了某种或某些收益。通过对老年大学以及老年学员进行访谈发现，老年教育确实提高了老年人的生活质量和福利水平，这是老年教育所具有的重要经济与社会价值，老年教育也通过其多元化的特征来确保这些价值得以具体实现。对教育价值评价的最常用指标是教育回报率，但毫无疑问，用这一指标很难来测算老年教育的价值，而且即使测出某一回报率值也未必正确，因为老年教育给老年人带来的不是工资、报酬等货币形态的收益，而是健康、幸福等非货币形态的收益，因此，对老年教育进行价值评判首先需要确定评价生活质量的标准。对生活质量以及福利水平进行准确评价一直是经济学中的难点问题，传统的财富和效用标准显然已不能准确地表达生活水准，而阿马蒂亚·森的能力方法理论为准确评价生活质量提供了新的工具和视角。

## 第一节　评价生活质量的标准

毫无疑问，老年教育会对老年人的生活质量产生影响，因此如何评价生活质量和福利水平成为研究老年教育必须首先解决的问题。对生活质量和福利水平的评价，一直是经济学研究的重要内容。自古典经济学以来，许多学者对生活质量的评价有不同的看法，因而形成不同的衡量标准。传统上有两种衡量生活质量的标准，一是客观的财富标准，二是主观的效用标准，前者被称为客观主义方法，后者被称为主观主义方法。但已有的方法均很难准确衡量老年教育的福利效应。

## 一、财富水平

自古典经济学以来,人们通常以商品和物质财富(GDP)作为评价经济增长的方法。因为金钱是一般等价物,可以随时随地最为方便地转换为任何一种物质商品,因而追求生活质量就是追求财富。如果财富是幸福生活的唯一标准,则这种简化的方法无疑是非常有效的。但事实是,物质财富并不是提高人们生活质量的唯一手段,而且物质财富和由此产生的效用对生活质量的度量往往是扭曲的。

物质财富虽然是实现一定生活标准的重要因素之一,但不是唯一的条件,将商品等物质财富转化为生活质量还受到其他大量主客观因素的影响。财富是一个存量,存量会有损耗,没有收入的补偿就会逐步灭失,因而财富的增长需要有不断的收入来补偿损耗,收入增长越快,财富增长越快。在市场经济条件下,如何实现收入以及收入的增长是每一个主体最为重要的经济目标。对于企业家而言,通过投资产品和服务而获得收益,对于个体而言,必须向市场提供劳动力才能获得工资性收入。这同时表明,生活质量以及福利水平并不是一个静态的概念,而是一个动态的概念,即福利增长。因而财富的获得需要付出一定的体力或者脑力劳动以及消耗一定的物质资源,获得财富的多少在一定程度上取决于人们的能力以及对财富的追求。以财富水平作为福利的标准的不足之处在于,人们需要在付出和获得之间做出权衡,而这取决于人们对财富的偏好以及个人能力。所以很多时候,财富的多少并不能说明生活质量的高低,而是体现了人们对财富的不同态度。因此,商品占有或富裕本身并不能全面准确地反映人们的生活状况。

## 二、主观的效用标准

纯粹的消费也是人们用来评价生活质量的标准之一,即以消费商品所获得的心理上的效用来评价福利水平。古典经济学家边沁、约翰·穆勒、杰文斯、西奇威克、埃奇沃斯、马歇尔和庇古等人对此均有深入的研究。效用直接与商品相联系,是个体对所享受商品或服务的一种主观心理评价。但对于什么是效用,不同的学者有不同的回答。在经济学史上,对于效用有三种不同的解释,第一种是愉快(Pleasure)或幸福(Happiness),第二种是欲望的满足(Desire Fulfillment),第三种是选择(Choice)。阿马蒂亚·

森认为这三种主观主义方法均不能很好地评价生活质量。

### (一)愉快和幸福

边沁把效用定义为愉快和幸福,为此他还提出幸福计算法和最大多数幸福原则。把愉快和幸福作为生活质量的标准存在许多缺陷。首先,不同国家、不同时代的人对愉快和幸福有不同的理解,愉快和幸福不能成为一致认可的标准;其次,愉快和幸福的心理表达可能会与现实相背离很远。比如说,在某些国家,人们被严重剥夺许多权利,但由于人的思想、言论被宗教信仰、政治宣传或文化压力所控制,许多人会很满足自身的状况,对这种被完全剥夺的状况,显然不能被认为生活质量是高的。因此,尽管愉快和幸福同福利水平之间具有相当直接的联系,但它并不适用于作为评价福利水平的一种方法。

### (二)欲望的满足

西奇威克、拉姆齐等人认为效用是欲望的满足。欲望虽能够表达人们认为什么东西有价值、什么东西没有价值,但它不适合作为衡量生活质量的标准。原因有以下几点:第一,人在任何状态下都可以有欲望,欲望与生活质量之间没有必然的联系;第二,欲望尺度难以作为一个公平性的指标,不可能根据欲望的强度来进行资源配置,即使有那也是非常不公平的;第三,欲望很难进行人际比较,生活质量糟糕的人完全可以有超过所有人的愿望。

### (三)选择行为的最大化

第三种观点认为效用是选择行为的最大化。个人的选择行为以个人的偏好作为基础,个人福利最大化即个人效用最大化。对把效用解释为幸福的批评同样适用于选择,而最为关键的是,选择是每一个行为人根据自己的偏好做出的,选择不能进行人际之间的比较。人们的选择取决于个人的动机,每个人的选择动机是不同的,并非一定取决于对生活质量的目标追求。因此,用选择来解释效用,并把它作为评价生活质量的标准,这显然难以全面、准确地表达生活质量。

## 三、客观的综合标准

此种观点和做法主张从收入、财富、商品、消费支出、基本物品和资源等的综合指标来界定和测量生活质量。如费雪和希克斯主张用个人的实际消费支出来测量个人的生活质量或愉快的体验；罗尔斯提出用基本物品，即权力、自由、机会、收入、财富和自尊的社会基础来衡量个人的生活质量。罗纳德·德沃金认为生活质量状况应该从个人拥有的资源量进行考察，这些资源包括人格资源和非人格资源。以客观综合的标准来评价生活质量有其合理内核。阿马蒂亚·森认为："在理解生活标准时，对极其重要商品的拥有的关注，看起来确实是明智的。事实上，在识别一个人具有较低的生活标准时，以他或她被剥夺了像样的房子、足够的食物或基本医疗保障为基础，要比以他或她只不过感到不幸福或受到挫折为基础更为合理。"他认为应该进一步在此方向上探讨评价生活质量的正确方法，在他看来："生活标准必须是一种直接的、人们过的某种日子，而不是人们过日子的资源或手段。"因此，在评价生活质量时，不应该集中于基本物品或资源本身，"而应该是一个人在食品和其他商品的帮助下、在生活中能够成功地过着的生活类型，例如一个人能否有较好的营养、能否有娱乐的能力，如此等等"。①

## 四、可行能力

如何直接表达人们过的日子，阿马蒂亚·森的回答是用能力的方法。能力方法理论的核心概念是功能（Functions）和能力（Capability）。所谓功能是指一个人获得的成就，即他或她能够做某事或已经处于某种状态。功能包括一个人生活中的活动或所处的状态，比如拥有健康、有所可居、和睦相处、接受教育、就业以及休闲等。功能的状况直接决定了人们的生活质量，因为功能本身是生活质量的各个不同层面或侧面。功能与商品既有区别，又有一定的联系。一个人拥有某种商品却并不能保证他具有相应的功能，但是商品却是实现功能的必要条件。因而功能可以由一个人使用商品的能力得到实现。例如，一个人只有拥有"汽车"这种商品，而且会开车才能实现"开车"这一功能性活动。

能力是功能的派生概念，而能力又蕴含着自由。能力是一个人实现的各种功能的组合。一个人的能力取决于他能否使现有物品发挥作用。能力大小反映个人在各种功能组合中进行选择的自由度，它代表了一个人在

---

① Amartya Sen: *The Standard of Living*, Cambridge: Cambridge University Press, 1985, P25.

不同的生活之间做出选择的自由，即可行能力。而以可行能力来衡量生活质量更为准确。例如，一个节食的富人，就摄取的食物和营养量而言，其实现的功能性活动也许与一个赤贫而不得不挨饿的人相等，但前者与后者有不同的"可行能力集"（前者可以选择吃好并得到充足的营养，而后者却无法做到）。

能力方法理论表明，福利水平的高低不取决于"某个人是不是满意"，而是取决于"某个人实际能做什么或处于什么状态"。该理论的核心是用"个人在生活中实现各种有价值的功能的实际能力"来评价生活质量。通俗点讲，福利应该是根据人们能做的事情以及能做好的事情来确定。如果，人们能够阅读、吃饭、投票等，人类的福利就是最大化的。较高的文化水平由于能够增加人们的有效机会，能够提高人们的能力，进而提高人类福利。能力和功能分别表示潜在的福利和已经达到的福利。（见图 3-1）在阿马蒂亚·森看来，物品只是实现某种能力和功能的手段之一，要成为功能还需要经过一系列很长的征途，其中每一个中间环节的转换效率都会直接影响人们功能的能否实现以及实现的多少，能力的作用就是提高各种商品转换为各种活动的成功率。

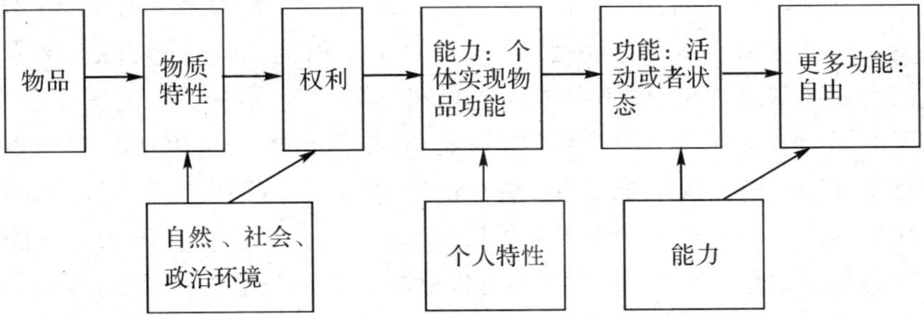


**图 3-1　能力实现功能的过程以及影响因素**

阿马蒂亚·森曾经举了一个骑车的例子，可以很好地说明能力如何实现功能。完成骑车的功能需要多种条件。比如，首先需要拥有一定的商品，即对一辆车的使用权，这需要用收入通过市场购买或者租用；其次，获得使用权并不容易，比如以收入购买，在一个社会一个人的收入取决于很多因素，并不是勤劳就可以致富，而是取决于社会、政治、经济和环境等诸多因素的影响，包括社会制度、经济体制、分配政策、价格、社会救助政策等；最后，需要具有骑车的能力，能力的强弱以及多少取决于许多个人的特性，例如教育、年龄、性别、身体状况、工作的距离、对时尚的态度等，其中每一种个人特性还受其他因素的影响，比如说家庭背景、社会经济环境、自然条件等。完成骑车的功能需要会骑车(能力)、需要获得车的权利(购买或者租用)、需要使用另外一种能力获取收入等(社会经济制度),还需要一定的道路条件(经济发展阶段),所以完成一项功能需要满足多种条件,才能最终获得此项福利。个人功能的实现(成就)取决于他能否使现有物品发挥作用并完成一定的活动,除了主观的个人能力之外,其他的客观社会经济条件、制度因素影响了他调动和使用物质资源的结果,这些中间环节(权利、环境、社会、政治、制度等)在能力方法中具有比"物品"更为重要的角色地位和作用。

阿马蒂亚·森认为可行能力的标准要优于同样是客观主义标准的基本物品标准和资源标准。基本物品标准由美国著名政治哲学家罗尔斯提出。所谓"基本物品"是指自由权等各种权利,罗尔斯认为这些基本自由和权利在价值评判中具有优先的地位,不允许拿基本自由与经济收益和社会收益进行交换。阿马蒂亚·森把罗尔斯的平等称为"自由权优先"。阿马蒂亚·森指出,罗尔斯的差别原则并没有重视人际相异性,致使它无法区别对待处境最差者。像前面提到的节食的富人的例子,两个人即使拥有相同的基本物品,其中一个人可以完全避免营养不良,而另一个人则未必能做到这一点,但可行能力平等可以做到。比如残疾人的生活有很多困难,他们在将基本物品转化为功能时,明显处于不利境地。另一方面,基本物品仅仅关注形式自由,而不考察人们从基本物品中可以获得的实质自由。由于人际的差异性,人们在将基本物品"转换为选择一定生活类型的自由以及实现"时,随着人际的变换,基本物品"拥有上的平等就伴随着不同人实际享有的实质自由而严重不平等"。阿马蒂亚·森认为自己的可行能力能够避免罗尔斯的缺陷,能力平等可以解决贫困和分配正义。

评价生活质量的资源标准由美国著名政治哲学家德沃金提出,阿马蒂亚·森认为德沃金等人的资源评价标准仅仅关注了实现成就的手段,并不关注自由的实现程度。自由不仅有别于成就,而且有别于资源和实现自由的手段,在对资源进行转化时人际差异是普遍存在的。由于不同个体之间的生理特征和社会特征存在差异,这就会导致将资源转化为成就和自由的结果极为不同。威廉姆斯从性别不平等的角度探讨了德沃金的资源标准和森的能力标准的优劣。假设有一对双胞胎姐弟安妮和鲍勃,他们都受到相似的良好教育,同样身体健康,有着同样的天赋,他们都希望寻求异性组成家庭,他们都追求一份合理的成功的职业。这也就是说他们在人格资源、非人格资源和抱负上是相同的。同时设想安妮和鲍勃所处社会的其他人有如下三种不同的价值观:第一,倾向于"理想的工人",其偏好为花费大量的时间去挣钱;第二,倾向于“家庭主妇”,其偏好为花费主要的时间去照顾孩子;第三,倾向于“夫妻双方共同对家庭负责”,平等承担对家庭的责任。同时再设想大多数的男人倾向于成为理想的工人,而大多数的女人倾向于共同承担家庭责任。社会上的男女将去寻求自己的搭档以组成家庭。作为女性的安妮可能由于他人的偏好而在家庭和工作两方面处于不利地位,而作为男性的鲍勃在家庭和工作两方面处于有利地位。威廉姆斯认为德沃金的资源评价标准对由此产生的性别不平等是无能为力的,因为德沃金认为资源标准不应该关注由偏好造成的不平等,因为这会倒向福利平等。在威廉姆斯看来,安妮和鲍勃之间的能力差异源于他人的偏好,而不是他们自己的偏好或资源上的差异,因此德沃金的资源标准论在这一点上是不成立的。威廉姆斯认为阿马蒂亚·森的能力分析路径能很好地解决上述性别不平等的例子,安妮和鲍勃的例子证明了即使在人格资源和非人格资源上不存在差异,由社会状况造成的决定资源的转化能力的不同,仍然能够造成能力的不平等。

## 第二节 能力方法理论的应用和争论

### 一、和人力资本理论的不同

正如马歇尔所言“经济学是研究人的学科的一个部分”,与人高度相关的能力概念及其相关理论理应成为主流经济学的一个重要组成部分。人及其能力的重要经济价值在古典经济学中已经被提及。亚当·斯密在其著作《国富论》中指出,不同个体起先的资质是相近的,相互间能力之所以有高有低,是由个体所处的分工与专业化水平决定的。在斯密看来,个体间能力的不同是分工的结果。哈耶克认为劳动分工的背后对应的是知识分工,个体间知识积累在广度和深度上的差异导致个体间的能力也逐渐不同。马歇尔注意到普遍意义上的一般能力对工业效率的影响。他认为一般能力是那些“在不同程度上作为一切高级工业的共同特性的那种才能以及一般知识和智慧”,专业能力则是那些“为个别行业的特殊目的所需要的那种手工技术和对特殊精神及方法的熟悉”,普通教育与工业教育对于知识与经验的积累进而对促进个体一般能力的提升有重要影响。[①]

在新古典经济学中，能力被赋予新的形式，即“人力资本”。人力资本理论由美国经济学家舒尔茨和贝克尔在20世纪60年代创立。与物质资本不同，人力资本则是体现在人身上的资本，即对生产者进行教育、职业培训等支出及其在接受教育时的机会成本等的总和，表现为蕴含于人身上的各种生产知识、劳动与管理技能以及健康素质的存量总和。人力资本理论的进步之处在于强调了人是比物质资本更为重要的资本形态，人力资本有着更大的增值潜力。因为作为“活资本”的人力资本，具有创新性、创造性，具有有效配置资源、调整企业发展战略等市场应变能力，物质资本在人力资本的操纵之下实现增值。但人力资本也有明显的缺陷：一是人力资本无法解释自身的异质性，即由于人力资本载体的不同以及投资程度、形式的不同而造成的人在能力上的差异，其具体表现为现实社会中的巨大收入差距。二是忽视人的伦理性，人类行为的动机并不完全出于自利的最大化行为，个人的行为还会受到社会和环境制约，追求利益最大化的行为并不是在任何条件下都是合理的，人类还需要其他的更为优先的行为准则。三是人力资本理论只关注作为生产手段的人，而忽视了作为生产目的的人，其政策主张是只重视经济增长。事实上，经济增长只能是一种手段，其最终目的是提高人们的实质自由。人力资本理论所具有的这些缺陷，使得人们不得不重新审视人的能力所具有的重要价值。

## 二、人类发展指数

能力方法理论最为杰出的应用莫过于联合国的人类发展指数(HDI)。阿马蒂亚·森帮助联合国构建和设计了人类发展报告中的这一评价指数。人类发展报告强调对某一国家生活水平的评估重点在于全民能力的拓展与提升。人类发展指数及各项人类发展指标用以评估不同国家及国家内各地区各民族的基本能力，包括生存与健康能力、学习知识的能力、享受良好生活的能力。

人类发展指数的指标包括三个，分别为人均寿命、教育水平及生活质量。但阿马蒂亚·森认为，人类发展实际上需要四种重要的基本能力：生存能力、学习能力、获得一定生活水准的能力、参与社区生活的能力。前三

---

① [英]阿尔弗雷德·马歇尔：《经济学原理(上)》，朱志泰译，商务印书馆2011年版，第250页。

种包括在人类发展指数中，最后一种因其不可测性没有被包括在内。教育和健康提高生产潜力，知识增强健康，公民自由和政治自由促使采取集体行动并促进政治变革。

## 三、能力方法理论的实证检验

自能力方法理论提出以来，学者们运用这一理论从不同侧面对福利和生活质量进行了研究，但这些研究所选择的福利指标和使用的衡量方法并不相同。阿马蒂亚·森从预期寿命、婴儿死亡率和儿童死亡率三个方面考察了1980—1982年巴西、中国、印度、墨西哥和斯里兰卡5个国家居民的功能实现状况，但在考察印度居民的功能状况时，阿马蒂亚·森使用了营养状况、死亡率及发病率三个指标。

### (一)国际方面

联合国开发计划署(UNDP)从预期寿命、受教育程度和人均GDP三个方面考察了1990—2004年各国居民的功能实现状况。伯查特和利格兰德应用1998—1999年英国家庭面板调查数据从能力层面考察了失业者的工作能力。克莱森应用1994年南非SALDRU家庭调查数据分析了教育、收入、财富、住房、水、卫生、能源、就业、交通、金融服务、营养、保健、安全和可感知的福利等多方面的功能实现。拉德奇应用1992年智利数据考察了教育、健康和儿童营养三方面功能实现。罗贝恩斯考察了男性和女性在物质福利、精神福利、社会关系、教育、家务与非市场劳务、有酬工作、住所、运动和休闲方面的差异。

### (二)国内方面

高进云等在阿马蒂亚·森的可行能力框架下，使用模糊评判方法对农地城市流转前后的农民福利变化进行了衡量。尹奇等则运用模糊综合评价法对失地农民的福利水平进行了评价，发现失地农民的居住条件和发展空间得以改善，而经济状况、心理状况和居住环境呈现出恶化趋势。贾燕等在森的可行能力分析框架下研究了集中居住过程中农民福利的变化，提出了构成农民福利的功能性活动和指标，并用模糊评判方法对江苏江都市集中居住前后农民福利的变化进行了测算。王春萍和杨蜀康从可行能力的角度出发，运用结构方程模型探讨贫困与教育之间的关系，发现65个国家的贫困指标与教育指标具有一致性。方福前和吕文慧利用问卷调查获得的数据建立结构方程模型，对中国城镇居民功能空间内的福利状况进行了实证分析，其结果显示，收入和学历对福利水平的实现具有显著影响。杨爱婷和宋德勇采用集对分析法对改革开放以来的福利水平进行了测算，发现能力不足侵蚀着功能增长带来的社会福利增长，使得中国总体社会福利水平低下。费菊瑛和王裕华则认为人力资本因素通过提升人的可行能力，对一些非物质因素构成的满意度也有影响。

国内外对于能力方法理论的实证研究表明，能力方法理论不仅具有极高的理论指导意义，还具有实际的应用价值。

## 四、对能力方法理论的争论

在阿马蒂亚·森获得诺贝尔奖以后，其“能力方法”在中外经济学界得到广泛关注。在获得褒奖的同时，也有人对他的某些理论提出了质疑。伯纳德·威廉姆斯指出：“可行能力的概念事实上是一种非常重要的贡献，它使得我们远远地超越了比较狭隘的经济利益概念以及更为约定俗成的生活水准概念……然而，关于可行能力的界定仍然存在着许多迫切的问题。”①对能力方法理论的批评主要表现在以下几个方面。

### (一)能力清单的模糊和不完备

能力方法理论为人类发展的研究提供了一个理论基础，这一理论涉及的范围极广，包括伦理哲学、经济学、政治理论、教育、健康、食品安全、生态系统、能力赋予等诸多研究领域。这种跨学科和多用途使得不同的可行能力分析中对功能性活动和可行能力有着不同的定位，这就意味着不同的认识论目的要选取不同的可行能力，而这也就导致它不能提供一个详尽的可行能力内容清单，能力方法理论因而具有模糊性与不完备性的特征。

界定能力清单对可行能力的实现是非常重要的。因为如果我们只是把可行能力界定在人们“有理由珍视的生活的实质性自由”上，就会产生这样的一系列问题：当人们的理性欲望和理性抱负与资源冲突时，社会怎样保证每个人的可行能力；如果有的人只考虑实现自己的生活而不发展自身能力又该如何应对。人们有理由发展自己的全面的生活观念，追求自己认为有价值的生活，但不能强求社会的基本结构做出保证，全部的可行能力平等的全部实现是不真实也是不可能的。

---

① ［印］阿马蒂亚·森等：《生活水准》，徐大建译，上海财经大学出版社2007年版，第128页。

## (二)能力与主观效用关系模糊

可行能力一方面反对主观主义效用标准,强调人的实质自由、尊严与价值,但另一方面,对可行能力的解释与说明,又都是通过效用和福利状况来认识的。离开主观主义的效用标准,可行能力无法得到恰当的说明。阿马蒂亚·森认为由于个人偏好的不同,效用主义借助的实物收入方法无法正确判断出一个人的生活状态,但实际上阿马蒂亚·森对可行能力的阐释也只是一种宽泛的偏好主义。他把对生活、可行能力的评判最后交到了个人手里,指出从机会和自由的角度对机会组合做出的评估必须对个人的偏好和理性敏感。这正符合阿马蒂亚·森对宽泛的偏好主义所下的定义:什么对一个人是好的完全取决于那个人的评价角度。巴勃尔则表述为:如果事物满足了一个人事实上的偏好或他最易得到的偏好,那么这一事物就有利于一个人的好生活。事实上,无论是阿马蒂亚·森建立在自由基础上的民主主义,还是努斯鲍姆核心可行能力的超偏向清单,如果离开个人偏好都是不能成立的。然而,从个人层面来说,只用偏好来评估生活质量是不充分的,好生活的评价应该包括可行能力与偏好。可行能力对好生活的描述大多是抽象的东西,获得、实现与发展能力都依赖于生产劳动,生产劳动是提高生活水准的关键,这在可行能力中没有得到很好的说明。

伯纳德·威廉姆斯在肯定了可行能力理论摆脱了狭隘经济利益考虑,渗透到好生活领域的同时,指出了阿马蒂亚·森的可行能力的理论欠缺:其一,对好生活标准描述上的问题。可行能力所说的好生活标准与满足基本的需要、基本的可行能力发挥、生活必需品有直接关系,而好生活的标准是权变和多层次的,高层次的、自我实现的需要,在可行能力理论中欠缺说明。其二,可行能力与功能性活动之间的关系是“能”与“是”的关系,两者之间的转化条件与转化过程是复杂的,可行能力对两者如何实现转化欠缺说明。其三,关于可行能力的衡量问题。它仍然摆脱不了对收入、商品占有、财富等方面的依赖。例如,我们发明了一种新的商品,那么我们因此有了新的可行能力,可是在没有这种商品存在以前,我们是不能选择的,有了它我们才有这种自由与可行能力。其四,关于潜能和可行能力的关系问题。做事可行能力与做事的实际可行能力,到底是何关系?“有能力做”也不意味着“在此时此地做”,潜在可行能力并不必然与在此时此地做相联系。

## (三)导致个人主义

阿马蒂亚·森把人的好生活从功利转到了人的生活,但他的可行能力还是属于功利主义的个人主义:个人仅仅是由于工具性原因而结合起来的原子,而不是生活方式的内在部分。对社会安排的研究只限于它们在如何促进人的全面自由,从而享受他们有理由珍视的生活上所起的作用。人们生活在一起的结构,无论是社会规范、文化活动、信任等只是作为个人好生活的工具,也只是在这种意义上有价值。它们只是“资源”,在可用于产生其他东西而非自身就有价值的意义上被使用。

社会结构不仅能促进可行能力的发展,而且也是个人生活不可分离的部分。人们并不是孤岛一样共同存在的社会原子,只为提升自身的地位而生活在一起。没有人能够离开群体的生存结构而生活,这种结构是个体存在的条件,也是个人生活的必要组成。同时,作为阿马蒂亚·森的可行能力的核心部分的个体主体也受特定生存结构影响。我们认同他所强调的不能把人只看作社会结构的被动接受者,同时也要作为自身好生活的主体,但也要承认人的社会决定性,受到生存背景和社会规范的影响,没有人可以真正独立于所生活的社会的影响。人的可行能力并非指人能做任何事情的能力,因为有些能力具有负面价值,有些价值是无关紧要的,人的主体程度及人们所珍视的价值的客观性有赖于所生活的环境。因此,我们有必要对影响主体及其构成的社会结构做出评价。阿马蒂亚·森只看到了社会影响个体可行能力的一面,却忽视了个体自由也是“一种典型的社会产品”。

因此在评价发展政策的目标时,不仅要看是否提升“有价值的”个人可行能力,也要看是否促进了“有价值的”人们共同生存的结构。后者的标准是人们共同生存的结构是否对人的好生活有积极影响(工具和实质两方面),使人成为更自由的主体,并且鼓励他们形成更有价值的客体。也就是说,一个繁荣的个体需要并依赖于和谐互助的家庭、相互合作并高度信任的社会、促进选择“有价值的”能力的个体发展的社会环境。

## (四)难以实施

可行能力还面临着实践上的困难。可行能力理论是阿马蒂亚·森基于贫困与饥荒问题的大量实证性分析基础上反思的产物,建立在对社会底层贫困与弱势群体的深切关怀之上,面对一个想找一个好一点的工作、增加一点收入的穷人和一个想购买奢侈品的富人,阿马蒂亚·森支持了前者，这使其在社会接受范围与接受程度及可操作的实践层面上陷入困境。除了社会底层会积极地响应之外，中产阶级以及国家政权的统治者，究竟在多大程度上接受并付诸行动，将直接决定可行能力在实践中的命运与效果。

能力分析路径忽视个人责任问题。人们之间的能力差异并不仅仅是社会状况的结果，个人也应该承担一定的责任。如果不顾在能力差异上的个人责任，就进行毫无差别地补偿，那么能力分析路径就会变成福利主义的分析路径。而对福利主义分析路径，阿马蒂亚·森本人是持批评态度的，也就是说能力分析路径忽视责任问题使其面临着自相矛盾之嫌。同时对如何实现能力平等，阿马蒂亚·森也没有做出说明，可以看出阿马蒂亚·森的能力分析路径太有开放性，如果要想增加其说服力，还必须进行进一步的建构。

## 第三节　完备能力

阿马蒂亚·森的能力方法理论为评价生活质量提供了新的视角。他认为对于福利和生活质量的评价，不是商品和收入，也不是效用，而是功能和能力。某一个体的福利水平是他可以完成的功能的选择集，即能力。“功能”是能力方法理论中最核心的概念，是指人们在生活中实际所做的事情或所处的状态，而能力则是所有可能完成的功能的组合，代表着可选择的自由度。功能由一系列非常具体的活动或事项组成。用功能和能力来表达生活质量和福利水平更为客观和准确。

需要指出的是，阿马蒂亚·森在其论著中所提及的能力并非局限于人们通常所理解的知识、技能，而是具有多种含义的。

1. 单项能力和整体能力

能力包括完成某一具体活动所需要的心理学特征，如知识、技能、品德等，更是指整体综合能力，即所完成的功能性活动的集合，其中功能的数量、质量以及范围，综合反映了能力的大小，也反映了福利水平的高低。

2. 权利是能力的重要内容

阿马蒂亚·森所定义的能力包含完成功能所需要的权利，权利是比健康条件、知识技能更为重要的能力，缺乏某种权利意味着许多功能无法参与。

3.能力包含社会所提供的帮助

比如,在修建街道时,不设盲道和轮椅坡道,盲人和双腿残疾的人就不可能更自由地移动,这说明能力需要具有社会政策上的含义。

4.功能也是能力

功能和能力都是人们的活动,两者的区别在于功能是已经完成的活动,而能力是人们可以完成的活动,代表所有可以选择的功能。由于阿马蒂亚·森在叙述其观点时,能力的范围涉及宏观、微观以及整体和单项,因而正确理解能力的含义需要结合具体语境。

完整地理解能力方法理论需要研究阿马蒂亚·森的诸多著作,其理论脉络遵循两条路径:一是人们追求的目标是什么?阿马蒂亚·森提出功能的概念,并最终统一到能力目标和自由目标;二是实现目标的路径是什么?阿马蒂亚·森认为政府应提供必要的保障,包括政治自由、经济条件、社会机会、透明性保证、防护性保障等几个相互联系和相互促进的方面。阿马蒂亚·森的能力方法理论是一个完整体系,也提出一个难以解决的问题,即社会应该对怎样水平的能力提供保障?以能力为平等的标准面临着重重困难。首先,从个人选择集来推导出能力标准几乎不可能,因为每个人选择的生活方式不同,利用、转换物品的能力也不同,其结果是社会不知应以谁的能力来作为平等的标准。其次,将能力标准诉诸公民的公开讨论很难达成一致的结果,除非对参与公开讨论的个人道德和行为模式做出牵强的假设。最后,对能力贫困者的投入不仅涉及社会所能承担的成本问题,还涉及投入后的效果问题,因为能力的获得及效果还依赖于许多个人特征,如努力程度、智力水平等。由于阿马蒂亚·森一直没能给出具体的能力清单,这使得能力方法理论被认为只提供了一个评价性框架,而不是一个完整的精确理论。

功能是能力方法理论中最核心的概念,但阿马蒂亚·森对功能完成条件的分析并不完整。首先,阿马蒂亚·森所分析的功能完成过程是一个以物质商品为起点,再逐步增加能力和权利条件的单向转换过程,是一种考察要素投入的条件分析法,因而各个功能之间没有相互影响的关系以及明显的地位差别(见图3-2)。但显然,物质商品、能力、权利并不是外生存在的,人们必须通过完成一定的功能性活动才能取得。比如,物质商品是生产出来的,财富的增加很大部分取决于创新活动,公民权利只有通过参与民主政治才能得到具体体现等。也就是说,许多其他领域的功能性活动(生产劳动、社会活动等)的结果为完成当前的功能性活动提供转换要素和转换条件，而其他领域的功能完成也需要以当前完成的功能为条件(见图3-2)，因此不同功能的实际完成过程是互为条件的，是一个闭环的过程；其次，人是主导并完成各种活动的主体，是人将人自身、物质商品以及其他要素一起"转换"为功能性活动，人在功能的完成过程中具有能动作用，人本身是转换为功能的一个条件。

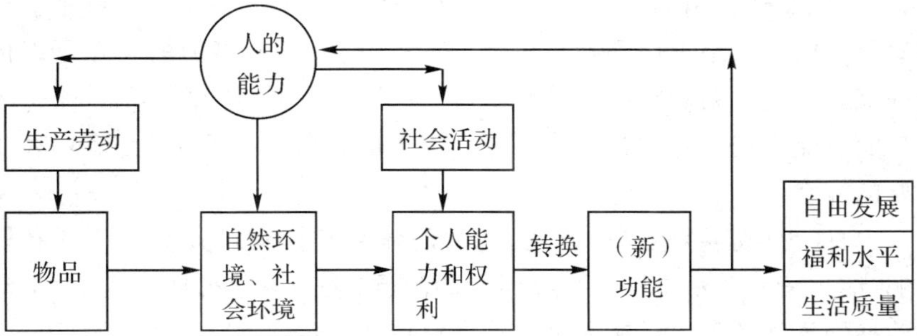


**图 3-2 不同功能完成的互为条件**

已有研究发现人的功能及能力存在相互依赖性。不同功能的完成需互为条件，可以造成两个结果，尤其是对一些重要的核心功能而言。第一，某一功能的不能完成可能是由于某些其他功能无法完成造成的，这是已有研究主要关注的方面；第二，某一功能的不能完成可能引起一系列其他功能的不能完成，进而造成更多的福利损失，这是已有研究所缺乏的方面。因为某一功能的缺失不仅是自身的缺失，还会造成其他功能的缺失，而某一功能不仅决定了其自身所代表的福利，还通过影响其他功能的完成状况来对其他福利产生影响。

图3-2的闭环结构表明，任一功能缺失都会使得新的功能无法完成，也就是说当事人的功能集完备与否决定了新功能的成败。因此可以将完备功能集定义为：如果当事人在任一领域完成新功能均不会因功能缺失而无法完成，则此人的功能集是完备的。换句话说，完备功能集可以为当事人完成任一新功能提供所需要的权利、能力和资源，而不会出现新功能不能完成的状况。完备功能集关注的是新功能的产生状况，而新功能的产生即是福利的增长，这是完备功能集存在的重要价值。有一个例子可以很好地诠释完备功能集的重要作用：如果一个普通人希望呼吸到没有污染的空气(新功能)，且如果他的功能集是完备的，则他一定可以通过某些实际作为，比如通过某些方式和机制影响政府关于环境、产业等的政策而使空气质量得到实质性改善，而不会处于无为等待的状态。

完备功能集可以在数学上得到更为准确的定义。为了不失一般性，可以仅考虑线性关系，用功能向量来刻画：对于功能 $V$ 向量空间中的功能向量 $S$ 而言，如果 $S$ 是完备的，则 $V$ 中的任何功能都可以被写成中元素的线性组合，其中 $V$ 为 $n$ 维非负的实数向量组成的向量空间。简言之，如果某一个体的功能集是完备的，那么他可以完成任何一个他所珍视的（新）功能，并因此实现福利的增长。由于能力是可以选择的功能集，则完备性的概念可以很自然地推广到能力集，即完备能力。完备能力的存在可以极大地提高人们完成新功能的成功率，从而使福利得到快速地增长。

完备能力的概念弥补了能力方法理论的许多不足之处，因而具有非常重要的意义：

（1）能力（功能）不是同质的，能力的体系及结构对人们的福利有重大影响，能力清单并不是一个可以回避的问题，正如罗本尼斯所言：对生活质量的准确表达还需要对能力进行适当地选择。

（2）一些重要的、基本的核心能力项可以组成一个完备能力集，这一完备能力集可以被其他功能所反复调用和组合，决定着新功能的完成状况。

（3）拥有完备能力集一定可以完成自己所珍视的新功能，进而获得福利的增长，但人们运用完备能力集组合的各种新功能并不一定相同。

（4）由于任何新的功能都可以由完备能力项组合而成，社会只需保障人们在完备能力集上的平等即可，超出完备能力集之上的其他任何能力都只能是个人责任。

（5）由于能力仅提供机会和选择，并不涉及福利产生的实际过程，因而完备能力清单无法通过人际比较获得。

## 第四节　功能扩展

完备能力关注的是新功能的产生，只有具有完备能力才能完成任一新的功能，这使得完备能力和功能扩展形成密切联系。因为某一功能的完成也就是功能集在某一方面的一个扩展，某一功能的不能完成也就是功能集在某一方面的不能扩展。阿马蒂亚·森在其论著中虽提及功能（能力）扩展，但并没有给出明确的定义。实际上，功能扩展是指在功能集中产生新的功能，即功能集随时间出现一个增量，表示为$\frac{\Delta\Phi}{\Delta T}$，其中 $\Phi$ 为功能集，$\Delta\Phi$ 为新功能。功能扩展给出分析人们福利状况的一条不同路径。

能力方法理论的逻辑起点是功能，以功能集的可行范围（能力）以及选择不同生活方式的自由度（能力集）来衡量福利，因此能力是某一水平和范围上的概念，是静态的福利状况。功能扩展的分析起点虽也是功能，但更为关注功能的增量部分，是动态的福利状况，即可以不考虑现有生活质量、福利状况所处的水平，但必须关注生活质量、福利水平能否得到持续地增长。因此一个国家无论是贫穷还是富有，都必须解决福利的持续增长问题。此外，由于功能扩展的过程也是福利提高的过程，因而功能扩展也是福利的实际获得过程，这为不通过人际比较即获得能力平等的标准提供了可能。

在现实社会中贫困普遍存在，贫困人口的功能扩展往往处于停滞不前的状态，这表明现实世界中每一个人的功能扩展所处的状态并不相同。通常人们的功能扩展状态可以分为完全扩展、不完全（局部）扩展和不扩展三种状态。功能完全扩展状态是指人们在任一领域均可以完成自己所珍视的新功能，进而实现福利不断增长的状态。由于拥有完备能力可以在任一领域完成新功能，这对于功能扩展而言即是完全扩展的状态，功能完全扩展因而是拥有完备能力的具体表现，这同时也表明功能完全扩展只能以完备能力为条件。与此相对应，如果人们在某些领域不能扩展新功能，则表明人们缺乏功能扩展所必要的能力或权利，福利水平也因此得不到继续增长。实际情况也确实如此，一个人即使拥有充裕的财富，但如果他得不到公平的对待，或者经常呼吸严重污染的空气等，这都表明他的功能无法进一步扩展，福利水平也不能再继续增长。因此，功能扩展、完备能力以及福利增长之间形成了密切的正向关联。（见表 3-1）

**表 3-1　功能扩展、能力集完备性以及福利增长之间的关系**

| 功能扩展状况 | 能力集完备性 | 福利增长状况 |
| --- | --- | --- |
| 完全扩展 | 完备 | 持续增长 |
| 局部扩展（不完全扩展） | 不完备 | 不可持续增长 |
| 不扩展 | 不完备 | 不增长 |

功能扩展不仅和完备能力密切关联，也和人们的幸福生活密切相关。首先，功能持续扩展过程本身就是福利水平不断提高的过程，毋庸置疑，处于功能完全扩展的状态是人们最希望过的“好日子”；其次，功能完全扩展和人们追求的幸福生活目标相一致。人们希望获得的或者希望完成的往往是自己最为珍视的功能。而人之所以会感到满意、满足以及幸福，就在

于获得自己所希望得到的以及自己所珍视的事物。因此，如果人们实现了功能的完全扩展，也就等于实现了幸福美好的生活。

## 第五节　完备能力清单：基本幸福能力

由于功能扩展的过程同时也是福利的增长过程，功能完全扩展是具有完备能力的具体体现，这为不通过人际比较即获得完备能力清单提供了可能。具体方法是以能否实现功能完全扩展为依据反向推导出完备能力清单，即首先考虑功能在人们所珍视的各个方面能否进行扩展，进而分析和确定这些功能扩展所需的能力和权利，而人们进行功能扩展的领域无非在于个体的生存和发展、人和社会的关系、人和自然的关系等具体领域。完备能力清单和人们的幸福生活密切相关，因而可以被称为基本幸福能力。由于人们拥有基本幸福能力即可以实现福利的持续增长、获得幸福美好的生活，毫无疑问，社会应该努力确保人们基本幸福能力的平等。由于任何新的功能均可以由基本幸福能力项组合而成，社会进行的能力辅助应止于基本幸福能力水平，超出基本幸福能力之上的其他任何能力都只能是个人责任。

基本幸福能力具有一些重要特征：完备性，基本幸福能力具有一个完备能力集所具有的重要特征，即不会因能力缺失而使得新功能无法完成；基本性，基本幸福能力项处于基础的核心地位，在功能扩展时需要被反复调用和组合，发挥着重要的枢纽和主导作用；自选择性，人们对幸福生活的理解并不相同，但每个人都可以获得自己最为珍视的事物；全面性，由于生活质量涉及多个领域和多个方面，因而功能扩展必须涉及幸福生活的所有领域；可持续性，生活质量的不断提高必然要求功能不断扩展到新的领域，完备能力体系为这种可持续性提供了能力保障。

与阿马蒂亚·森的基本可行能力局限于生活领域不同，基本幸福能力是人类在个体发展、社会发展以及自然环境各个领域实现功能完全扩展、达到有理由珍视的幸福生活所需要的基本核心能力。从功能能否完全扩展以及基本幸福能力的特征来考虑，基本幸福能力应具有的能力项包括：善良与正义、生产劳动能力、生活能力、创新能力、社会参与权利、环境友好能力。这些能力项不仅有相互区别的特质，可服务于不同的领域，它们之间还互为条件、相互作用，是实现幸福生活的基本能力组合。

## 一、善良与正义

从功能扩展推导基本幸福能力项，首先需要保障人们完成所有活动具有正确的方向，即选择“善”行，拒绝“恶”行。由于正义只能来自人的行为，因而“善”是人的一项基本幸福能力。市场经济条件下，利己与利他并不绝对矛盾，只有为他人提供良好的产品与服务才能实现利己。“善”不仅可以增加个体自身的福利，还可以增加群体的福利，而“恶”只能减少他人和群体的福利。正义包括对“恶”的遏制，需要社会的强制力量来维护。个人和社会“善”的能力，体现一个人的生存和发展的基本合理性，“恶”则应理所当然地被剥夺。如果扩展功能不是通过公平与正义的方式来实现，或者说公平正义不能成为社会发展的基本秩序，那么腐败、犯罪和动乱则会成为社会的常态，个人以及社会的正当利益将会经常受到侵害。一个人的善良与正义可以用利他行为来衡量，比如用其慈善捐助金额（包括实物、义工时间等的折算金额）占个体收入的比例来衡量。

## 二、生产劳动能力

商品和收入是扩展功能的最基本资源，而在“善”的方向上，获得这些资源只能来自生产劳动，因此生产劳动能力是人的一项基本幸福能力。生产劳动能力涉及许多方面，包括知识、技能、健康、品德等。对于普通劳动者而言，最重要的是职业技能；对于企业家而言，最重要的是经营管理能力以及冒险精神。在现代社会，师徒相传的技能获得方式已经很少见，更多的是通过高等教育、职业教育及企业培训获得。性别歧视、年龄歧视、种族歧视、社会排斥等现象的存在，使得弱势群体因生产能力被剥夺而陷入贫困和饥饿的窘境。社会需要建立并实施促进就业的政策，以提高弱势群体的就业能力。在市场经济条件下，一个人的生产劳动能力可以用其劳动收入来衡量。

## 三、生活能力，包括医疗保险、社会保障等

保持一定的生活水准是人们可以扩展更高级、更复杂功能的保证，所以每一个人均应有权利和能力获得最基本的生活保障，这相当于阿马蒂亚·森的基本可行能力水平，包括衣、食、住、行、基础教育、医疗保险、社会

保障等基本方面，以确保个体不被排斥在社会之外。在激烈的市场竞争之下，不仅相对贫困普遍存在，弱势群体的生存也面临挑战，因此幸福生活不仅包括财富的增长，还包括财富的分配。政府应该为弱势群体提供更多的公共资源。某一个体的生活能力可以用其消费支出、医疗保险水平、社会保障水平、失业保险金额、住房公积金等来衡量。

## 四、创新能力

从本质上而言，财富的增长以及所有问题的解决都依赖于创新能力，创新能力是功能扩展的基本动力，因此创新能力是人的一项基本幸福能力。创新活动为人类社会提供了从未出现过的新产品、新服务、新活动，直接提高了整个社会的福利水平。每个人都有创造力和每个人都有相同的创造力，这是两个完全不同的含义。人们在创新能力上的平等只能是前者，后者忽视个体的差异性，其最终结果只能是每个人都不会有创造力。政府对培养个人和整个社会的创新精神以及创新能力责无旁贷，具体可从以下几方面入手：第一，建立完善的知识产权制度，形成对创新的持续保护和激励；第二，消除权势、垄断、犯罪等对知识产权的侵害；第三，普及教育，并在教育中注重创新能力的培养。某一个体的创新能力可以表现在多个方面，如受教育程度、是否终身学习、是否接受新思想和新事物、是否参加研发活动、是否有发明创造等。

## 五、社会参与权利

越来越多的事实表明，人们的幸福生活不是仅由收入来决定的，而是一个多维度的体系，包括经济的、政治的、社会的许多方面以及它们之间的相互作用，这些权利和能力体系最终需要通过适当的制度安排来实现。人的能力会受到社会结构和制度的深刻影响，但人并不完全是制度的被动接受者，而是可以通过个人参与和集体行动来成为制度变革的积极推动者。因此社会参与权利是人的一项基本幸福能力，这是功能扩展的基本要求。公民的参与可以在多方面影响制度的建立和执行。首先，社会公正的标准需要人们达成共识，并进行适当地维护；其次，公民可以选择和监督政府，进而选择公共政策和提高实施效率；最后，普通民众只有参与制定各种制度，才能在制度中真正伸张自己权利。个体是否有广泛的社会参与权利需要有实质性的体现，如是否有普选权，是否有罢工权，是否参与社区管理，是否可以通过集体能力与企业、政府进行协商谈判等。

### 六、环境友好能力

人和自然环境之间有着相互作用的关系。由于人的能动作用，人必须主动调整自身的各种行为，才能改变环境日益污染的状况。人们的各种功能性活动，包括个人的、社会的活动，都会影响到生态环境。越来越多的事实表明，人们的幸福生活越来越受到生存环境的制约，能否获得可持续的生态环境是人的最基本和最核心的能力。但让保护环境成为每一个人和整个社会的自觉行动，却是一个难题。首先，人们必须清楚地知道自己行为对环境造成的影响；其次，人们必须在欲望满足和付出环境代价之间做一个艰难的选择，更加追求环保而不是利润；最后，人类必须更有创造力，以更加环保的生产工艺来提供产品和服务。个体的环境友好能力可以体现在许多方面：是否进行垃圾分类、是否购买有绿色标志的商品、是否参加环保组织和参与环保活动、是否有维权意识和维权行为、能否愿意为环保而放弃某些利益（利润）等。

## 第六节　老年教育价值：提高老年福利

老年教育对老年福利的提升作用，用传统的货币价值评价（教育回报率）已很难解释，而完备能力和功能扩展的分析框架为解释老年教育的收益提供了新的方法和工具。完备能力（基本幸福能力）和功能扩展的观点由阿马蒂亚·森的能力方法理论的基础上发展而来，两者虽都是以能力为基础的福利分析方法，但也有着诸多不同。（见表 3-2）能力方法理论以功能集（能力）作为评价福利的标准，从个体功能推导而来，最终走向个体自由的目标，此时的能力是抽象的、不确定的，也是无界的，缺乏社会政策上的意义。而完备能力和功能扩展分析框架以能否完成功能扩展为标准，即以功能增量为评价福利增长的标准，明确完备能力是一系列具有结构的具体能力项的组合，且能力不是同质的，一些重要的、核心的、不可或缺的能力组合影响了人们的功能扩展，即福利的持续增长。完备能力的福利目标不再是静态的某一福利水平而是动态的福利持续增长，辅助完备能力平等实现的不再是基本生活保障水平而是基本幸福生活水平。完备能力是有界的，即是可以用社会政策来保障的，因而具有更实际的社会政策意义。

表 3-2 完备能力和功能扩展的福利分析框架与能力方法理论的不同

| 福利评价方法 | 能力条件 | 功能表现形式 | 能力补偿的福利目标 |
|---|---|---|---|
| 能力方法理论 | 抽象的能力 | 功能集(静态) | 某一福利水平(基本生活保障) |
| 完备能力和功能扩展 | 具有结构的能力项的组合(能力清单) | 功能增量(动态) | 福利持续增长(基本幸福水平) |

功能扩展(功能增量)以完备能力清单为条件。完备能力考虑了能力之间的相互联系,表明某种能力组合中的不完备性将使得当事人不能扩展新的功能,完备能力实现的是动态福利增长。完备能力和功能扩展的福利分析框架赋予能力清单以重要的理论和政策意义。对能力贫困者不能仅关注单个能力或者权利的缺失,而是应该关注其一系列的重要的核心能力组合,即能力清单是否完备,根据能力贫困者的基本幸福能力清单进行能力补偿,才能真正使其实现功能的不断扩展和福利的不断增长,从而使其逐步摆脱贫困状况。

完备能力和功能扩展的福利分析框架同样可以用来分析老年人的福利状况。很显然,人在进入老年期以后,其功能开始衰退、能力开始下降,这些都不利于老年人的福利增长。因为如果能力不增加、功能不扩展,老年人的福利水平就表现为停滞不前或者开始下降,而一旦老年人失去能力(成为失能老人),则很有可能成为家庭和社会的负担。教育所具有的增进知识、培养能力的功能,以及老年教育所具有的多元化形态,使得老年教育活动成为老年人增加和提高自身多方面能力的一种有效手段,老年教育也因此成为老年人的一种自觉能力补偿机制。提高老年人生活质量的关键在于对老年人进行"赋权增能",帮助其实现功能扩展,而老年教育本身不仅是老年人生活质量的一个部分,且在老年人的"赋权增能"方面发挥着关键作用。

以完备能力和功能扩展分析老年教育,老年教育的价值在于培养和提高老年人的能力,而能力即是福利,提高能力即是福利增长。老年教育本身即是一种功能,代表着老年人的某一福利水平。不仅如此,老年教育的特殊性还在于,它能以多元化的形态培养和提高老年人完成其他功能的能力。从扩展功能的视角来看,这些能力和权利可以进一步扩展老年人的功能空间,在更多方面提升老年人的福利水平。在完备能力和功能扩展的福利分析框架之下,老年教育的价值得到了更全面和更准确的评价。老年教育的价值在于其本身不仅是老年人参与社区和社会活动的一种方式,还在于它培养了老年人提高生活质量以及参与社会的能力，帮助老年人实现福利的增长。总之，老年教育通过培养老年人的能力而成为老年人的“福利增长通道”。

## 第七节　本章小结

完备能力和功能扩展的福利分析框架赋予老年教育更积极的意义。在现代社会，老年人仍然是社会发展的一支重要力量，家庭美满、社区和谐以及社会进步都离不开老年人的积极参与，都需要老年人发挥他们的积极作用，这也就是需要老年人完成多种功能。老年人多方面扩展功能是以老年人的完备能力为条件的，否则，老年人不可能为家庭、社区以及社会做出更大的贡献，而只会成为家庭和社会的负担。提高老年人的多种能力，老年教育是最为直接和最有效的手段，并通过其多元化的形态来保障老年人生活质量和福利水平的提高。进一步地说，这提出了老年教育的发展方向，即“赋权增能”，老年教育应更注重对老年人的各种能力进行培养，包括改善生活、环境保护、参与社会以及重新就业所需的多种能力。

# 第四章　能力平等和教育的能力补偿机制

教育无疑是人类社会最为伟大的文明成果之一。每一个人获得教育的机会多少以及受教育的程度成为衡量一个社会福利水平的重要指标。教育增加个人和社会福利的方式多种多样，涉及人们生活、生产以及社会的多个领域，即教育收益具有多样性。关于造成教育收益多样性的原因，不同领域的回答不尽相同。教育的特殊性在于，教育的产品不是物，而是人。人作为经济社会的活动主体，会深深地受到教育的影响，因而在当代，社会教育越来越受到人们的关注。经济学传统上以教育年限作为教育变量对教育收益率进行实证检验，这种方法虽然简化了运算，但忽略了教育存在的异质性。比如人的一生中不同阶段的教育获得的收益明显不同，老年教育获得的收益必定不同于年轻人接受教育所获得的收益，计算教育收益时老年教育的教育年限和年轻阶段的教育年限显然不能累加，而且，教育收益率仅能分析教育的货币收益，对其他形式的教育收益无能为力。

老年教育作为专门针对老年群体的特殊教育，既有与其他教育形式不同的特点，也具有教育获得各种收益的一般机制。在更一般的层次上思考教育如何获得收益，对更清楚地认识老年教育的收益具有借鉴作用。就目前而言，很多老年人参加教育活动并非是为了获得工作和收入，这部分老年人从参加教育活动中获得了怎样的收益，国内外还没有文献给予定量说明，为此必须从源头去寻找原因，探究教育学和经济学之间更为深刻的内在联系。

通过完备能力和功能扩展分析老年教育后可以发现，老年教育的价值在于通过能力补偿机制增加老年人的福利，而老年教育的多元化形态即是为了保障实现这种能力补偿机制以及老年人的福利增长。老年教育的价值通过老年教育收益来得到具体体现，老年教育获得收益的机制应该包含在教育获得收益的一般机制之中。综合已有文献，可以确定能力是教育获得各种收益的重要中间变量。教育通过能力获得多种收益，作为教育的一种具体形式，老年教育通过对老年人的能力进行补偿而提高老年人的福利水平。

## 第一节 教育收益的定义和分类

教育收益也称为教育回报，通俗地讲，是指民众因广泛受教育而得到的好处，既包括经济上的利益，也包括精神上的愉悦，既有个人的收益，也有整个社会的收益。已有对教育收益的研究涉及多个学科领域，这些研究成果显示教育收益的范围非常广泛，具有多样性。教育的收益可以很小，如学会一个更好地照顾自己的方式；也可以很大，如帮助建立一个更美好的社会。教育收益的多样性意味着可以从多个角度对教育收益的性质进行区分。

### 一、收益的主体

#### （一）私人收益

私人收益也称为教育的内部收益，私人收益是受教育者一生因教育而获得的收益，包括现在的以及未来的家庭中、工作中所获的收益。这些收益既有工资收入等货币收益，也有职业地位、声望等非货币收益。

#### （二）公众收益

公众收益也称为教育的外部收益，公众收益是除受教育者本人之外，其他社会群体因教育的扩张而获得的收益。

教育的个人直接货币收益比较容易测量，但这一数值只是所有教育收益的一个部分，它忽略了教育的其他多种收益的价值。

### 二、计价的手段

#### （一）货币收益

有些收益很容易用货币计量的，如工资、收入、财富等，这些收益就是货币收益。

### (二)非货币收益

有许多收益很难用货币计价,比如教育对健康和环境的好处,它们被称为教育的非货币收益。教育的非货币收益既难确定,也很难计量,其中既有个人的,也有社会的。目前大多对教育非货币收益的分析只能采用理论阐述并加例证说明的方法。

## 三、收益的获得期

### (一)消费收益

在学习期间获得的收益被称为教育的消费收益,如学习的乐趣、精神满足、智力增长等。

### (二)投资收益

学业完成后获得的收益被称为投资收益,如增加的收入、获得更为满意的职业等。教育的有些收益不仅可以持续一生,而且可以传递给后代,使后代获益。

## 四、获得收益的过程

### (一)直接收益

有些教育收益由受教育者直接获得,被称为教育的直接收益,如工资、劳动生产率的提高等。

### (二)间接收益

有些收益由教育间接生成,被称为教育的间接收益,比如子女因父母受教育而受益、父母因子女受教育而受益等。

## 五、收益的效果领域

从收益的效果领域来看,可以分为经济收益和社会收益。教育的经济收益是教育收益的货币价值及对经济增长的促进作用。教育的社会收益是教育在非经济领域的收益，如教育对人的素质的提高、对公共事业发展的促进作用等。一般而言，经济收益较易进行定量分析，而社会收益则很难定量分析，多是进行定性分析。但实际上具体收益或者以经济收益为主，或者以社会收益为主，不会分得绝对清楚，绝不会只有经济收益或只有社会效益。

### 六、表现程度

从表现程度上来看，教育的收益可以分为显性收益和潜在收益。显性收益是可以看得到的收益，隐性收益或“潜在性收益”是看不到的收益。有些隐性收益在过了一段时间后可以成为显性收益，但有些则永远都显现不出来。

教育收益的多种分类也表明了教育收益的复杂性。分类只是分析的参考，并不是绝对的划分。各种教育收益之间是相互交叉的，其实现的过程也相当复杂。比如教育的投资收益，既可以是工资等货币收益，也可以是职业声望和社会地位等非货币收益，而且受益人不仅是受教育者本人，也包括其配偶、孩子，甚至社区、社会。再如教育的健康收益，追求健康长寿是每个人的愿望，药费的减少以及避免因病造成的收入减少又可以归结为货币收益，这种因健康而节约的费用到底是多少，因人而异，确实存在且很难计量。

## 第二节　教育收益的多样性

研究教育收益多样性的成因，首先要研究教育多种收益的实现过程和实现形式。教育的重要产出是受过教育的人，而人又是自然系统和社会系统的重要组成部分，因而教育对社会、经济的许多方面都产生作用，通过多种方式来增进个人福利和社会福利。经济收益和社会收益是教育发挥作用的两个重要领域，两种收益表现出的特点差异比较明显。但实际上需要说明的是，经济收益并不意味着一定可以用货币价值来衡量，社会收益也并不意味着一定没有货币价值。

## 一、教育的经济收益

经济学家最为关心的是教育在经济上的产出。教育的经济收益可以用一定的货币价值来衡量，或者用某一比值（如收益率或投入产出比）来衡量。教育的经济收益可以表现在多个方面。

### （一）直接的经济收益

教育带来的经济收益可以是个体直接获得的，也可以是社会整体层面获得的。对于个人而言，教育的直接收益表现为受过教育的人力比缺乏教育的人力获得更高的经济收入，即增加的教育带来的收入增加；对于整个社会而言，教育的直接经济收益是指教育提高了整个社会的劳动生产率进而导致国民收入的额外增加。美国 20 世纪 80 年代末的数据显示，高中毕业生的一生所得的收益超过没有高中学历的工人的 40%以上，终身收入差别在 26 万—43 万美元之间；大学毕业生与高中毕业生的终身收入差别在 40%左右，收入差别在 33 万—63 万美元之间。联合国教科文组织的著名经济学家萨卡罗普洛斯估算的不同国家的教育收益率也是相当高的。（见表 4-1）

**表 4-1 不同国家不同层次的教育的社会收益率和私人收益率**

| 国家 | 年份 | 社会收益率(%) | | | 私人收益率(%) | | |
|---|---|---|---|---|---|---|---|
| | | 小学 | 高中 | 大学 | 小学 | 高中 | 大学 |
| 美国 | 1959 | 17.8 | 14.0 | 9.7 | 155.1 | 19.5 | 13.6 |
| 墨西哥 | 1963 | 25.0 | 17.0 | 23.0 | 32.0 | 23.0 | 29.0 |
| 巴西 | 1962 | 10.7 | 17.2 | 14.5 | 11.3 | 21.4 | 38.1 |
| 印度 | 1960 | 20.2 | 16.7 | 12.7 | 24.7 | 19.2 | 14.3 |
| 泰国 | 1970 | 18.5 | 11.0 | 11.0 | 26.5 | 13.0 | 14.0 |

### （二）间接的经济收益

教育所带来的间接经济收益也非常丰富，而且因人而益。比如受过高等教育的父母可以辅导孩子的学习而不必请家庭教师，由此可以节省一部分费用。儿童的早期教育、老人的老年教育被认为可以节约家庭的照看费用。有资料显示，整个社会因孩子到学校上学，可节省的费用约占 1/4 的办学投资，而且这一计算还未考虑父母因有更长的工作时间而获得的收益。类似的，据温德尔估计，澳大利亚的互助型第三年龄大学每年给澳大利亚节约总额约为400万美元的照料费用。

此外，受教育程度高者的工作搜寻时间更短、更有效率，不但能节约更多的求职成本，获得更理想的工作岗位，而且失业的可能性大大降低。研究表明，在一个人前12年的学校教育中，每增加一年的教育，可使各个不同年龄段的失业概率降低25%；持有考试证书的人的失业概率要比没有证书的低1/3还多，其预期失业持续时间相应减少12%。弗兰切斯科尼等人通过比较不同教育水平的群体的自然失业率证实，受教育程度低的群体具有明显高的相对失业率以及明显低的相对工资。失业的减少实际意味着收入的增加，且可以避免因失业造成的生活窘境。

### (三)促进经济增长

教育从整体上提高了受教育者的劳动生产率以及创新能力，从而促进了经济的整体增长。巴罗研究了教育投资对经济增长的带动作用，发现如果教育支出占GDP的比例提高1.5%，可以带动3%的经济增长。伊斯特林通过检验世界上最大的25个国家的数据，证实了建立在正规教育基础上的技术传播是教育促进经济增长的最重要途径。教育对经济增长的作用既有直接作用，也有间接作用。麦克马洪认为教育在经济增长中具有核心作用，通过提高劳动生产率、推动技术进步、提高储蓄率、抑制过快的人口增长来促进经济增长。

### (四)提高资源配置效率

正规学校教育的一个最重要产出是受教育者在完成一定年限的学业并达到一定标准后可以获得文凭、学位、证书等学业证明文件。表面上看，文凭和证书是教育领域的产出，但文凭和证书本身具有筛选功能，并且对于受教育者而言，是向市场传达自己能力特质的重要信号。斯明斯认为，文凭提供了不可测量的能力的低成本信号：雇主会将受教育程度高者假设为一个群体，相对而言具有更高的生产率，应给予更为优惠的雇用条件。证书、文凭为劳动力市场的资源配置提供了重要信号，提高了劳动力市场的资源配置效率和整个社会的经济产出。由于现实市场是非竞争性的，教育的信号功能只能通过分割的劳动力市场实现。

### (五)外部性收益

教育除了对受教育者本人产生影响之外,还对其他人以及整个社会产生积极的影响,即正外部性,但其本人并不会因此而获得额外的报酬。教育的外部性可以是用货币价值衡量的经济收益,也可以是很难计量的社会收益。教育外部性有两个重要特点,一是教育的外部性非常普遍。邻里、社区、工作场所及社会活动都可以实现教育的潜移默化的外部性作用。比如,和有经验或者采用了新技术的人做邻居,可以获得额外的收益;不仅是母亲的受教育程度,邻居妇女的受教育程度对孩子的入学也有显著贡献;一个农夫周围的其他农夫的平均受教育年限如果提高一年,他会受到邻居的教育水平的辐射,自身的农业产量也会提高 4.3%。二是教育外部性的收益非常巨大,突出表现在由教育获得的专业知识和创新能力在实践中的应用,为个人、企业及社会都能带来巨大的经济效益和社会效益。

## 二、教育的社会收益

教育除了有可以用金钱来衡量的经济收益外,还有许多无法用货币衡量的社会收益。这些社会收益可以很小,小到得到一个更好地照顾自己的方式;这些收益也可以很大,大到可以建立一个更美好的社会。但对这些社会收益进行定量评价却非常困难。

### (一)促进健康

教育对健康和寿命的影响是经济学广泛研究的内容。许多研究发现,教育和健康之间是正相关的关系。格罗斯曼的研究表明,教育显著提高了人的寿命,受教育程度高者的身体功能良好的时间更长,寿命更长,增加一年的学校教育可以减少 0.4%的死亡可能性。女性接受教育后的健康收益更大,更高一级教育的女性的预期寿命可以增加 7 岁,而男性只增加 2 岁,对于老年人而言,受教育程度高者的残疾率要比受教育程度低者的明显低 30%—80%,而残疾率是老年人死亡率的一个重要中间变量。

教育影响了与人的健康密切相关的个人选择,比如恰当地使用医疗信息和资源、选择更有利于健康的食品、定期体检、适当锻炼、远离毒品(包括酒精和香烟)、居住在更少污染的环境、特别关注工作中的危险等均受到教育水平的影响。这些个人行为对健康的正向或负向影响,又进一步影响了预期寿命。来自全美的调查数据显示,教育提高了身体功能以及自我报告的健康水平,因为它提高了人们自我控制能力,形成健康的生活方式。受教育较多的人每天吸烟的量较少,避孕措施随着教育的增加而单调递增。健康的生活方式实际上影响了所有家庭成员的健康,尤其是对下一代的健康水平具有明显的影响。

### (二)家庭收益

教育对家庭生活的影响是多方面的。

1.教育影响配偶选择

贝克尔指出高等教育的学校经历能够帮助个体在婚姻市场中找到更理想的配偶。麦可马洪的研究发现,学生上大学的一个重要目的在于"找到有大学价值的配偶"。事实上找大学期间的配偶可以获得感情和财富的双赢。受教育程度高者高收入,家庭的整体收入增加,妻子增加一年的教育会使她丈夫的年收入提高约3.5%。

2.教育影响家庭规模

研究发现,受教育程度高者的家庭规模更为合理。随着父母受教育水平的提高,拥有孩子的预期成本在增加,父母将对孩子的人力资本投资看作是对孩子数量的替代。受教育水平和低生育率相联系。受教育提高了结婚年龄,影响了对避孕的态度,减少了意外怀孕的概率。

3.父母的受教育水平对于孩子的健康状况有很大影响

研究表明,受教育程度高的母亲的孩子的牙齿更健康,贫血和肥胖的发生率更低。父母的受教育水平对降低婴儿死亡率、婴儿体重不足率,提高预防接种率有显著的影响。查尔斯和爱德华的研究表明,母亲的教育每增加一年,婴幼儿的死亡率就降低9‰;父亲的教育每增加一年,婴幼儿死亡率的降低只有这个比例的一半。受教育程度高的父母的孩子一般会有更高认知能力的发展。

4.受教育程度高的家庭可以显著提高孩子的受教育水平和发展机会

研究结论表明,受教育程度高的父母的孩子的学业成绩一般比较优秀,心理也更为健康。其中的原因在于,受教育程度高的父母更懂得教育方法,不会粗暴恫吓,也不会简单溺爱,更尊重孩子的选择,经常和孩子交流以及辅导孩子学业,鼓励孩子接受更高层次的教育等。根据英国罗宾斯教育委员会1963年的研究报告,如果父母中有一方的受教育年龄持续到18岁或18岁以后,那么,其子女进入全日制高等学校的可能性为32%,如果父母都在16岁以前离开学校,则他们的子女进入全日制高等学校的可能性只有2%。

### (三)环境保护

教育提高了人们的环境意识,因此人们会采取积极行动以保护环境。当代社会无论是发展中国家还是在发达国家,可持续发展观念的增强明显得益于环保知识的传播以及教育的普及。受教育程度对人们理解自身各种活动,包括生产和消费行为的环境后果至关重要。比如,上过大学的妇女和未上过大学的妇女在消费标明纤维含量的谷类时存在显著的差异。戈多伊和扎特雷拉斯根据1997—1998年在玻利维亚热带盆地对4个印第安社区进行的家庭调查数据,研究了受教育水平和森林砍伐量之间的关系,发现家庭户主的受教育水平每增加一年,其家庭可以减少13.2%—21.5%的原始热带雨林的砍伐面积。教育通过提高技能增加收入,减少当地农民对原始热带雨林的依赖,增加对次森林的开发和利用。

### (四)预防和减少犯罪

教育的一项重要社会收益是教育对降低犯罪率的正向贡献。降低犯罪率不仅能使整个社会获得货币收益(如更低的安全成本、保护成本、更少的执法力量等),还可以获得更大的社会福利(如较少的谋杀、财产犯罪及更大的安全感等)。莫菲特认为青少年犯罪是由成熟障碍造成的,由于身体成熟得早、心理成熟得晚而形成了矛盾,教育可以起到防止青少年犯罪的作用。学校帮助受教育者理解社会价值,教会他们社会所能接受的社会规范,学校也会监督他们的行动和态度。忙于受教育的人显然没有多少时间和精力从事犯罪活动。受教育程度高者的行为也会更文明、更宽容。受教育程度高的社区更为稳定,较少发生社会冲突。洛克纳和英雷蒂使用美国人口普查数据和美国联邦调查局数据进行的实证研究表明,教育明显能减少被监禁和拘捕的概率。对于成年人而言,良好教育的经历一般不会和犯罪相连,因为受教育程度高者在劳动力市场上会有更多、更好的机会和更高的收入,所以他们不大会依靠犯罪获得收入。

### (五)降低收入不平等

教育通过降低财富的不均等而提高公众收益。教育可以减少贫困和社会隔离,接受教育是使自己不至于落后于社会发展的最主要途径。受教育程度高者的失业及持续时间明显少于受教育程度低者,因而教育可以降低对于收入转移和其他补贴的依赖。研究发现,受教育程度高者会做更多公益事业和慈善捐款，这从长期来讲可以减少社会不平等。但实际上，教育并不一定产生平等效应，而是取决于哪一个层次的教育受到普及与扩展。平等效应最高的教育层次是基础教育，因为它提高文盲等低收入者的收入使之接近于整体的平均收入。高等教育的扩张和研究生教育的扩张，其收入平等效应可能是负的。因为高端群体的收入得到了进一步的上升，收入差距进一步拉大。以墨西哥为例，马林等发现，接受基础教育的人数规模扩大10%，不平等指数下降接近5%；高等教育扩张5%，不平等指数将增加2%。

### (六)形成社会资本

蓬蒂厄将社会资本定义为可以促进个体和团体之间协调和合作的社会关系、共享规范、价值观和信任等。教育既有利于个人的社会资本形成，又有利于整个社会的社会资本的形成。教育对个人能否加入一定的社团组织非常重要，因为许多社团组织设定了比较高的学历门槛，比如很多的学会、研究会等。常言道“物以类聚”，教育能够确定并帮助一个人形成主流的或精英文化特征，由于他们的文化风格更为精英阶层所接受，从而可以获得更多的发展机会。作为教育的结果，受教育程度高者可以获得更高的经济与社会地位，这反过来会促进他们的社会资本积累，形成正反馈效应。

教育有利于整个社会的社会资本的积累。教育通过多种途径提高社会的凝聚力，比如减少暴力、减少犯罪率等。教育的经历发展了一种公民责任，促进社会成员之间的互助与互爱。经济学家发现，受过更多学校教育的人，会为社区做更多的好事，会做更多的慈善捐款。受教育程度高者具有更高的政治参与率、更高的选举参与率，并会对社会民主活动提供更多的经济支持。学校传授的先进思想和价值观念，从长期来讲必将有利于整个社会的民主化进程，有利于整个社会人权保障水平的提高。

## 第三节　教育收益成因的已有解释

教育给个人和社会带来许多非常重要的收益，几乎每一种社会问题都可以加入教育变量，但我们更为关注的是，教育为何有这么多种收益。不同的学科对教育收益产生原因的理解不尽相同，综合已有文献，主要有以下几种观点。

## 一、人力资本

经济学在对教育进行实证研究时较多使用教育收益率的概念，其测算的依据是人力资本理论。经济学家认为，教育提高了人的人力资本水平进而产生个人收益和促进经济增长。人力资本通常的定义是人的知识与技能即是人力资本，可见对人力资本的定义是从人的能力而来。考察教育收益的实现过程可以发现，教育投入可以资本化，培养的能力却不一定能被资本化，或者不能被完全资本化，未被资本化的能力还有其他的作用领域和收益。对教育的投入及培养的能力可以成为生产中的类似资本物，只是在工业革命以后才出现，表现为具有知识与技能的劳动力拥有更高的生产率。在较原始的社会也有教育，其主要作用是帮助部落里的年轻人获得狩猎、种植和军事方面的技能，从而帮助部落成员和部落得以更好地生存。在封建社会，教育则是帮助受教育者提高社会地位，即“学而优则仕”。所以，能力成为资本是近代资本出现后的事情，人力资本是和物质资本相对应的概念，人力作为一种重要的生产投入，可以和物质资本投入一样产生货币收益，但能力产生的收益显然并不仅这些。能力产生的总收益和其中的资本化能力获得的收益之间有一个差额，前者的值应该大于后者的值。因此在理论上还存在一个能力总收益率，教育的资本化收益率只是所有能力总收益率的一个部分。因此，人力资本定义的本质是将教育的投入资本化，进而将教育培养的能力资本化，即将因教育获得的能力等同于教育的货币投入，能力以资本形态得到量化，进一步在生产中和物质资本一样，投入人力资本产出收益，并在此基础上计算出教育投入资本化后的收益率，即教育收益率（见图 4-1）。能力的资本化的范围以是否参加社会生产为界。很显然，许多老年人参加老年教育所获得的能力未被资本化，因为到目前为止，对大部分老年人来讲，参加老年教育并非是为了进入生产领域以获得报酬。

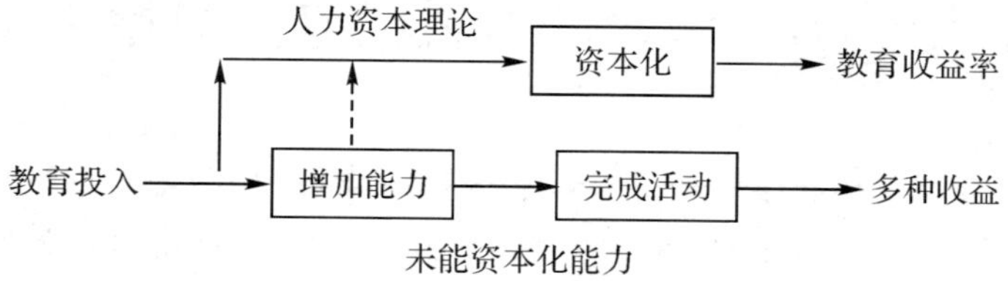


**图 4-1　资本化能力和未能资本化能力的收益**

关于教育收益率的实证研究，常用的方法是用明瑟方程进行回归分析，在控制了其他影响变量以后，得到教育年限和个体货币收入之间的回归关系。此种方法有明显的缺陷：一是只能局限在教育的货币收益，难以对其他非货币类型的教育收益进行分析；二是相同教育年限则收益相同，教育是同质的，教育年限是可以线性累加的，但实际上在人生的不同阶段的教育获得的能力及收益具有明显的不同。老年教育获得的收益不会等于年轻人接受教育所获得的收益，计算教育收益时老年教育年限和年轻阶段的教育年限显然不能累加。许多研究表明，按传统方法测算出的教育收益率被严重低估了，这些测算方法忽略了教育所具有的非货币收益，没有区别教育的异质性。知识和能力被资本化的好处是教育及培训的投入是可测的(比如教育花费、培训费用、机会成本等)，而能力却是很难测量的，也很难对天赋能力和教育培养的能力进行区分，但知识和能力并不完全能以所投入的金钱来衡量，表达事物的本质不能以是否方便来确定。

所以，人力资本的定义是人所具有的知识与技能，但对教育收益率的测算却依赖于能力的资本化，即教育的花费和机会成本。教育收益率掩盖了这样一个事实：教育之所以能产生各种收益，并不是因为教育投入多少资金，也不是因为能力可以资本化，而是在于教育培养怎样和多少的能力。能力是教育及其收益之间的一个重要中间变量。对教育的投入可以相同，但培养的能力却不会相同。能力是真正人的收益，而人力资本还只是被看作是物的收益的一个部分。以能力来看待教育收益，可以知道人力资本之所以有异质性，是因为人的能力有异质性。能力在教育收益中的重要作用表明，不能简单地将教育投入的资金量等同于教育，教育是对人的能力的培养，包括各个种类和强度的能力。单纯的花钱和培养能力是不能等价的，否则那就不是教育了。教育需要花费一定的金钱投入，但教育的重要特点是培养多样性的能力，而这些能力可以产生丰富多样的收益。各国的教育产出比具有明显的差别，这是因为各国的教育质量不同，进而教育的产出明显不同。

能力获得收益的机制不同于人力资本获得收益的机制。人力资本获得收益的机制是投入产出模型，企业的生产是传统的生产函数，人力资本、物质资本都是投入要素，企业按照利润最大化原则确定人力资本收益和资本收益。而能力获得收益的机制是能力活动模型。现实生活中，人们依靠完成各种经济社会活动来获得各种收益。而这些活动最终都需要人及其能力通过调动一定的资源量来实施并完成。而教育的产出是人，并提高了他们的能力，因而教育可以产生多种收益。

以企业的经营活动为例。企业经营由一系列活动组成，即活动集，是以销定产而非以产定销，企业的收益是这些活动的结果，而完成这些活动需要有一定能力的人及人与人之间的合作。因此，以活动集看企业，企业收益是能力收益，而非投入收益，所以在管理学中有企业竞争力的评价。企业是以利润最大化为目标，但受到能力的限制，实际运营结果很可能只达到次优目标，甚至达不到目标。企业要获得利润，必须同时完成一系列生产及与生产相关的活动，如采购、生产、销售、技术创新等。能够完成这一系列活动的企业才能产生收益，劳动力等各种要素才能获得报酬。如果不能完成这些活动，企业只能破产。很显然，这些活动都由人来主导并完成，而其中知识与技能的正确运用和使用，是这些活动得以顺利完成的保障。显然企业拥有的不会是单一能力，而是各种能力的集合，并且通过分工合作完成必要的活动，并由简单的小活动整合成集体的复杂活动。这些活动的难度和复杂性各不相同，相应地所要求的知识与技能(能力)有简单和复杂之分，简单的如完成一项简单操作、执行某一简单职能，复杂的如大型设备系统的操作与控制、完成一个商业计划的实施、一个企业的运营等。很显然，能否完成以及能否很好地完成这些活动决定了企业能否获得收益以及获得收益的多少，而不是由企业投入了多少人力资本和物资资本所决定的，企业的实际资源以完成活动所需为限，而非以投入为限。能够完成生产以及相关活动，说明企业具有持续经营能力，而不能够完成，就称为无持续经营能力。投入和结果在性质上是不同的，投入没有对于能力的检验，而结果确实体现了能力上的差距。所以企业之间是有竞争力差异的，这些差异体现在所完成的活动及其结果不同，其背后是完成这些活动的能力不同。以能力收益来解释企业利润，企业家才能真正有了意义。传统经济学中的生产函数，企业家才能是隐函数，而非显函数，实际上对微观企业而言，企业家才能决定该企业的生产函数，他们显然承担了更大风险，理应获得更高报酬，而现实社会也确实如此。如果企业以生产为核心的各项活动长时间停滞不动，企业只能破产，企业家会因此承担相应的损失。以能力看企业，才可以知道企业是非同质的，尽管企业投入资本量可以相同。

同样地，对于个人而言，需要能够完成所在岗位所要求的活动，这些活动是企业整体活动的一个部分。能够完成，说明达到某一能力水平，可以参与分配获得报酬；如果完成得非常出色，说明能力高出某一水平，则有可能升职或加薪；不能够完成，说明不具备某一能力，就需要下岗或者被辞退，因为他影响了企业整体活动的完成情况或者完成效果。所以企业雇用员工是希望雇用有相应能力的人员，但能力很难评判，所以常常会用过去的经历、过去的工作业绩来进行评判，或用学历和文凭来进行评价。由于企业在各个岗位所要求的能力不同，因而企业不同岗位人员的收入不同。而传统的生产函数则认为企业所有的人力资本投入都是同质的，所有的人的收益都相同，这显然与实际不符。所以，个体参与企业经营活动，依靠自身能力获得报酬。教育提高了受教育者的能力，因而增加了受教育者的收入。

所以，无论企业还是个人，都要依靠一定的能力完成生产活动来获得经济收益，能力不仅可以表现出资本形态，还可以有其他的表现形式，比如完成不同的活动。人的能力的地位在生产中要高于资本，而不是现实中的低于资本或等于资本，把人的能力仅等同于物是不够的，也是不完整的。人的能力之所以会低于资本，是因为现实社会对资本的崇拜，现实中一切物的评价以及交易都要用金钱来进行。进一步地说，社会根据财富的拥有量来进行社会结构安排。实际上人的能力的地位要高于资本，资本为人所创造和驾驭，当资本为不同的人所掌握和控制时，就形成了社会地位的不平等，形成了人是受制于资本而不是人受制于人的社会意识。能力总是和完成一定活动紧密联系在一起，离开了具体活动既不能表现出人或企业的能力，也不会产生经济收益。从时间顺序上来看，收益只有在完成生产活动之后才能获得，而各种投入则是在活动之中或者之前。如果投入的知识与技能不能完成经营活动，则不会产生收益。生产经营活动的完成实际上是各种能力的使用和运用的结果，所以企业收益从根本上讲是能力收益，而不是资本收益。因此，仅仅将教育收益看作是人力资本投资收益是不完整的，教育所培养的能力对获得各种教育收益具有重要作用，教育培养和提高了人们从事生产的各种能力，即生产能力。

能力与物质资本的地位并不相等。能力在人力资本的定义中仍然被当作物的对等，但实际上能力体现着人对物的主导作用。从制度上来考察，简单劳动力和企业是雇佣关系，雇主占据主动权，能力为物质资本所支配，因而单个劳动者处于劣势，只有通过集体能力（工会）才能得到较为平等的地位；当知识技术成为资本，成为公司的股份，可以参与公司剩余的分配时，能力与物质资本处于平等地位。但从能力角度来看，人的能力可以驾驭生产过程中各种复杂的机器设备，也可以调度、规划大规模的资金流动，因而人的能力对物质资本发挥主导作用，人的能力也应该从经营收益中分配到更多。所以在现代公司员工持股、股权激励是很普遍的现象，因为现代新经济对人的能力越来越依赖。另一方面，也要注意到，物质资本为资本所有者的能力所控制。所以在现代社会，能力与物质资本的不平等实际反映了人与人之间的不平等。

人类的经济社会活动种类很多，并不单单是生产活动，这些活动都或多或少产生着不同种类的收益，而这些收益是能力产生的收益而非其他所产生的。这些活动从理论上而言既有正面的，也有负面的，需要看是什么种类的活动。教育的作用则是强化正收益，弱化并消除负收益。教育的直接经济收益则是教育培养的能力在生产活动中产生的货币收益，但教育提高的能力还只是潜在生产能力。具体来讲，这种潜在生产能力只有在生产中和其他资源匹配起来，完成某种经营性活动，并在其他人的活动同时有效完成的条件下，直接货币收益才能产生。（见图 4-2 中①部分）

人力资本所定义的知识和能力是有一定使用范围的，即以生产领域为界，人力资本以及教育的信号功能只是能力在现代经济社会的进一步演化和表现。能力还有其他的使用领域，教育所提高的不同能力作用于不同的经济社会领域，通过不同的活动产生不同种类的收益，因而教育收益会表现出多样性（见图 4-2 中的②部分）。人的活动有很多种，而不仅仅是生产性的；相应地，能力也包含很多种类，也不单单是生产性的。因此，依据人力资本理论所计算的教育收益只是教育众多收益的一个部分，低估了教育的真实收益。

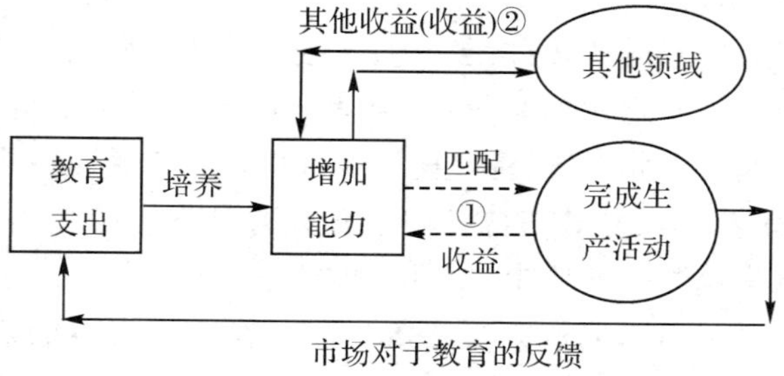


图 4-2 教育、能力和各种收益之间的关系

仅以货币收益而言，由能力不同而造成的收益差异很大。一方面，低能力低收益。比如在劳动密集型企业，工人学会简单的操作就可以上岗劳动，每天在同一岗位上重复同一种动作十几个小时，收入很低。另一方面，高能力高收益。计算机、无线通信、平板电脑、智能手机这些创新型的、知识技术密集型新产品曾经或正在领导世界的消费潮流，其所创造的财富非常巨大。能力差异可以很好地解释教育异质性问题。异质性的根本原因是教育所培养出的人的能力不同，而教育投入的货币数量可以相同。因为培养的能力不同，所以有不同种类的教育收益。这里还有一个重要问题，

就是匹配问题，能力必须和其他资源实现组合，完成活动才能创造财富。如果人的能力无法和其他资源在生产过程进行组合，能力无法完成生产活动，无法产生企业利润，对教育的投入也就失效了。

## 二、社会化

社会化的观点认为，教育之所以具有许多重要的社会收益，是因为教育具有社会化的功能。社会化简言之即是个人能够很好地融入社会，社会能够很好地将每一个人纳入社会规范。梅纳德和麦克格拉斯认为公共教育系统以及家庭是美国儿童社会化的最主要制度。社会化是人类特有的行为，是指人由自然人到社会人的转变过程，即每个人将自己外在的社会行为规范和准则内化为自己的行为，并因此可以成为这个社会的一分子。无论是社会还是个人，都有社会化的需要。社会的上层建筑希望将每一个人以及他们的行为都纳入社会规范之中，而每一个人都希望自己能够在现有的社会结构中处于更有优势的地位。工作、社团组织、政治活动这些都是人的社会化的手段和方式，而教育的社会化作用则更为重要，所以自古就有“教化”的说法。教育产生的社会化结果非常广泛，如社会阶层结构、环境保护、预防和减少犯罪、降低收入不平等、形成社会资本等，在广义上还包括人力资本，因为它决定了人的工作状况。

不能否认社会化是产生多种社会收益的一个重要方面，但社会化理论也存在明显的不足。社会化理论过分强调社会所要求的行为规范性，弱化了对个体追求教育的自觉性、获得经济收入的激励性及改变现状的创造性的理解。教育是人的社会化的一个方面，或者说是社会化的起点。教育的社会化实质是通过教化将人们思想和行为趋于相同的社会目标(社会规范)，即教育有强调趋同的特点。很显然，受教育者之所以在完成学业后能很好地参与社会，是因为教育培养了他们社会所要求的能力，即教育培养了社会化能力。这种能力是必要的，但仅有或者过分强调这种能力在实践上是有害的。当教育只能成为一代又一代社会阶层的简单复制，不仅会削弱对社会成员创新能力的激励，也会削弱整个社会的制度创新能力。

## 三、认知能力

认知能力是指人脑加工、储存和提取信息的能力，即人们对事物的构成、性能与他物的关系、发展的动力、发展方向以及基本规律的把握能力，知觉、记忆、注意、思维和想象的能力都被认为是认知能力。认知能力实际上是许多因素共同作用的产物，包括遗传基因、家庭影响和学校教育等。认知能力可以有多种测量方法，如智商、操作检测、识字率等，但每一种测量结果并不能全面地、真正地表达某一个人的认知能力。许多研究者认为，认知能力会对各种教育收益起到很大的作用。实证研究证实，大部分的教育和收入之间关系可以由认知能力来解释。赫恩斯坦和默里发现作为一项文化水平测试的美国空军资格测试成绩，与许多社会行为存在关系，如教养、婚姻稳定性、犯罪行为等。对于认知能力的研究所面临的困难是，很难区分哪些是由学校教育培养出的那部分认知能力所产生的收益。

将教育收益多样性的原因归结为认知能力为正确理解教育收益产生的真正原因提供了线索。认知之所以可以产生收益是因为认知影响了最终的人的活动或行动。人们参与各种活动，首先是从认知开始的，比如认识到问题的存在，认识到解决问题的方向等。无论是教育的经济收益，还是社会收益，教育收益的实现过程均是从认知到实践知行合一的过程。认知是完成各项活动或者行动的起点，从感知、推理等开始，再到选择、决策，最后才是体现不同能力的行动。在此过程中，更为高深复杂的知识、技能、技术在认知能力的基础上发展起来，人的社会化的过程也是认知能力不断提高和推进的过程。由于活动或者行动的完成和行为人的能力密不可分，仅有认知还不能完成一项完整的社会经济活动，但认知对各种能力的形成和发展起到重要的推动作用。比如，教育和认知能力存在相互作用关系，更高级知识与技术的学习依赖于个体的认知能力。作为一项基础能力，仅以认知能力理解教育收益显然是不够的。在认知能力基础上发展起来的更为高级的能力，帮助人们完成更为复杂的经济与社会活动，进而获得更为丰富的教育收益。

## 四、文凭效应——能力信号

一种观点认为，教育收益是受教育者所获文凭带来的，甚至有较极端的观点认为教育并没有增加人力资本的积累，只是生产了文凭，因而教育不会提高经济产出。正如前述所言，雇主所需要雇用的是具有某种能力的人，而能力和活动不可分，只有很好地完成某种活动才能称为具有某种能力。考察应聘者能力的办法是让其完成某一工作，以此来证明是否具有某种能力，所以企业对新员工会安排试用期。但这么做很多时候成本较高，风险也较大，比较低成本和简便的方法是依据应聘者的文凭等证书，得到其是否具有某种能力的证明。显然，文凭作为能力的信号，是决定雇用条件的重要依据。通常认为高学历者普遍具有较高能力，可以获得更高的职位和收入。由于信息的不对称和劳动力市场的不完善，能力信号是劳动力市场正常运转的必不可少的信息。可以想象，如果没有文凭，劳动力市场根本不可能像现在这样高效率地运转。

## 五、社会地位

社会地位对教育收益的影响，包含两个方面：一是起点的社会经济地位对教育收益的影响；二是受教育水平对社会经济地位的影响。学者讨论较多的是第一种情况。鲍尔斯和金迪斯认为教育的各种收益并不是由教育决定的，而是由受教育者所具有的社会经济地位决定的，教育仅再生产了社会阶层结构。但实际上，社会地位的观点并没有否认教育提高了能力、能力提高了产出的观点，而是认为社会经济地位决定了一个人可以接受多少教育。社会的不公平、不公正导致只有社会地位高、财富水平高的家庭子女才能接受更多教育，弱势家庭的子女只能接受较少的教育，而受教育程度高者继续高收入，受教育程度低者继续低收入，代际传承，形成社会阶层结构的固化。因此，社会经济地位只是影响和制约人的受教育水平的外在因素，是社会不公平、不公正的具体体现，并不是影响教育收益的真正原因。

综上所述，人力资本理论对教育收益产生过程的理解并不完整，人力资本和物质资本相对应，局限于生产领域，因而人力资本收益只是能力收益的一个部分；社会化理论比较好地解释了社会收益，但过分强调了规范和趋同，失去对人的创新活动和社会变革的理解；认知理论开辟了新的研究思路，将心理特征引入对教育收益的分析，但认知只是活动的起点和基础，不能很好地解释更高级、更复杂的能力的收益；社会经济地位只是制约教育发展的一个外在制度因素，是社会不公平、不公正的具体体现，不能成为教育收益产生的内在原因；教育产出的文凭，只是能力的市场信号，帮助人们判断文凭拥有者的能力。因此从根源上来讲，教育收益的实质是能力收益，能力可以包含更为广泛的教育收益。确定教育的能力收益具有非常重要的现实意义，因为真正的教育是培养各种能力，否则对教育的投入只能是浪费。

# 第四节 能力获得收益的机制

通过理解已有观点存在的不足，可以知道，在教育获得收益的过程中，能力发挥了重要作用，但能力通过怎样的机制实现收益还不得而知。对教育收益多样性的成因分析也表明，考察教育及其收益已经不能仅局限于投入产出模型，而是应该在更具普遍意义的层面上进行分析，即在更具一般性的人类活动层面上考察教育及其收益。

通常情况下，为了获得各种收益，人们需要在经济社会生活中完成各种活动，如生产、投资、消费、销售等。这些活动有简单的，也有复杂的。有的只需要由单个人来完成，有的则需要一个团队来完成，有的甚至需要整个社会成员的参与（如公民投票等）。实际上人们的活动非常具体，如在农业生产中购买什么样的种子，劳动力是否要流动或者迁徙，选择什么样的专业学习和学习多少年，在什么地方定居以及和怎样的人组建家庭等。可以观察到，每一个人完成这些活动的情况以及结果并不相同，因而获得的收益及效用也不同，在生活状况上的差异也很大。显而易见，能否完成这些活动以及完成的质量如何，取决于个人的能力状况和水平，教育因培养完成这些活动所需要的能力而与各种教育收益产生密切的联系。

## 一、能力在经济学中的演进：能力平等

依附于人并通过做事情、完成功能性活动而表现出来的能力，在古典经济学中就已经被提及。古典经济学家已经注意到人的能力只有通过外化参与各种生产活动才能产生财富和各种社会后果。威廉·配第提出“土地是财富之母，劳动是财富之父”的著名命题，指出人及其能力通过参与劳动活动能产生巨大的经济价值。亚当·斯密将社会全体居民或成员所具有的有用的能力归入生产中的固定成本，表明生产活动需要消耗人的能力。亚当·斯密将个体间能力差异的原因归结为劳动分工，分工表达了生产中各种专业化活动的不同，以及这些活动所需要的知识与技能的不同。与此相反，哈耶克认为是知识分工决定了劳动分工，知识的转移和传播需要花一定的费用，只有在知识的预期收益高于其费用时，知识转移才会确实发生，个体知识累积在广度和深度上的差异，导致个体能力的逐渐不同。古典经济学“集大成者”阿尔弗雷德·马歇尔进一步阐明了能力对工业效

率的决定作用，他把能力分为一般能力和专业能力，并认为一般能力对提高工业效率更为重要，普通教育与工业教育对提高个体一般能力具有重要作用。马克思将劳动力定义为人生产某种使用价值时所运用的体力和智力的总和，他发现资本的统治地位及其对利润的追求使得劳动力成为一种具有消耗性的日用品，不平等的雇佣关系即资本对企业剩余的完全占有导致资本主义社会的矛盾与冲突。可见，在古典经济学中，人们已经意识到人及其能力对创造财富和提高生产效率的决定作用，以及社会关系对生产和分配的影响。

新古典经济学继承了古典经济学对人及其能力价值的肯定，进一步对能力提高产出和效率的作用机制进行了研究。彭罗斯发现能力对企业成长具有决定作用。企业是市场经济中创造财富的最主要组织形式，彭罗斯注意到企业是多种能力的聚合体，因为企业实际投入生产的并不是资源本身，而是通过使用资源所产生的“服务”。这种服务可以分为“企业家服务”和“管理服务”两类，前者用来发现和利用生产机会，后者用来完善和实施扩张计划，它们都是企业成长所不可或缺的。所以从根本上讲，企业消耗各种资源进而形成的是区别于其他企业的竞争力，因为在市场中不断有企业产生和死亡。企业能力对企业成长行为的影响是人的能力对人的行为影响的一个重要扩展，因为企业是具有各种能力的人的集合体，市场中的企业竞争力包含着微观个体的能力对企业活动的作用机制。

美国著名经济学家舒尔茨认为能力是完成一项特别行动所具有的竞争力和效率，能力为人们完成各种活动提供了各种性质的服务，即能力服务。舒尔茨将能力抽象为可以量化的人力资本，其和物质资本一起投入生产过程，产出收益的同时按贡献获得报酬。人力资本理论对能力的研究无疑是实证主义研究的典型范式。人力资本理论在舒尔茨提出之后，经由贝克尔、明塞、丹尼森等人的模型构建和实证检验，最终完成了从具体到抽象的理论发展。人力资本理论的重要依据在于，存在一个类似于物质资本投资的人力资本投资收益率，即存在满足人力资本投资公式$\sum_{i=0}^{n-1}\frac{E_t}{(1+IRR)^{t+1}}=\sum_{t=0}^{n-1}\frac{C_t}{(1+IRR)^{t+1}}$的内部收益率，该收益率可以经过实证检验，其中 $E_t$ 为 $t$ 时期的收入，$C_t$ 为 $t$ 时期的人力资本投资成本，$n$ 为时期，$IRR$ 为人力资本投资的内部收益率。人力资本理论平等对待人的能力与物质资本，这无疑是巨大的进步，但它对能力怎样作用于生产过程不予深究，且人力资本的服务目标还是要实现资本增值。

阿马蒂亚·森将能力定义为功能的派生概念，功能是人们完成的活动和所处的状态(doings and beings)，能力是一个人实现的各种功能的组合。这个定义以人们完成的活动来定义能力，以活动的结果来考察能力的大小，并不考虑能力如何工作以及某一活动如何能够完成，考察的是静态加总的宏观上的能力。对于心理学意义上的能力如何产生收益，阿马蒂亚·森认为能力提高了个体将资源(各种商品)转换为功能(各种活动)的转换率。阿马蒂亚·森扩展了能力的内涵，将可以做某事的权利也归结为能力，并认为权利的缺乏以及参与经济社会活动的限制，是造成平民失业、贫困和饥饿的重要原因之一。

考察人的能力在经济学中的演进过程，可以得到以下几个基本观点：

第一，能力具有明显的"知识"特征。知识分工促进了劳动分工的不断深化，一般能力使得个体在不同职业之间的转换变得容易，管理服务能力有助于挖掘企业资源的潜力，能力越高的个体选择其想做的事或想要的状态的自由也越高。法律所赋予的权利是人们达成的社会共识，进而权利也具有知识特征。能力所具有的知识特征使得教育可以成为一种非常有效的提高人的能力的方式，因为教育的最主要功能就是传播知识和创造知识。正如马歇尔所言："在学校中得到的进步之所以重要，除了由于它本身的缘故之外，更多的是因为学校教育所给予的将来进步的能力之故。"[①]在实践中，西方国家广泛采取的促进就业政策，其实质就是通过教育和培训来提高失业者的职业能力。

第二，应在更为普遍的人类活动层面上研究人的能力及其价值。考察人的能力对经济与社会发展的贡献，不能仅限于生产活动，而应该在更为广泛的人类活动层面，不仅包括生产活动，还应包括人的社会活动，以及结成人与自然关系的活动。生产活动虽然非常重要，但不能代表人类生活的全部。生产活动本身并不能确保自身持续进行，只有同时进行消费、投资等其他活动才能使其得以继续。生产活动在创造巨大物质财富的同时，也造成了日趋严重的不平等、社会冲突、环境污染等问题。显然，仅考虑生产活动并不能解决目前人类发展所遇到的难题。

第三，作为实现福利持续增长的手段，能力采取的形式并不是个体自由，而是社会意义上的能力(权利)平等，即完备能力平等。已有文献对能力的研究存在逻辑上的一致性，即能力是影响人们各种活动完成状况的重要变量，它具有"利他增殖"的性质，也就是说，能力是一种手段而非目的，

---

① [英]阿尔弗雷德·马歇尔：《经济学原理(上)》，第251页。

它能够促成目标实现的其他手段的运用。能力在经济学中的演进表明，作为实现目标手段的能力采取怎样的形式，与其需要实现什么样的目标直接关联（见图 4-3）。

**图 4-3　能力手段的不同形式和经济目标的关系**

在工业革命时代，衡量经济价值的唯一标准是财富。舒尔茨看到了此时期知识与技能在生产领域所创造的巨大财富，以等同于物质资本的地位看待人的能力，将能力抽象为人力资本，但人力资本并不能很好地解决社会矛盾和冲突。正如马克思所指出的，资本主义社会中资本占有全部劳动剩余，劳动者无法分享到自己的劳动剩余，劳动者只有通过形成工会和进行罢工以集体能力来提高自身在生产中和分配中的地位。为了弥补人力资本理论的不足，姚先国、郭继强提出"劳动力产权"理论，认为劳动者可以以人力资本产权的方式分享企业剩余，"员工持股"即是可以采取的一种具体形式。但劳动力产权理论并没有能够完全摒弃人力资本理论的缺陷，还是将人的能力局限在生产领域进行讨论，劳动力产权并不能解决社会矛盾以及人和自然的关系。所以，当人们以物质财富及其增长作为经济目标时，作为实现此目标的手段的能力表现为资本形态，即人力资本，把本属于"人"的东西外化为属于"物"的东西。

阿马蒂亚·森所定义的能力，虽不直接来自心理学领域，却是间接的心理学意义上的能力。在功能集上定义能力，完成单个功能即需要能力组合，完成整个功能集则是需要更为完备的综合知识与技能，此时的能力直接表达着生活质量和福利水平，物质财富只是转化为各种功能（活动）的必要条件之一，人们希望过的是更高质量的生活。阿马蒂亚·森看到权利缺失对个体参与经济与社会活动的限制和阻碍作用，主张消除人们参与各种活动的障碍和限制，赋予平民更多参与经济社会活动的权利以提高他们的生活质量和福利水平，即使他们能够自由地实现发展。可以看到，当人们追求更高的生活质量和福利水平时，人的能力还原成为实现此目标的实际手段，把本属于“人”的东西归还于“人”，而能力之所以会被人力资本的表象所掩盖，其根本原因在于人们过于追求物质财富，失去了对事物本质的判断力（见图 4-3）。

阿马蒂亚·森以自由看待发展的观点，仅从个体角度考虑完成功能（活动）的条件，即某一个体哪些功能不能完成，以及缺乏哪些权利和受到怎样的限制，通过赋予权利、消除限制、实现自由可以达到更高的生活质量和福利水平。此种观点实际上是个人自由主义的泛化，在实践中是非常有害的，它减少和降低了社会责任。因为自由是无界的，且个体间的自由很难比较，缺乏社会政策上的意义，即社会很难确定一个标准来保证个体能力的自由水平，即福利水平，因而作为手段的能力自由很难在公共政策上得以实现。而从整个社会的角度来考察能力的作用，即是所有人或者每一个人的参与功能均不会受到限制，所有人或者每一个人均有权利参与这些功能和有能力来完成这些功能。此时，作为手段的能力实际采取的是能力平等形式。能力平等的特别之处在于，能力平等是可以有界的，更易于在政策上得到实现，即社会可以以每一个人都能实现功能完全扩展为限，以保证每一个人都可以实现福利的持续增长，这也就是说，社会政策可以以完备能力平等为手段来实现福利的持续增长。需要说明的是，每个人都有权利和能力参与各种社会经济活动，并不是指每个人都会完成相同的活动，而是指每个人都具有完成这些活动的机会，至于每个人具体会参与和完成怎样的活动则取决于他们的个人选择。所以，当经济目标不再是 GDP 及其增长率，而是人们福利的持续增长时，作为手段的能力是完备能力平等，社会也只有实现完备能力平等才能最终解决日趋严重的不平等、社会冲突及环境污染等问题。总之，作为实现福利持续增长的手段，能力并不是通过人力资本形式，也不是通过个体的能力自由来实现，而是通过能力的人人平等来实现。

## 二、典型活动和能力结构单元

当整个社会追求人与社会的全面发展，以及人和自然的和谐发展的时候，对能力的理解已经不能仅局限于生产领域，同样地，分析能力产生收益的机制，已经不能再使用生产领域的投入产出模型，而是应该从更为普遍的人类活动层次来进行考察。为了不失一般性，可以从“典型的人类活动”开始，即根据理论研究的需要，综合所有的经济社会活动，设立具有普遍意义的关于活动的理论模型，用它来代表所有的社会经济活动。此时所研究的能力，并不是静态的功能集，而是指完成一个典型活动所需要和使用的各种知识与技能，以及参与各种社会经济活动的权利。

由于人更具有理性，人在进行社会经济活动时并不仅仅是完成生理上的某些动作，而是完成一系列包含心理、生理以及资源配置的典型活动过程，可以简单地表述成：根据收集的信息判断价值，使用一定的技术手段进行资源配置的行动过程。根据此描述可以知道，完成一项活动时，发挥作用的并不是单个能力项，而是形成一定结构的能力单项的组合，简称为能力结构单元。人们只有使用一个能力结构单元才能完成一项典型活动（见图 4-4）。完成一个典型活动需要能力结构单元表明，抽象的能力是由多个单项能力组合而成，即能力具有清单属性，对于能力的研究离不开对于能力清单的讨论。

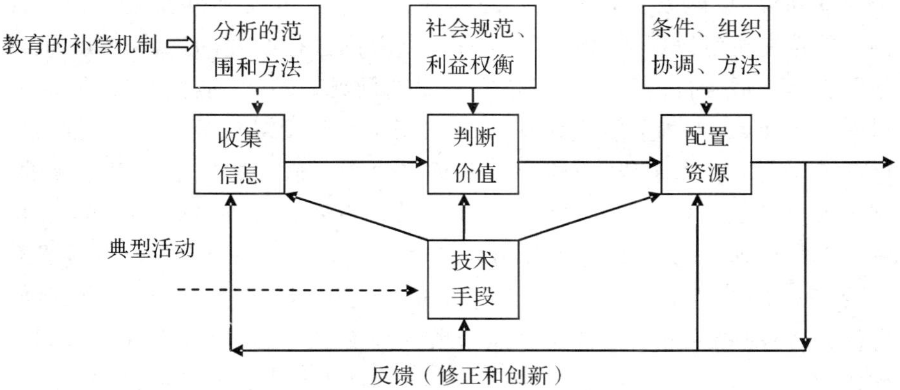


**图 4-4　典型活动的能力结构单元以及教育的补偿机制**

能力结构单元是一个典型活动的具体展开，即一项活动需要用一个能力结构单元来完成。能力结构单元有两层含义：一是完成一项活动需要多种能力项的组合。一般来讲，完成一项活动仅有一种能力是不够的，越是复杂的、难度大的活动要求的能力种类越多，要求的能力也越强，有些时候某一项能力可能需要专业化的团队才能完成。二是这些能力通过相互之间的关系形成一种结构，这种结构可以发挥 1＋1＞2 的功效，不同的能力项在不同的方面形成分工、协作以及相互作用的关系，能力由于形成结构而可以产生某些特殊的效果，比如可以产生创新等。一个典型活动至少包含4种基本能力项的结构组合，它们分别是：收集信息能力、判断价值能力、配置资源能力、技术支持能力。它们形成的是一个闭环的反馈结构（见图4-4），其中技术手段可以分别和同时作用于收集信息、判断价值和配置资源，配置资源还要受到外界条件的影响。收益则是完成典型活动以后自然而成的结果。显而易见，在完成某一具体活动时，能力通过能力结构单元发挥作用。能力结构单元如何作用于活动，涉及过程和结果，依靠的是结构单元中各种性质的能力项的相互作用和协同工作。在此，可以以劳动力岗位搜寻和企业经营为例来说明能力结构单元的工作过程。

### （一）劳动力岗位搜索

劳动者寻找工作，首先是在劳动力市场上根据自己的专业技能以及对工作的喜好收集岗位信息。这里的专业技能实际代表着寻找某种工作的技术手段，比如普通工人、技术人员和高级管理人员所要求的职业技能差别很大，搜寻的目标岗位会有很大的不同。信息搜寻的数量及质量受到一个人的知识、技能以及技术手段的制约。接下来劳动者需要进行价值评判。待选岗位可以很多，但必须对每一个岗位进行必要的价值评价，也就是回答是否适合自己以及是否值得去做的问题，然后才能做必要的选择。对求职者而言，当然希望找到收入高、稳定，且有长期发展可能的岗位，但这需要一定的技术手段，也需要一些远见卓识。假如雇主是可以选择的，则进入第三个阶段——资源配置阶段。劳动者对自己的时间、空间及货币资金进行合理的配置，以达到效用的最大化。由于每一个人的配置技术并不会完全相同，因而配置的效果和结果也不会相同。可见，收集信息、判断价值、资源配置及技术支持这些能力项既是直接工作过程，也具有协同协作作用，通过直接工作和相互作用最终帮助劳动者找到最满意的岗位。当然，能力高者越能获得比较好的职位，成功的概率也越高。

### （二）企业经营

企业经营者首先需要选择向市场提供怎样的产品和服务，可选的产品很多，企业当然希望选择利润较高的产品，此时这里收集信息及进行加工分析的环节必不可少，其中最为重要的是关于未来市场规模及可实现技术手段的信息。企业所要采用的技术路线决定了未来经营成本的绝大部分，如果竞争对手可以采取更为先进的技术手段，那将导致企业在竞争中处于非常不利的地位。另外，需要对每一种可能的方案进行可行性研究，这是对每一种方案的收益、技术和风险的定量评估，这里涉及非常专业的知识与能力。最后是进行资源配置，根据选定产品及实现的技术选择各种人、财、物以及商标、技术设备等，最终顺利实现生产或者提供服务，才能取得相应的收益。企业的资源配置涉及管理能力，所以即使其他方面相同，企业之间的成本和利润也会有很大差异。企业经营能力是非常高级的能力，对能力和技术的要求更高，其中很多环节是一个人无法完成的，必须由多个专业团队来处理这些工作，比如市场调研与分析、项目的可行性研究、筹资与融资、日常的经营与管理等，而且这些团队的成员必须是受过高等教育及专业训练的，否则很难完成相应岗位的工作任务。团队成员以及团队之间的共同协作，对成员的社会化能力也提出了更高要求。生产性服务行业的出现即与这些服务能力的专业化分工有很大的关系，比如律师事务所、会计师事务所，以及广告公司、物流企业等。与在个人活动中一样，能力结构单元的协同工作帮助企业完成持续经营活动，只是其中的许多能力项必须由相应的团队完成，而不一定由个人来完成。

工作搜寻和企业经营的例子，很好地说明了人们在进行社会经济活动时，作为手段的能力发挥了怎样的作用，或者说得到怎样的应用。在能力结构单元里，能力不是静态的概念而是动态的概念，可以根据结果的反馈随时进行调整和提高。能力在整个活动过程中发生这样或那样的作用，每一种基本能力项成为完成活动时不可缺少的环节，且如果没有各种能力的相互作用和协调工作，活动难以完成或者难以达到成功的要求。所以完成功能性活动的能力，或者说可以产生各种作用的能力是各种能力项的组合体，即能力具有清单属性。

能力的组合性质、清单属性与完备能力的思想是一致的，因为完成一个典型活动需要使用能力组合，所以可以肯定完成完备功能集的能力必然是一个能力组合，这也证明了完备能力清单的存在。以完备能力为标准，则许多人具有进行能力补偿的必要：一是某一个体很难同时拥有多种能力项，因为许多比较高级的能力只有经过专业化的训练才能获得，而对此进行教育培训需要耗费大量时间和成本；二是对于个体来讲，能力项也是一个成长过程，能力会从无到有，从弱到强，逐步产生形成，也会由强变弱，逐步消失，缺乏的和比较弱的能力需要得到补偿；三是功能扩展会向深度和广度发展，这对能力清单提出了更多和更高的要求，比如新技术、新思想、新产品等的出现，对人们使用和运用的能力提出了更高要求；四是社会不平等的存在，使得某些群体缺乏参与经济社会活动的必要权利。

## 三、教育的能力补偿机制

完备能力平等的要求，以及能力所具有的清单性质，使得能力具有补偿的必要，而教育本身所具有的传授知识、培养能力的功能属性，以及能力所具有的知识属性，使得教育成为进行能力补偿的最有效方式。所有对教育收益的研究成果都清楚地表明，教育对人们在德、智、体、美、劳等全方面的能力培养，在各个方面均产生了非常丰富的收益，这些收益不仅表现为收入的增加，还表现为家庭和睦、身心健康、行为良好、防止犯罪、社会安定、保护环境等许多方面，教育收益已经超出了单纯的物质财富范畴，进一步扩展到对人的发展及社会发展的更高层次，而教育收益多样性的根本原因在于教育对人的完备能力的培养（见图 4-5）。此外，教育的能力补偿机制也可以从老年教育的发展、针对残疾人的特殊教育的发展以及各国的促进就业政策等多方面得到证实。具体来讲，教育的能力补偿机制可以体现在以下几个方面。

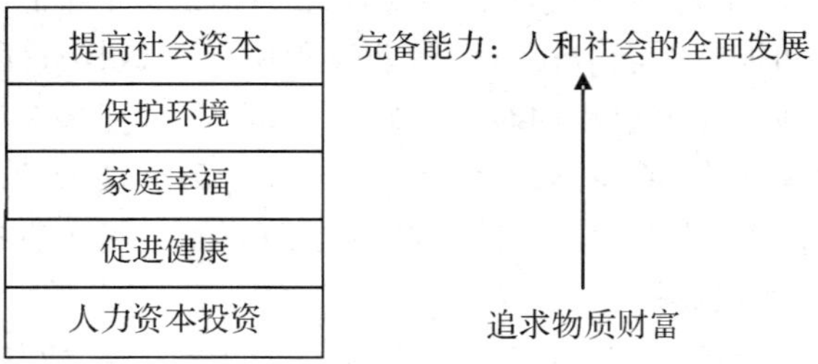


**图 4-5　教育收益不断扩展和完备能力的关系**

### （一）教育对能力结构单元的作用

能力的来源可以有很多方面，教育、天赋、家庭及经验等，其中教育对能力的培养至关重要。在能力结构单元中，技术支持能力的作用最为重要和最为广泛，它不仅为收集信息、判断价值及配置资源三个环节提供技术手段上的支持，还可以直接作用于活动过程，比如生产设备的操作和使用、新的方法的应用等。受教育程度高者由于有更高的技术手段而可以在每一个环节都做得更为出色。这些技术不仅包括某一专业技术上的“硬技术”，也包括新思想、新观念、数据处理等方面的“软技术”。专业技术、先进思想、新观念及新方法，没有经过较长时间的正规教育是不可能获得的。类似地，受教育程度高者在进行信息收集时所涉及的知识面更广、收集的范围更广，分析问题的方法更为全面和先进；受教育程度高者对价值评判的考虑更为周全，也更为理性，会在个人价值和社会价值之间做更好的选择；资源配置方面，教育发挥的作用更大，因为普遍存在的现象是整个社会对中高层管理人员的学历文凭有着非常高的要求。因此，能力结构单元中的各种能力项以及它们的共同协作，均可以通过教育来培养。

高能力者可以完成更为复杂和难度更大的活动，而高能力者只能由教育来培养。通常情况下，越是复杂、难度大的活动越是不容易成功，因此对能力的要求越高。而处理复杂状况的能力，只能由专门教育来培养。比如，软件工程师编写软件程序，需要掌握多种人机对话语言并且能够熟练使用，获得这种技术能力的途径只有接受专业训练。对于复杂的活动，每一种能力项可能都需要一个专业团队才能完成。比如对新产品的投资，需要技术研发团队、市场调研团队、投融资团队等，这样才能对产品的市场价值及技术先进性做出准确评估，而这些专业团队的成员必定是受过较长时间专业教育和训练的。

### (二)教育在能力复制和传播中的作用

信息技术的发展，使得海量的信息及知识得以不断复制和传播，而在这一过程中，教育起了关键作用。

1. 教育是传播知识的重要方式

所谓教育就是将知识、技能、思想、观念等传授给特定的教育对象的活动，新技术的使用是教育传授的知识与技能之一。

2. 教育培养了学习能力

教育本身也是学习活动，接受教育者可以学会学习，并以此来获得更多的知识与能力。比如，基础教育培养的听、读、写、计算能力，是儿童接受更高教育的基础。

3. 教育所培养的能力在社会中具有示范效应

比如，对于先进的农业技术，受教育水平比较高的人总是较易接受和采用，在看到可以提高产量以后，受教育水平低的邻居、朋友等才会进行学习和模仿，跟着使用新技术来提高产量。新的能力一旦为更多的人所掌握和拥有，就实现了传播，进而形成劳动生产率的普遍提高，反过来，掌握新技术、新能力获得的超额收益又会进一步激励人们学习和掌握更新的技术和更新的能力，形成能力提高的良性循环。

### (三)教育在能力自生长过程中的作用

能力的重要特点是可以实现自生长,即人的能力可以逐步增强和增加,不断扩展到许多未知的领域。教育一旦完成对人的启蒙,人的能力就可以在多方面得到提高和扩展。例如,新旧两代农民工由于受教育水平的差异而产生不同的活动轨迹。老一代农民工的活动轨迹是进城打工赚钱,回家养家,而新生代的农民工则更希望留在他们所打工的城市。由于受教育水平较高,且受过一定的职业培训,新生代的农民工会在城市生活更长时间,其生活内容及生活轨迹要比他们的父辈丰富多彩得多,具体表现在继续教育、技能培训、跳槽、购买社会保障、成为市民等许多方面,这说明具有更高教育水平的新生代农民工在能力增长方面具有很大的潜力。能力自生长的最突出表现是创新的出现,教育对人的创新能力的培养具有非常重要的作用,现代科学技术的许多重大发现都是由高等院校的科研团队完成的。

## 四、创新的形成

创新无疑是人类最为重要的能力之一。在更为一般的活动层面上定义创新,即是完成一个从来没有人完成的活动。能力结构单元所具有的闭环反馈结构为创新的形成提供了可能。能力结构单元的一个重要特点是各种能力项形成一个闭环的反馈结构,人们可以随时根据结果的状况来对各种能力项环节进行调整和修正,使得活动的结果达到预期的目标。收益的大小及完成质量,是完成活动最为重要的衡量标准,如果活动的收益不及预期或者活动无法完成,行为人会根据实际情况对能力项进行调整,多数的情况是需要提高某种能力项。由于资源条件、经济环境会发生很多变化,有预期到的,也有未预期到的,行为人只有不断提高自己的能力才能适应不断变化的环境。

当行为人能够完成一个从来没有人能够完成的活动时,发明创造随即产生。但前人没有完成并不是说前人没有做过,现代人总是在前人失败的基础上,总结失败的经验教训,即通过反馈机制来完成创新活动的。当然行为人在通常情况下也不会一次性成功,许多时候通过试错纠错的办法,及时反馈偏差并寻找其原因,最终使得一项新的活动得以完成。比如,远程通话、远程视频、无线通信等的出现,使得人们完成了原来从来没有人完成的活动。当然创新并不仅限于此,这取决于反馈的结果,如果反馈的结果显示是资源配置方面出现了问题，则改变现状必须进行管理创新；如果是生产中的技术支持落后，则需要进行技术改造和技术创新。总之，能力结构单元的反馈结构使得可创新的方面无处不在。

## 第五节　教育培养的能力及其收益

教育的能力补偿机制表明，教育是提高人们能力的最重要方法和手段，教育收益之所以有多样性，即是因为教育可以培养多样性的能力。受教育者通过教育所获得的能力有很多种，比如我国的初等教育的培养目标是“德、智、体、美、劳全面发展”，高等教育和职业教育可以培养多种的专业能力和职业能力。考察所有教育类型及社会经济活动对能力的要求，根据能力作用的经济与社会领域，可以将教育所培养的能力具体归纳为五个大类：认知能力、生活能力、生产能力、社会化能力和创新能力（见图 4-6）。这些能力通过各种活动作用于经济与社会的不同领域，进而产生多种经济与社会收益。这五种能力有时是单独起作用，有时又是几种联合起来共同起作用。这些能力有层次之分，其中认知能力是最基础、最重要的能力，创新能力是最高级和最有价值的能力。

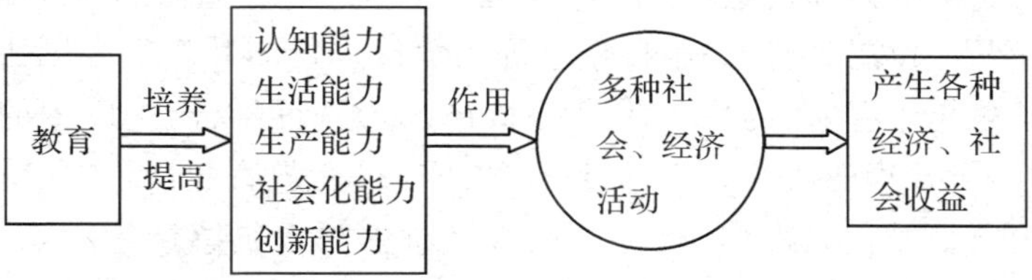


图 4-6　教育多种收益的能力作用系统

### 一、认知能力

显然，学校教育可以开发和促进人的认知能力的提高，比如，迈尔森等人用多元回归模型检验后发现，教育对黑人和白人的认知能力的发展都具有很强的正向影响。基础教育是培养认知能力的最主要阶段，教育比较发达和先进的国家，无不把国家创新能力的培养重点放在基础教育阶段。认知能力表现出来的是个体的心理特征，这些心理特征如何产生经济收益和社会收益，其作用机制现在还不是很清楚。部分原因是通过提高个人对各种事务的判断力，通过提高对行为和结果之间联系的理解力，基本的智力可以直接塑造行为。认知能力和获得某些特殊技能有关，比如说话能力、自信等，这些能力对个体获得竞争优势至关重要。加涅将认知能力分为五种，分别是：言语信息能力，即回答世界是什么的问题的能力；智慧技能，即回答为什么和怎么办的问题的能力；认知策略，即有意识地调节与监控自己的认知加工过程的能力；态度、情绪和情感的反应，使学习者形成影响行为选择的内部状态或倾向；动作技能，即组织、协调统一的肌肉动作所构成的活动。

识字是基础教育培养且每个人都应该拥有的最为基本的能力，也被称为启蒙或者开蒙。读书、写字的重要意义在于，除了口头语言之外，个体又多了一项和外界交流的工具和手段，识字开启了个人的自我学习之门。1990 年联合国开发计划署首次发布的人类发展报告公布了“人类发展指数”，其中成人识字率是三个重要指标之一。在现代社会，文盲的基本能力被剥夺，其所能做的工作和所获得的收入有限，往往和贫困紧密相联，所以发展中国家无不把防文盲、治文盲作为社会经济发展的重要内容。识字对个体的重要性可以从多个方面得到体现，比如，席林格等人的研究表明，不识字使得低收入糖尿病患者的交流、决策及自我照料出现困难，因此，教育是一项非常重要的健康干预政策。

教育培养的爱和情感，对个人、家庭及社会都具有重要价值，如热爱生活、尊重别人、感恩家庭、民族自豪感等。学校进行的升旗等爱国主义教育培养了学生忠于国家，为民族献身的精神，这无疑可以产生巨大的社会收益。金江、何立华的研究表明，无论是学历还是受教育年限，均能对主观幸福感产生明显的正向影响，教育不仅直接对主观幸福感产生影响，而且还能通过改善个体的收入水平和健康状况间接提升其幸福水平。教育所培养的某种心理素质影响了一个人的职业成功。比如遵纪守法，诚实不说谎是对国家公务人员的基本要求；动作协调是机器设备操作工人的基本能力；仁爱之心、救死扶伤是医生的医德所在；关心热爱学生是教师的职业道德；专研和毅力是研发人员的重要特质；洞察力、创新力及冒险精神是企业家能力的重要方面等。

## 二、生活能力

许多人可能并不会认为教育会对人们的生活安排及生活质量产生多少影响，但实际上并非如此。在家庭生活中的许多问题都会受到教育的影响，如家庭组成、消费、储蓄、投资、子女及教育等，恰当地理解并采取正确的行动关乎自己及一家人一辈子的健康、幸福，而正确地理解及行动正是能力结构单元的基本功能。显而易见，教育培养了个体家庭生活的多方面能力，家庭生活的质量受到教育的影响。

家庭并不为市场生产什么产品，因而一般被认为是一个纯粹的消费单元。美国著名经济学家舒尔茨却认为家庭是一个生产单元，购买、存储、加工、组合食物，可以增加每一个家庭成员的效用。家庭的外部是不断变化的经济社会环境，家庭内部是一个非常复杂的资源管理系统。随着妇女受教育水平的提高，妇女的就业机会的增加，进入家庭的资源更为丰富：一方面，家庭收入得到了很大的提高，家庭可以购买更多的耐用消费品，消费更营养、更健康的食品，投资更多的教育，花费更多的时间在健身、旅游等休闲娱乐活动上；另一方面，家庭需要购买更多的家务劳动，需要请保姆照看年幼的孩子等。拉尔斯·莱弗格伦和弗兰克·麦金太尔发现，妇女的受教育水平还可以显著提高丈夫的收入水平。显然，妇女受教育水平的提高，提高了家庭生产多方面的效率。

在家庭生活的许多方面，受教育程度高的家庭比受教育程度低的家庭做得好。首先，教育影响了婚姻伙伴的选择。一般而言，受教育程度高者的伴侣也是受教育程度高者，他们的子女也是受教育程度高者。其次，受教育程度高者的家庭规模更为合理。受教育程度高的夫妇更能够认可节育技术，在控制生育方面，受教育程度高的父母要做得更好。再次，教育影响孩子的质量。受教育程度高的家庭的婴儿死亡率更低，孩子的质量更高。一项关于教育对孕妇行为影响的研究表明，教育可以明显降低孕妇的吸烟率和吸烟量，可以明显改变孕妇的营养结构，可以明显提高新生儿的体重。最后，受教育程度高的家庭对消费和投资行为的选择更为理性，更能接受新鲜事物。曼德尔发现，受教育程度高者会更早使用信用卡。

## 三、生产能力

教育所培养的生产能力，最为人们所知。教育获得的知识和技能运用于产品生产与服务提供之中，从而创造财富。表现为增加的教育产生增加的收入，社会整体受教育水平的提高能促进劳动生产率的提高及经济增长。高等教育和职业教育的一个重要功能是培养学生的专业技术和职业技能，促进学生就业。

教育培养的职业能力不会是千篇一律的，而是千差万别，具有互补性的。这些能力会根据各种经济社会活动的要求,进行一定的分工协作,这也是生产能力的重要表现。各种能力的分工与组合是资源优化配置的一个部分。可以用很形象的木桶理论来说明这个问题。单个的能力只是一块块的木板,组合以后才能成为桶,才可以完成装水的功能。短板通过拼接,才能装更多的水。分工合作的重要作用就在于使分离的木板成为一个具有装水功能的木桶。

## 四、社会化能力

教育通过多种途径将社会规范、行为准则传递给受教育者。首先,在校学习本身就是一种非常重要的社会化方式。学校教育以一种持久的方式改变了个人能力:上课、完成作业、和老师同学交流、参加学校组织的各种活动,所有这些活动都被认为可以提高人的知识和智力水平,完善人的性格特征,形成符合规范的社会价值观念和行为。其次,通过学校教育,受教育者可以形成终身参与社会、政治及公民事务的能力、性格或者习惯。受教育水平高的人,不仅致力于维护自身和家庭利益,也在努力改变社区、社会环境并使之更为美好。产生这些行为的原因可能是学校教育传授了参与的愿望,或者学校教育使得学生认识到社会生活的复杂性,学生形成自己参与的愿望。最后,通过专业知识与技能的学习,受教育者获得技术、技能,并因此获得职业岗位和社会地位。可见,学校教育全面培养了学生的社会化能力,这些能力使得他们可以更好地融入社区和社会,和周围的人建立良好的关系,并获得职业上的发展。

接受教育显然可以提高社会地位,比如,在我国,由于城乡存在巨大差异,20 世纪 70—80 年代,教育对农村年轻劳动力的主要作用是帮助他们进入城市的正规就业领域。教育可以帮助很多人重返社会,安格里斯特衡量了美国政府设立的美国老兵资助计划的价值,该计划为退伍老兵接受职业技术教育、函授学习、大学及学徒提供贷款和补贴,该计划使得退伍老兵平均增加了大约 1.4 年的教育,年收入提高了 6%。美国在大学开展志愿者服务教育,这些教育涉及人类学、环境科学、心理学、教育学、城市规划、经济学、政治学等内容,通过这些课程的学习提高了学生的公民活动的参与性及社会责任感,引导他们成为社区的积极公民和志愿者。

## 五、创新能力

创新能力是最为高级、最具价值的能力，人的创新能力推动了整个社会不断向前发展。创新可以出现在许多领域，比如科学、艺术、技术和各种实践活动等。创新可以分为知识创新、技术创新和管理创新三类，创新成果的具体形式为具有经济价值、社会价值、生态价值的新思想、新理论、新方法和新发明。创新只能是内生的，对于个人来讲，是由个体的创新能力所决定的；对于社会来讲，还要有社会管理者的组织和激励，以此来形成社会的创新能力和创新机制。当今社会所存在的竞争，实际上是人的创造力的竞争。

人的内在创新能力，是一项非常特殊的才能，每一个人都具有一定的创新能力，但并不是每一个人都可以完成创新。创新能力具有非常高的商业价值。美国微软公司是世界著名的高科技企业，几乎垄断了个人电脑的操作系统，其市值最高时达到5000亿美元，其创始人比尔·盖茨曾经这样说过：如果把微软的50个最优秀的人才拿走，微软就什么都不是了。社会管理者可以有意识地促进创新能力的生成，而教育和知识产权保护是培养创新能力的最主要方式。美国硅谷是荒凉的山谷，但其周围的斯坦福、伯克利等许多著名大学培养出来的优秀人才聚集于此，硅谷因此而成了世界闻名的高科技创新之地。斯坦福大学前校长卡斯帕尔在《研究密集型大学的优势》的演讲中指出："硅谷的高科技企业在1995年获得850亿美元的收入，其中62%是与斯坦福有关的人建立的企业创造的。"[①]

教育对创新能力的培养是毋庸置疑的，但不同国家的教育对创新能力的培养效果的差别却很大。如果以各国诺贝尔奖获得人次来表示一个国家的原创能力的水平，可以发现欧美教育发达国家处于领先地位，其中美国获奖人次最多，占到近4成（见表4-2），而截至2015年6月我国还没有人因科学成就而获奖。

**表4-2　1901—2012年各国诺贝尔获奖人次及占比**

| 国家 | 获得诺贝尔奖人次 | 占总颁奖数的比例(%) |
|---|---|---|
| 美国 | 334 | 38.8 |

① 闵维方：《教育在转变经济增长方式中的作用》，《北京大学教育评论》2013年第2期。

续 表

| 国家 | 获得诺贝尔奖人次 | 占总颁奖数的比例(%) |
|---|---|---|
| 英国 | 105 | 12.2 |
| 德国 | 78 | 9.1 |
| 法国 | 56 | 6.5 |
| 瑞典 | 30 | 3.5 |

我国现在的教育也不能说不发达,以高等教育为例,我国有世界上最大的高等教育人口,每年有600多万毕业大学生、40多万毕业研究生,每年毕业的博士生就有5万多人。但这些毕业生在独立思维和批判性思维能力方面,尤其是在创新能力方面,与发达国家的毕业生相比还有相当的差距。近年来,中国大学的科学研究已取得了很大的进展,大学的学术论文发表总数已经跃居世界第二位,但质量与欧美同行们相比还有很大差距。我国的教育缺乏培养出具有更多创新人才的能力,这是我国教育需要认真反思的地方。一个家庭、一个国家投入教育的资金很重要,但培养怎样的能力以及多少能力更为重要,尤其是创新能力的培养。经济学对教育的研究,恰恰缺乏对能力的研究,人力资本所具有的同质性,不能很好地表达能力的多样性。教育收益的多少和大小取决于培养的能力的多少和高低,而不仅仅取决于投入资本的多少。怎样才能培养出具有创新能力的学生,这在我国成了难题。我国著名科学家钱学森曾经这样评价过自己在美国加州理工学院所接受的教育:“在这里,你必须想别人没有想到的东西,说别人没有说过的话。”这应该对培养我国学生的创新能力有所借鉴。

## 第六节　本章小结

通过对教育收益文献的研究发现,教育收益具有多样性,而这种多样性的根本原因在于教育培养和提高了人的多种能力,能力是教育及其收益之间的一个重要中间变量,如果没有培养能力,教育不可能真正产生如此丰富的收益。老年教育虽然所培养的就业能力减弱了,但许多其他重要能力不仅没有减弱,反而得到了进一步加强。

能力产生收益的机制表明,人在完成功能性活动时,需要综合运用一个各种能力的组合,即能力清单。能力组合通过形成一定的结构发挥协调和协同作用,即通过能力结构单元发挥作用。人力资本理论掩盖了能力产生收益的真相，而之所以会被掩盖，是因为人类过分功利，过于追求物质财富。当人类追求个人和社会的全面发展，追求福利持续增长时，能力的重要性及其本质性才得以显现。作为手段的能力实现福利增长的方式不是个体自由，而是能力平等。教育之所以和经济学建立密切的联系就在于：教育具有能力补偿机制。由于教育能提高人们的认知能力、生活能力、生产能力、社会化能力及创新能力，且这些能力可以复制、传播和自生长，进一步产生教育外部性和创新功能，追求幸福生活的老年人显然不能被排斥在教育之外。

# 第五章　老年教育提高老年生活质量

理论研究表明，老年教育是老年人的福利增长通道，老年人通过老年教育的能力补偿机制提高生活质量及福利水平，但这一观点还需要实证检验。中国少子老龄化的家庭结构，使得老年人对社会公共服务的依赖进一步加强。老年教育作为专门针对老年人的教育形式，对老年人的生活、工作和社会参与均产生积极的正向影响。但目前的社会管理者，对于老年教育对老年生活的积极作用到底有多大，以及通过怎样的机制来实现并不是很清楚，进而对老年教育的进一步发展目标也不是非常明确。因此，检验老年教育对老年生活质量的影响，对增进老年人福利和发展老年教育均具有重要的理论与实践意义。

## 第一节　老年人的生活目标

老年人的生活目标体现着老年人所有的学习、生活和工作目的。老年人的生活深深地烙有老年人的印记。对于城市老年人而言，他们大多数人已经退休，离开了工作岗位，失去了一项重要的联系社会的生活内容；对于农村老年人而言，由于年轻一代外出打工或者离开土地，他们还不得不在土地上继续劳作，甚至还需要照顾孙辈。传统上老年人被看作赡养人群和需要照顾的人群，但在现代社会老年人仍然会从事有产出的活动，包括产品、服务的生产或自我照料的生产，但不一定有报酬。

考察老年人的生活可以发现，老年人的活动是相当多元化的，主要有以下几种：消费活动，包括物质消费和精神消费；家庭活动，如家务、照顾孙辈等；就业，以获得养老收入和精神价值；休闲保健活动，如身体锻炼、疾病治疗、外出旅游等；参加各种社区服务和社会活动等。老年人完成这些与自身生存和发展密切相关的活动，需要有一定的经济基础和资源条件的支持，但这些资源条件却是有限的。相对年轻人而言，老年人的活动空间缩小了很多，主要的时间和空间是在家庭、社区，还有一些公共场所（如医院、公园、社区活动室等）。老年人不再工作，其收入显然下降很多。老年人的经济资源包括：就业收入、金融资产、社会保障权利、房产等。老年人的社会关系是维系老年人情感生活的重要纽带，包括：各种亲情关系，如子女、孙辈等；邻居、社区以及可利用的公共资源，如医院、公共交通等；此外还有党派关系、原工作单位等。衣食住行及社会关系这些资源是老年生活改善，提高生活质量，积极参与社会活动的基本条件。作为一个理性的群体，老年人也会根据自己的能力、资源条件及外界环境的变化来选择对自己最为有利的生活方式和生活目标。

## 一、生存

生存是老年人的基本生活目标，即基本的生活、医疗及照顾需要，具体体现在"老有所养"。对于有退休保障的老年人而言，生活保障主要依靠养老保险和医疗保险；对于没有退休保障或者退休保障率较低的老年人而言，老年阶段的基本生活只能依靠就业、年轻时的积蓄、子女的供养，以及社会救济和社会福利等。因此，社会保障的覆盖面决定了老年人能否获得基本生存能力。社会保障和社会福利的实质是一种公共财政，由政府的公共财政能力决定。由于体能下降、容易生病，老年人需要更多照顾，这不仅需要公共财政的支出，还需要有足够的人力支持，但我国"少子老龄化"的人口结构使得老年照料的人员缺乏。可以解决的办法是提高老年人各方面的能力，实现老年人之间的相互照料。显而易见，老年人力资源的开发和使用是解决老龄化问题的重要举措。

## 二、健康长寿

健康长寿是每一个人的生活愿望，而老年人对此的愿望则更为强烈。健康长寿不仅有身体的健康，还有心理上的快乐和幸福。有很多方面可以影响老年人的健康长寿。在社会方面，不仅需要提供更多的卫生、医疗等公共服务以解决看病难的问题，还需要建立完善的覆盖城乡的医疗保险制度。对于老年人个人而言，生活质量的提高需要较高财富水平的支持，以及家庭的和谐美满，掌握一定的医疗保健知识、保健技能也至关重要，可以起到防病治病、科学养生、延年益寿的作用。所以，老年人的学习和教育也是一项重要的健康干预政策。

### 三、社会贡献

继续为社会做贡献是老年人追求的高层次生活目标。为社会做贡献有三层含义:一是照顾自己和家庭,二是继续工作,三是参加义工组织或参与慈善活动。现代老年人寿命更长、更加健康、更有活力,完全可以胜任许多重要岗位的工作。家庭是社会的组成单元,老年人照顾家庭也是在为社会做贡献。老年人做家务,照顾孙辈的生活与学习,以及更好地照顾自己,可以减轻儿女的工作压力。老年人还可以就近为社区工作,如参加各种志愿活动为社区提供服务,包括对更年长者、孤寡老人的生活照顾等。在社会活动方面,老年人可以参加社团组织、研究机构、慈善组织等,既是"真善美"的传承,也是为社会福利事业做贡献。

## 第二节 老年教育的经济效应

综合世界范围内的所有老年教育形式,可以发现,老年教育几乎可以和所有教育形式相结合,因而老年教育也就成为多种功能、多种性质的复合体(见表 5-1)。当今老年教育的形式最终可以归为三类,分别是正规学历教育、专门老年学校教育和自组织教育活动。正规学历教育是指国家全日制高等院校提供的老年教育,这些正规的高等院校并没有入学的年龄限制,而是向所有人开放,其中就包括老年人。老年人可以获得文凭,也可以不获得,政府也会提供减免学费和补贴的鼓励。老年人在获得文凭和职业能力后可以实现再就业和取得收入,因而这部分老年教育具有一定的人力资本投资性质。如果是针对弱势群体,还具有救济功能。专门的老年学校教育是指非学历的正规学校教育,举办方和出资人可以是政府、大学、社团、宗教组织等,这些学校培养老年人的多种生活技能、健康保健技能及宗教信仰,并不颁发学历。这种老年教育具有福利性质,目前这部分老年教育占绝大部分。自组织是指老年团体举办的和教育相关的休闲娱乐活动,形式多样,不拘一格,更多的是消费活动,其目的在于提高老年人的生活质量。很显然,从传统经济学来理解,老年教育同时具有三种相互区别的功能——投资、消费和福利,而这三种功能也会分别产生三种形式的收益——货币收益、效用和生活质量的改善,而其中老年教育最为主要和最为重要的作用是提高老年人生活质量,提高老年福利。

表 5-1 老年教育的多种形式和功能

| 老年教育形式 | 正规学历教育 | 专门老年学校教育 | 自组织教育活动 |
|---|---|---|---|
| 典型代表 | 向老年人开放的高等院校、职业院校,可颁发文凭和学位 | 大专院校内设的老年学院和第三年龄大学;政府举办的老年大学;社团、宗教组织举办的老年大学 | 英国、新西兰和澳大利亚的第三年龄大学;街道、居委会等基层组织的文化娱乐活动 |
| 出资人 | 政府 | 政府、慈善机构、宗教团体、非营利企业 | 老年人自己(团体) |
| 办学目的 | 增加老年人就业和增加老年人收入 | 培养生活、保健、才艺等技能以及休闲、娱乐活动 | 休闲、娱乐活动 |
| 功能 | 投资和/或救济 | 福利 | 消费 |

## 一、投资效应

很多人并不相信,老年人接受教育,有益于他们找到新的工作,重新获得收入,而实际上老年教育也是一种人力资本投资手段。但在西方老年化社会里,这种现象非常普遍,尤其是对较年轻的老年人而言。一个 60 岁的老年人,若预期寿命为 80 岁,那他至少还可以工作 15 年,接受教育,学习一项新的职业技能只是平常事。相信在不远的将来,我国也会出现这种场景,虽然在目前我国老年大学还只是主要安排休闲娱乐活动。由于能力较高的人(如受教育程度高的人)在职业生涯就可以积累到足够养老的财富,这些人在老年阶段已经不需要再就业,而能力较低的老年人往往经历了长时间的失业甚至贫困,因而对这部分人进行能力补偿就显得尤为重要。比如,在澳大利亚的职业技术学院,60 岁的老年人和 20 岁的年轻人在同一间教室共同学习一项岗位技能是很寻常的事情,学成以后,许多老年人也因此得到新的工作岗位。

老年教育帮助老年人就业和提高收入,在西方发达国家已是相当普遍的现象。寿命的延长大大增加了老年人可以工作的年限,第三产业和知识经济的发展,极大地减轻了工作对体力的要求,而现代网络技术的发展也使得许多老年人在家即可以完成多种工作,许多老年人在达到退休年龄以后还可以再工作 10—15 年。比如在美国,实行弹性工作制度,是否退休取决于老年人的自愿选择,这实际是没有强制退休年龄的退休制度。老年人继续工作的最大障碍是原有知识和技术已经过时和老化，而教育可以帮助他们获得新知识与新技能。所以，在美国的许多州立大学，只要有空位，均对老年人开放，并提供减免学费的政策。实际上，这是社会通过开放的教育制度留给弱势群体的一个能力补偿机制，包括老年人。

## 二、社会福利

为老年人提供教育服务是一种社会福利的体现。福利的基本解释是指享受的待遇及利益，而更广义的社会福利还包括提高广大社会成员生活水平的各种政策和社会服务，如各种医疗卫生服务、文化教育服务、劳动就业服务等。由于每一个人都会老，所以老年教育是提供给所有人的福利。社会福利支出的来源主要是政府的公共支出。社会福利不仅是金钱上的获得，更是其他各种物质和精神上的享有。福利水平很难衡量，这是许久以来困扰经济学家的难题。老年教育可以给个人和社会带来多少福利，对这个问题的回答更为困难。

社会福利不仅表现为每一个公民对公共支出的获得，还表现在相对于私人投资的节约。作为一项福利支出，如果由公共投资社会分享则可以比由私人投资个人独享节约很多。假设，对于私人而言，需要一项获得收益为 $R_i=R$ 的福利，花费的费用为 $C_i$，即个人购买个人享受。如果这项福利的购买成本很高，则只有少数富豪才能购买，绝大部分的普通民众只能被该项福利排斥在外。比如，老年教育就是这样，需要专门的场地、设备、教师及材料等，但只有少数人可以承担此费用。而公共投资社会共享则大不相同。对于社会公共支出而言，需要花费的费用为 $C_s$，假设共有 $n$ 个人享受到了此公共福利，则公共投资比私人投资所节约的支出为 $C_i\times n-C_s$，其中 $C_i\times n$ 表示这些福利全部为私人投资所需花费。随着享受社会福利的人数大幅度增加，所节约的支出越为巨大。如果此项公共福利的私人投资成本和社会投资成本是一致的，则公共投资比私人投资的节约支出为 $C(n-1)$。整个社会的收益即为 $nR+C\times(n-1)$，其数值大小和服务的人数正相关。相应地，总收益除以总成本即是社会收益率。由此可见，老年教育由政府进行公共投资，可以比私人投资节约大量费用。

## 三、消费效应

有许多类型的老年教育活动也是一种消费活动，因消费某种商品而获得的收益经济学传统上称为效用。效用是指消费者消费商品或服务时获得的心理上的满足感,消费理论是经济学建立的基石,但基数型的心理上的满足感非常难以测量,不仅每一个人的强度不一样,而且每一个人的效用也会随时间变化,有时这种变化是突变式的、非理性的。帕累托根据消费者偏好某一商品的事实,建立了序数效用理论。希克斯和艾伦运用“无差异曲线”解释消费者效用,消费者对不同的商品进行排序,而不是权衡消费商品的效用大小。从序数效用理论来看,老年教育是老年人的一项重要偏好和选择。

总之,由于老年教育本身所具有的多种形式,传统经济学对老年教育收益的理解跨越了投资、福利和消费。从发展趋势上来看,在未来老龄化社会里,老年教育的投资功能及能力补偿机制将会得到逐步加强,社会福利及消费仍将是老年教育非常重要的功能。

## 第三节　老年教育培养的能力

老年人的生活目标是一个人的终极目标,也可以说是一个人一生的目标。在实现老年人的生活目标的过程中,老年教育通过提高老年人多方面的能力,帮助老年人完成各种家庭活动和社会活动,进一步提高老年人的生活质量和老年人的福利水平。

### 一、认知能力的提高

人老脑先衰,人的脑力和体力是一个整体,老年人的学习过程,实际是延缓大脑和身体功能衰退的过程。科学用脑,以及大脑受到的信息刺激越多,脑力就越强。老年人在学习各种知识和技能时,需要积极思考,这是激活脑细胞、促进脑运动、锻炼大脑的直接途径。学员之间的语言交流、思想沟通等活动,也是在锻炼大脑。研究表明,老年人认知功能的下降可以通过学习活动而得到延缓,如记忆、智力、注意力、理解力等许多能力,通过经常参与学习活动可以得到持续增长。克雷默和威尔斯研究发现,参与学习训练有助于认知和记忆,学习可以减缓或阻止心智能力的下降,甚至能将其延缓到 80 岁以后。戈登等研究发现,健康和教育可以在一定程度上修复老年人的认知能力,可以阻止老年人大脑内部结构的生理变化,即阻止神经元密集的存储信息的灰质体向纤维性质的白质体转化。

## 二、生活能力的提高

应该说，老年教育机构所提供的知识与技能的范围是相当广泛的，老年教育机构一般会设立多种专业的课程，方便老年人选择和学习。随着科技的进步，新技术、新产品在日常生活中的使用越来越多，老年人只有通过了解产品的科学原理，学习如何操作和使用，才能在日常生活中安全使用。比如说学会计算机操作，学会使用信息网络、操作电子商务等，可以帮助老年人上网浏览、娱乐和购物，帮助老年人延缓社会老化和生理老化的进程，增强其自理自立的能力。还有些课程可以给老年人的家庭生活带来方便和乐趣，提高老年人的生活质量，如拳术、摄影、书画、烹饪、插花、园艺等。

生活能力提高的另一个方面来自老年人健康保健能力的提高。老年教育机构开设的健康课程有很多，如医学、药学、饮食保健、体育锻炼等，老年人可以根据自己的兴趣及需要有选择地进行学习。老年教育机构也会定期或不定期地举办健康讲座、治病防病经验交流会，以提高老年人的医学保健知识和保健技能。饮食营养方面的课程能帮助老年人科学地安排膳食和实现营养均衡。武术健身方面的课程能帮助老年人学会多种科学的健身方法，克服个人健身的盲目性、随意性。由于缺乏专业的知识和技能，老年人对自身疾病的预防及护理知识大多知之甚少，这导致许多老年人的疾病不能被及时发现和就诊，而医学、医疗、药学方面的课程可以帮助老年人了解自己身体的变化，对病痛采取适当的预防或干预措施，以保持良好的身体状况。

## 三、社会化能力的提高

老年人退出工作岗位之后，便脱离了工作这种强制性的社会化活动，原有的社会角色丧失，同时由于家庭代际结构发生变化，空巢老人不断增加，老年人在家庭中的地位也逐步被边缘化。由于社会和家庭对老年人不够重视和关心，老年人本身的空巢，以及远离社会交往，他们很容易得心理疾病，比如容易责难环境、抑郁甚至自杀等。还有一些老年人会因此依附于宗教，参加封建迷信活动，甚至陷入邪教而不能自拔。老年教育可以显著提高老年人的社会化能力。首先，老年教育为老年人提供了学习交流的场所，帮助老年人调整心态，转变角色，增强生活信心，融入社会发展之中。其次，集体活动使老年人的心理得到调整，情绪得到宣泄和优化。比如书画增知怡情，歌舞振奋精神，音乐寄托情思，拳剑健身益智，文学美化心灵等。再次，老年人接受终身教育，有利于构建学习型社会，有利于提高整个国家的人力资本水平。最后，老年教育可以显著提高老年人的公民意识、民主意识、法制意识，推进整个社会的民主与法制建设。调查结果显示，上过老年大学的老人普遍精神面貌积极向上，充满活力，生理上的疾病也能得到缓解。研究表明，参加老年活动越多的老年人，其生活满意度越高，越具有幸福感。

### 四、能力补偿和生产能力

老年人是弱势群体，这不仅表现在身体弱上，更表现在就业能力弱以及获得收入的能力弱。老年人处于养老阶段，消费、医疗都需要很大的支出，这些支出主要依靠已经积累的财富和社会保障，但并不是每一个老年人都可以积累到足够的财富，许多弱势群体，到了老年阶段以后便陷入老年贫困。对于弱势老年人的帮助一方面需要社会救济和慈善捐款，另一方面更需要依靠自身的能力补偿，即“授之以渔”。西方国家如德国、美国、澳大利亚等，由于建立了开放的高等教育和职业教育，老年人接受教育以获得新的职业技能是非常方便的事情。政府采取减免学费及补贴的方式鼓励老年人接受培训，大大提高了老年人参与生产的能力。

对弱势群体的能力补偿具有外部性，可以提高整个社会的福利水平。老年教育可以被理解为通过集体学习而形成的集中陪护和照料机制。老年教育在为老年人提供专业和课程学习的同时，也为老年人提供了一种照料服务，节约了子女照料的时间或者聘请专业照料人员的费用。对这部分费用节约的估算是相当容易的，其值等于市场上老人照料人员的平均工资乘以老年人上学的时间。斯温德尔用此方法估计了澳大利亚的互助型第三年龄大学每年所节约的照料费用，以每个小时 10 美元计，每年可以给澳大利亚节约总额约为 400 万美元的照料费用。

## 第四节 老年教育对老年生活质量的改善

通过对老年大学和老年学员的访谈可以发现，老年教育提高了老年人多方面的能力，这些能力可以帮助老年人完成各种生活、工作和社会活动，进而在多方面提高老年人的福利水平。由于老年教育的许多收益还很难用货币来计量，传统经济学方法很难对老年教育的收益进行准确评价，这显然不利于人们正确理解老年教育的经济与社会价值。本研究发展的完备能力和功能扩展的福利分析框架，为准确衡量老年教育对提高老年生活质量的作用提供了新的工具。

## 一、国内外对老年生活质量的研究

老年生活质量的概念发展至今，对其内涵的描述尚未达成一致意见。国际方面，沃克等人认为老年生活质量是一个包括生理、心理特征及其受限程度的广泛概念，主要描述个人的执行功能及从中获得满足的能力；利瓦伊等人认为老年生活质量是对由个人或群体所感受到的躯体、心理、社会各方面的良好生活适应状态的一种综合测量。世界卫生组织（WHO）生命质量研究组指出：老年生活质量是不同文化和价值体系中的个体对他们的目标、期望标准以及所关心的事情、有关生存状况的体验。国内方面，于普林等人认为老年生活质量应概括为老年人个体或群体对自己的身体、精神、家庭和社会生活美满程度的全面评价。邬沧萍把老年生活质量引申并概括为：是指老年人对自己的物质生活、精神文化生活、身心健康、自身素质、享有的权利和权益以及生存（生活）环境等方面的客观状况和主观感受所做的总评价。综合各种解释，老年生活质量内涵应该是指在具体文化和价值体系中，个体对自我生理、心理和社会功能状态等多方面的感受和满意度的综合评分。

测量指标方面，目前国内外用于测量 QOL（生活质量，Quality of Life）的量表主要有生活能力量表（ADL）、生活满意度量表（LSR）、WHO 生存质量量表（WHOQOL-100）、健康状况问卷 MOSSF-36、欧洲 QOL 量表、个人 QOL 评估量表、晚期病患者生存质量量表、QOL 核心问卷（QLQ-C30）、住院焦虑和抑郁量表（HADS）、神经病患者 QOL 量表等。其中，LSR、WHO-QOL-100、MOSSF-36 等是一般意义上的总体评价量表，总体评价表主要用于一般人群；ADL、HADS 等是针对特殊人群时使用的特异性量表，ADL 主要针对失能老人和患者，HADS 主要用于测量心理症状和焦虑或抑郁程度及后果，QLQ-C30QOL 评估癌症治疗功效，QOL 量表则是专门测量神经性疾病患者。

随着社会的进步，生活质量测量表对幸福感的关心和研究日趋增多。如 WHOQOL-100 覆盖了个体的生理健康、心理状态、独立能力、社会关系、个人信仰和与周围环境的关系等 6 个领域的 24 个方面。劳顿等指出，老年生活质量是一个多维概念，并强调在结构上应包括评估、个人标准、社会规范、人与环境、时空等 5 个方面；而在内容上应包括行为能力、感知、环境、心理 4 个方面。卡内曼等提出，老年生活质量应包括：外部条件（如收入、邻里、住房等），幸福的主观评价（如自评满意不满意），一贯的情绪状态（乐观或悲观），行为的生化和神经基质。杨中新认为，中国老年人口的生活质量应包括 10 个方面：经济、家庭、婚姻、健康、教育、情趣、从业、环境、政治、人文。杨晓苏等认为老年生活质量包括躯体健康、自理能力、认知功能、心理健康、社会交往、家庭情感支持、生活满意度、健康服务可获性、经济状况、业余生活、幸福感等多个维度。总之，无论是老年生活质量的内涵，还是具体的评价体系，这些学者均认为老年生活质量是一个综合的评价体系，而社会参与是老年生活质量的一个重要方面，是老年生活质量的更高层次。

有关教育对老年生活质量的研究成果也很丰富。李永红采用整群抽样的方法，对 216 名老年人进行健康知识水平和 WHOQOL-BREF 生活质量量表问卷调查，结果显示，女性健康教育知识总分和生活质量总评分明显高于男性（$P<0.05$），老年人健康教育知识水平和生活质量基本上与文化程度呈正相关，健康教育知识掌握程度与生活质量评分呈线性相关。马佳等采用分层抽样和整群抽样相结合的方法，通过老年人日常生活信息查询行为调查表和世界卫生组织编制的生活质量量表简表（WHOQOL-BREF）对老年人日常生活信息查询行为和生活质量进行调查，结果显示，家庭养老和社区养老的老年人中，接受过信息素养教育者的生活质量与没有接受过信息素养教育者的有显著差异（$P<0.05$），培养老年人的信息素质有利于提高老年人的生活质量。廖八根认为体育活动和老年人生活质量密切相关，经常参加太极拳等传统养生类体育活动的老年人的生命质量明显好于非体育锻炼人口。薛茂云的研究证实，充分的日常体力活动对老年人体质健康具有明显的促进作用。吴殷等的研究发现，死亡教育改变了老年晚期癌症患者对生死观及价值观的认识，改善了患者对死亡的不良认知及行为，解除了患者对死亡的恐惧、担忧和悲观情绪，提高其生活质量。现代音乐教育对老人的身体、心理情况都能够带来一定的积极作用。这些研究成果表明，老年教育确实提高了老年人的生活质量。

## 二、以能力评价老年生活质量

阿马蒂亚·森的能力方法理论的实质是从功能和能力两个维度来测

量生活质量，由于测量能力这一潜在的福利水平更为困难，所以现有研究基本从已实现福利即功能的角度来进行测量。能力理论可以将福利水平写成一个具有一般性的数学表达。假设某个人 $i$ 实现的功能（活动）成就 $b_i$，其通过下式实现：

$$b_i = f_i(c_i(x_i \mid z_i, z_e, z_s)) \forall f_i \in F_i, \forall x_i \in X_i \qquad (5\text{-}1)$$

其中，$b_i$ 表示功能向量，即个人实现的功能；$c_i(x_i)$ 表示把个人 $i$ 的商品转化为商品特征向量的函数。$F$ 是所有可能的转换函数集，$f \in F$，$f_i(c_i(x_i \mid z_i, z_e, z_s))$ 为第 $i$ 个人把商品向量转化为功能向量 $b_i$ 时的转换函数，$z_i$，$z_e$，$z_s$ 表示在个人、社会和环境条件下的转换因子。$x_i \in X_i$，$x_i$ 为某人 $i$ 所拥有的商品向量，$X_i$ 为所有可能的商品向量集。个人功能的实现过程会受到自身能力以及所拥有资源等多种因素的限制。

对已实现功能的测量存在两个方面的难点：一是功能向量如何选择，才能准确表达生活质量。阿马蒂亚·森的建议是应该对功能进行筛选，对于某一项研究而言，有些功能非常重要，有些则不重要，可以忽略。实际研究中，大多数研究者根据自己的经验、价值观和研究目的来确定选择哪些功能。二是如何对这些功能进行测量，即如何对某一功能进行赋值和如何对不同的功能值进行加总。到目前为止，学者在这两个方面均未达成一致意见。

以功能向量表述福利并不完善。最明显的不足是功能向量只表述了某个人所能完成的各种活动，并没有包含做和完成这些活动可以获得的利益，即完成活动是有好处的，是有收益的。功能（活动）的种类、层次很重要，但每一种活动的频次、强度也很重要，它们表达了人们在活动上的收益以及完成活动的能力方面的差异。好处或收益的形式很多，如金钱上的收入、美好的感觉、社会的贡献、成本的节约等。因此，对福利的测量还应该包含活动的收益部分，而不仅仅是活动的种类多少和在层次上的差异。

功能向量存在的第二个不足是没有表达功能性活动之间的关联性。各种活动至少是可以进行分类的，如高级的活动和低级的活动，简单活动和复杂活动等。活动之间的关联性包括整体和部分、前后、因果等。许多部分的活动组成整体活动，而整体的活动必须以单个活动的完成为基础；后续活动受到前面活动的影响，进而产生发展的路径依赖；一些基本活动的完成具有更为广泛和深刻的影响，如生存、教育、人权等，进而成为其他活动产生的原因，例如接受教育以后还可以产生许多其他行为，进而对个人福利产生更深刻和更长远的影响。对福利的测量应该包含这种关联性，才能对福利做更为准确的评价。

第三个不足，功能向量的测量是静态的，是水平和范围上的概念，无法表达老年福利的实际产生过程。老年教育活动并不是一项简单的功能性活动，其特殊性在于，它还可以培养和提高老年人完成其他功能的能力。静态的功能（能力）显然无法评价老年教育的溢出性和外部性，无法对老年教育的价值进行准确评价。老年教育给老年人的生活带来了功能增量，这些功能增量及老年教育活动本身才是老年教育给老年人带来的真正福利影响。

在阿马蒂亚·森的能力理论里，教育是一种非常重要的基本可行能力。如果不能完成这一活动，即使有较高的财富也不一定能享受很高的福利水平。教育对福利的重要价值在于，活动以及完成活动的能力都是可以学习的，即可以通过教育直接获得某种活动或者获得完成活动的能力。功能向量函数的实际含义是行为主体以能力组合自身各种资源完成某一活动的过程，而这一过程可以在学校得到不断的复制和重复（见图 5-1）。学校教育可以模拟实际的资源条件，教师通过讲授、实验、实训将完成活动的能力传授给学生，通过举一反三，学生可以学会完成类似具体活动，并具有完成类似活动的能力。所以，教育不需要通过货币收益才能表现自己的价值，学会完成某一活动本身就是福利的增加，即所谓"一技之长终身受用"。老年教育和一般教育所产生的收益的机制是一样的，老年教育是老年人的一项基本可行能力。

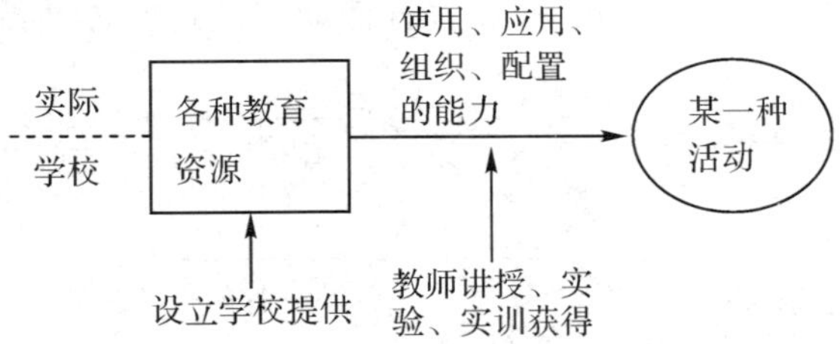


**图 5-1　完成某一活动的学习（教育）过程**

## 三、老年教育的功能扩展

如果人的生活质量不仅表现在财富和收入的多少上，还表现在人们运用这些财富所完成的事情（功能和活动）上，那么教育对人类生活质量的提高无疑是非常有价值的。因为很多活动，可以通过教育传达完成的方式，而且学会这些活动（功能）并不需要花费太多的成本。通过考察教育可以知道，教育的目的从一开始就是教会部落里的年轻人如何打猎、如何种植庄稼等生存活动。在教会人们怎样做事情方面，今天的教育发挥的作用更大。如何进行科学研究，如何掌握一项工作技能，如何科学教育子女及孙辈，都可以通过专门的教育学会。老年教育对老年生活的重要贡献在于教会老年人更好地完成各种生活、工作和社会活动。更好地完成活动有几层意思。首先是适合老年人的需要，比如老年人更追求健康长寿，学习拳术等可以帮助老年人完成强身健体的活动。其次是科学性，比如医学、药学、养生学的学习，可以帮助老年人建立科学的疾病预防措施和科学用药等，同时帮助老年人认识保健品的虚假宣传，以及防止针对老年人的诈骗等。再次老年教育可以补充老年人法律方面的知识，使得老年人能够实际保护和主张自己的权利。最后是低成本，老年教育组织老年人一起活动，大大降低了单个老年人完成某一活动的花费。

由于功能性活动可以通过教育完成技能传授，毋庸置疑，老年教育可以显著扩展老年人的功能空间，即增加老年人完成各种活动的种类和强度，进而提高老年人的生活质量和福利水平。在老年大学进行采访时，笔者访谈了一位学习摄影的学员，根据这位老年学员的描述，将功能空间的扩展用树状图进行了归纳。从图 5-2 可以看出，老年人学会了摄影技术以后，明显扩展了功能空间，而每一个新活动（功能）都可以给他带来收益（福利）的增加。树状图非常直观地揭示了老年人因参加教育活动而实现功能持续扩展过程，或者说因参加教育活动而实现的福利持续增加过程。

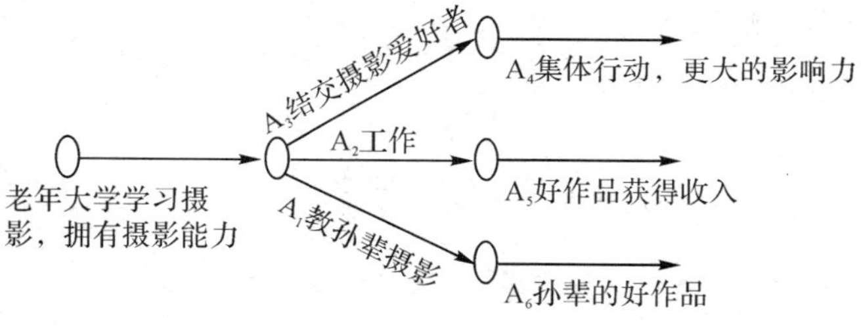


**图 5-2　老年教育对老年人功能（活动）空间的扩展**

在图 5-2 中，每一个分支代表一项活动，不断增加的分支就是不断提高的老年人生活质量或老年福利水平。当然有些活动并不会确定发生，或者不会经常发生，但由于老年人具有了完成这些活动的能力，功能发生并完成的概率大为提高。由于老年教育本身就是老年人参加的活动之一，因此参加老年教育可以显著提高老年人的生活质量。每一种活动都会产生回报，可以是货币收益，也可以是精神上的愉快。比如，学会摄影以后，可以到各地拍摄美丽的风景，这给老年人带来很多美好的感觉；教会孙辈摄影，也是一件愉快的事情，而且孙儿也学会了一项欣赏美的本领，体现了能力的代间传递；老年人参加环保活动，对整个社会都能起到积极的示范效应，体现了老年教育的溢出效应。

根据以上树状图的分析，老年教育带来的福利增加可以表达为：

$$F=\sum_{i=1}^{n}A_iR_i \tag{5-2}$$

其中，$A_i$ 定义为一个只取 0 和 1 的函数，即活动 $A_i$ 发生则取 1，不发生则取 0。收益 $R_i$ 是指完成某一活动所获得的收益。收益可以是多方面的，可以是货币收益，也可以是主观的感受。如果没有货币收益作为判断的标准，通常可以认为，在一个人自愿的情况下，该活动持续时间越长，强度越大，则该活动的收益越高。

## 第五节　实证检验：以老年社会参与为例

完备能力和功能扩展的福利分析框架表明教育—能力—功能扩展—福利增长之间存在正相关关系。生活质量的提高就是功能空间的扩展，具体表现为功能性活动种类的增加及强度的加强，而这些功能空间增长的根本原因是教育提高了能力，而非其他原因。因此，考察老年教育对老年生活质量的影响，只需考察老年教育对老年人所完成的活动（功能）状况的影响。如果老年教育增加了老年人的活动种类，提高了老年人的活动强度，就可以说老年教育提高了老年人的生活质量，也提高了老年人的福利水平。由于老年教育本身就是老年人可以参与并完成的一项活动之一，毫无疑问，参加老年教育必定增加老年人的福利。从实际调查的结果看也确实如此。在中国许多城市，老年大学出现“一座难求”的现象，一方面说明老年教育的公共供给还很不够，另一方面也恰好说明老年教育对老年生活质量提高的显著作用。但仅仅从现象上进行描述，还不能准确地说明问题，还需要做进一步的定量研究，即参加老年教育可以提高老年生活质量到怎样的程度。

### 一、实证模型的选择和数据来源

功能扩展树状图的分析表明，老年教育可以扩展老年人的功能空间，其带来的生活质量的提高和福利的增加可以用公式 5-2 来表达，可以定义此式为老年生活质量指数。因此，验证老年教育对老年生活质量的影响，只要检验老年教育对老年生活质量指数是否具有显著性的影响即可，当然，与此同时需要控制其他变量的影响。所以本研究选择的计量模型为一多变量线性回归模型：

$$F=\alpha+\beta_F E+\beta X+\varepsilon \tag{5-3}$$

其中，$F$ 为被解释变量，即老年生活质量指数；$\alpha$ 为常系数；$E$ 为老年教育，$\beta_F$ 为老年教育的边际回报，即老年教育的单位增加带来的老年生活质量的增加或福利增加；$X$ 为控制变量；$\varepsilon$ 为随机误差项。

本研究的数据来自中国健康与养老追踪调查 2011 年的全国基线调查数据。CHARLS(2011)收集了代表中国 45 岁及以上中老年人家庭和个人的微观数据，样本覆盖全国 28 个省、自治区和直辖市的 150 个县级单位，450 个村级单位，约 1 万户家庭中的 1.7 万人。由于可以获得较大规模的样本，数据也较为充分，且对老年教育的调查是随机调查，所以参数估计用普通最小二乘法(OLS)，同时消除可能存在的异方差和多重共线性。

本研究计量模型的关键在于老年生活质量指数的获得。根据阿玛蒂亚·森的能力方法理论，生活质量只能根据人们实际过的生活来表达。实际过的生活包括许多方面，如衣、食、住、行以及社会交往活动等，可以认为，老年人经常参加各种社交活动是较高生活质量的体现，说明这些老年人已经解决了日常生活问题，健康、有活力，有能力参与各种社会活动。CHARLS(2011)基线调查数据包含了一组对老年人社交活动的问卷调查，问卷涉及 10 个项目，基本涵盖了我国老年人社会活动的全部内容。对问卷结果进行赋值(见表 5-2)，然后根据公式 5-2 计算每一个体的生活质量指数，其中老年教育是解释变量。赋值采用某种活动的频率，按每天参加、每周参加、不经常参加分为三个层次，基本可以认为老年人参加某种活动的强度越大，通过这种活动获得的收益越大，如果同时参加的活动种类越多，则生活质量越高。

以 CHARLS(2011)老年人社交活动调查结果作为依据计算老年生活质量指数有许多优势：一是在现代社会老年人生活质量的增量部分主要体现在其所从事的社会活动上。经常参加各种社会活动，这是较高生活质量的体现，说明这部分老年人有财富、有能力、有精力参与各种社会活动。二是未来少子老龄化的人口结构，使得大部分老年人失去了家庭情感的日常交流机会，未来的老年人将会更加依赖于社会活动，而面向未来才能更好地解决问题。三是老年人通过对各种角色的扮演和介入，在社会层面上能够再创造物质和精神财富，在个体层面上能够满足自身需要、体现自我价值，同时社会对其自身价值有所回馈。因此，以社交活动为基础计算老年生活质量指数可以很好地表达老年人的生活质量。

**表 5-2　变量名称、定义和赋值**

| 变量名称及分类 | 变量具体含义及赋值(除被解释变量外其他均为解释变量) |
|---|---|
| 被解释变量 | |
| 福利指数 | ＝各种活动×活动频率的总和(不包括老年教育活动) |
| 串门 | (串门、跟朋友交往＝1)×(每天＝3，每周＝2，不经常＝1) |
| 社区活动 | (去社区活动室打牌等＝1)×(每天＝3，每周＝2，不经常＝1) |
| 帮助他人 | (无偿向他人提供帮助＝1)×(每天＝3，每周＝2，不经常＝1) |
| 健身组织 | (去公园等场所健身等＝1)×(每天＝3，每周＝2，不经常＝1) |
| 社团组织 | (参加社团组织活动＝1)×(每天＝3，每周＝2，不经常＝1) |
| 慈善活动 | (志愿者活动或者慈善活动＝1)×(每天＝3，每周＝2，不经常＝1) |
| 照顾病人 | (无偿照顾病人或残疾人＝1)×(每天＝3，每周＝2，不经常＝1) |
| 炒股 | (炒股及其他金融证券＝1)×(每天＝3，每周＝2，不经常＝1) |
| 上网 | (上网＝1)×(每天＝3，每周＝2，不经常＝1) |
| 解释变量 | |
| 老年教育 | (上学或者参加培训课程＝1)×(每天＝3，每周＝2，不经常＝1) |
| 控制变量 | |
| 就业 | 就业＝1，未就业＝0 |
| 年龄 | 年龄＝2011 年时具体岁数 |
| 性别 | 男＝1，女＝0 |
| 婚姻 | 已婚同居＝1，已婚分居＝2，分居＝3，离异＝4，丧偶＝5，未婚＝6 |
| 区域 | 东部沿海的北京、天津、河北、辽宁、吉林、黑龙江、上海、江苏、浙江、福建、山东、广东＝0；中西部的山西、内蒙古、安徽、江西、河南、湖北、湖南、广西、重庆、四川、贵州、云南、陕西、甘肃、青海、新疆＝1 |
| 16 岁时居住地 | 城市＝1，农村＝0 |
| 自评健康 | 不好＝0；一般＝1；好＝2；很好＝3；非常好＝4 |
| 自评认知 | 不好＝0；一般＝1；好＝2；非常好＝3；特别好＝4 |
| 照顾孙辈 | 有＝1；无＝0 |
| 个人财富 | ＝个体拥有的收入、金融资产、负债的累加，不包括实物财产和住房。 |
| 户籍 | 城市＝1，农村＝0 |
| 退休 | 退休＝1，未退休＝0。退休是指办理了退休手续，包括提前退休和内退 |

续 表

| 变量名称及分类 | 变量具体含义及赋值(除被解释变量外其他均为解释变量) |
|---|---|
| 控制变量 | |
| 退休单位 | 政府部门=1,事业单位=2,非营利机构=3,企业=4,个体或者私营企业=5,其他=6 |
| 医疗保障 | =所具有医疗保险赋值的总和,其中公费医疗=1,城镇职工医疗保险(医保)=2,城镇居民医疗保险=3,新型农村合作医疗保险(合作医疗)=4,城乡居民医疗保险=5,医疗救助=6,单位购买商业医疗保险=7,商业医疗保险:个人购买=8,没有保险=10 |
| 养老金 | =实际报告的每月养老金数额 |
| 教育年限 | 未受过教育=0;未读完小学,但能读写=1;私塾=2;小学=6;初中=9;高中、中专、职高=12;大专=15;大学=16;研究生=18;博士=21 |
| 成人教育 | =报告的参加成人学习年数,如电大、夜校、自考、函授、速成班等 |
| 职称 | 无职称=0,初级职称=1,技术员=2,中级职称=3,高级职称=4 |

确定什么样的人是老年人也是本研究的基本要点。有关老年人的定义比较复杂,可以从经济、社会、法律、心理等多个方面进行。《中华人民共和国老年人权益保障法》将老年人定义为60岁及以上的人,但法定退休年龄规定退出劳动力市场的年龄为男60岁及以上、女55岁及以上,对于特殊工作的女性45岁即达到内部退休年龄的标准。因为劳动者达到强制性退休年龄之后,老年人必须用各种活动重新安排自己的日常时间。老年人在这些时间从事怎样的活动反映了他们具有怎样的生活质量,因此以退休起点定义老年人更切合本研究的要求。为了充分利用数据,以及考察计量结果的稳定性,本研究分析了4个样本,分别为45岁及以上、男60岁及以上、女55岁及以上,以及在此基础上单独的城市和乡村样本,其中45岁及以上的样本用来考察准老年人的生活质量情况。

检验老年教育对老年生活质量的影响必须控制其他变量。其他变量除了考虑个人特征外,还控制了对老年人的时间安排具有重要影响的变量,如就业、照顾孙辈等。此外,由于中国经济具有转型期的复杂性,还控制了户籍、退休、医疗保障等制度变量。各变量的定义和取值见表5-2。

## 二、实证的结果

用stat10软件根据公式5-3模型对上述数据进行运算,采用稳健OLS

回归以后，具体结果见表5-3。各模型整体显著性的F检验均达到良好要求。值得注意的是，各个模型的$R^2$值并不大，可能的原因是相对于被解释变量的变化而言，解释变量的变化要大得多，而事实也确实如此，因为老年人的年龄跨度更大，个人选择更加多样。此外，由于老年教育在中国还不是很普及，样本中老年教育参与人数不多。因此，较小的$R^2$值并不影响模型的整体显著性，只是表明模型曲线更加平坦。

**表5-3　老年教育对老年生活质量指数影响的实证结果**

| 模型(Prob＞F) | 显著变量 | 变量系数 | P值 | $R^2$值 | 样本量 |
|---|---|---|---|---|---|
| 45岁以上<br>(0.0000) | 老年教育 | 2.4425 | 0.000 | 0.0171 | 17024 |
| | 年龄 | −0.0038 | 0.043 | | |
| | 16岁居住 | 0.2001 | 0.001 | | |
| | 户口 | −0.1704 | 0.002 | | |
| | 教育 | −0.0086 | 0.038 | | |
| | 医疗保障 | −0.0154 | 0.045 | | |
| | 退休金 | 8.3E−05 | 0.053 | | |
| | 个人财富 | 2.26e−06 | 0.000 | | |
| 男60岁，女55岁<br>(0.0000) | 老年教育 | 2.7104 | 0.000 | 0.0167 | 9341 |
| | 户口 | −0.2249 | 0.003 | | |
| | 就业 | −0.0821 | 0.080 | | |
| | 退休金 | 8.46e−05 | 0.068 | | |
| | 个人财富 | 2.48e−06 | 0.000 | | |
| 城市<br>(0.0000) | 老年教育 | 3.1776−0.1628 | 0.002 | 0.0220 | 2120 |
| | 区域 | 4.91e−06 | | | |
| | 个人财富 | | 0.000 | | |
| 乡村<br>(0.0000) | 老年教育 | 2.6722 | 0.000 | 0.0160 | 7721 |
| | 个人财富 | 1.90e−06 | 0.000 | | |

在所有模型中均显著影响老年生活质量指数的因素有两个：一是老年教育，二是个人财富，且两者对老年生活质量的影响均是正向的，即参加老年教育活动和增加老年人财富均能显著提高老年人的生活质量。老年教育对老年生活质量的影响，即老年教育对老年生活质量的边际回报，不仅

是显著的，而且影响的值比较大。老年教育每增加1个单位，老年生活质量指数将提高2.4—3.2个单位，也就是说，从平均意义上而言，老年人参加老年教育活动可以扩展2—3种新的活动，或者使一项活动的持续性增强，比如学会了太极拳，就可以每天练习。从功能性活动角度而言，老年教育在老年生活质量方面的回报是相当高的。由于老年生活质量指数的测量和老年教育的测量使用的是同一标准和同一量纲，因而这一结果具有很强的实际操作意义。这一结论首次定量化地估计了老年教育对老年生活质量的影响，为老年教育政策的调整提供了一个非常重要的参考数据。

和一般的常识相一致，老年阶段财富水平对老年人的生活质量影响至关重要。对于弱势群体而言，到老年阶段往往还没有积累到足够的财富，社会不仅应该给予物质上的救济，还应该给予能力上的补偿，即所谓"授之以鱼，不如授之以渔"，而这一点恰是今后中国老年教育应该加强的地方。由于有更高的社会保障、医疗保障覆盖率，东部沿海地区老年人的生活质量更高。但从户籍角度来看，农村老年人的功能空间更大，这和农村更注重乡里乡亲的集体活动而城市有更大的人际隔离有很大关系。

实证检验的最后还依据男60岁、女55岁以上的样本，对每一种社会活动的影响进行了检验，并且按影响的大小进行了排序(见表5-4)。老年人参加老年教育，不会增加串门、社区活动等较低层次的社会活动，而是会增加帮助邻居、慈善、照顾病人等高层次的社会活动，这些活动具有很大的外部性，在提高整个社会福利的同时，也是善良、爱心等人类精神文明的传承，这是老年教育所具有的非常重要的价值，以及需要继续发扬光大的地方。老年人参加老年教育后增加得最多的活动是上网，可能的原因是更多老年人在老年大学里学会了使用电脑和互联网，或者学习及交流过程都要求增加对互联网的使用。

**表5-4 男60岁及以上、女55岁及以上模型中受老年教育显著影响的社会活动及排序**

| 序号 | 被解释变量 | 老年教育的影响系数 | P值 | 模型 $R^2$ 值 | 模型 Prob>F |
|---|---|---|---|---|---|
| 1 | 上网 | 0.7501 | 0.000 | 0.0251 | 0.0000 |
| 2 | 帮助邻居 | 0.4350 | 0.000 | 0.0094 | 0.0000 |
| 3 | 社团组织 | 0.2724 | 0.000 | 0.0132 | 0.0000 |
| 4 | 健身组织 | 0.2614 | 0.003 | 0.0132 | 0.0000 |
| 5 | 慈善活动 | 0.2407 | 0.000 | 0.0292 | 0.0000 |
| 6 | 照顾病人 | 0.1766 | 0.000 | 0.0101 | 0.0000 |
| 7 | 炒股 | 0.1773 | 0.000 | 0.0083 | 0.0000 |

# 第六节　本章小结及政策含义

对老年教育回报的理论研究和实证研究表明，老年教育可以显著提高老年生活质量和福利水平。利用CHARLS数据估算的老年教育对老年生活质量的边际回报为2.4—3.2，其含义为每增加1个单位的老年教育，可以增加2—3个单位的老年功能性活动，产生2—3倍的福利增量。此外，老年阶段所积累的财富水平对老年福利也有显著影响。老年教育提高老年人生活质量的机制在于，教育直接教会了老年人完成某种功能性活动，并提高其完成其他功能的能力，老年人据此得到了功能（活动）上的扩展，这些研究及结论具有重要的政策含义。

## 一、增加老年教育的公共供给

人口老龄化的快速发展使得对老年教育的需求不断增长，一些城市的老年大学出现“一座难求”的现象已经充分表明，当前老年教育的供给还不能满足老年人日益增长的教育需求。增加老年教育的供给，首先要增加老年教育的公共投入，同时应考虑利用现有高等院校、职业院校的丰富教育资源来增加老年教育的供给。

## 二、注重多种能力的开发和培养

老年教育提高老年生活质量的机制表明，老年教育提高了老年人进行功能扩展的能力。中国老年教育具有少数人休闲娱乐的倾向，忽视了老年教育的能力补偿机制。因此，应该逐步改革老年教育的内容和方式，注重老年人认知能力、社会化能力、生活能力、生产能力和创新能力等多方面的能力开发与培养，同时老年教育应对老年大众开放，使更多的老年人从能力提高中获利。

## 三、对弱势群体进行能力补偿

老年人生活质量的提升还受到财富水平的影响，而弱势老年群体由于起点落后，其积累的财富还不能应付老年阶段的各种支出。对于弱势老年群体，除了物质上的帮困、精神上的关心之外，最重要的是实现其能力补偿，即通过老年教育获得职业知识与职业技能，并以此重新就业，重新获得收入，重新融入社会，这是今后我国老年教育应重点加强的地方。

# 第六章 老年教育的经济社会条件分析

在现代文明社会，人们可以规划一生的教育资源，通过终身教育来不断提高自己的能力和水平，从而保持或获得在各方面的竞争优势。人口老龄化提出了对老年教育的更大需求，但相对于年轻人的教育投资而言，老年教育的资源条件更为有限。老年教育是针对老年人的一项准公共服务，这使得老年教育的发展必定会受到资源条件的限制，不可能超越自身的经济发展阶段。在一定的生产力发展水平之上，老年教育才得以产生和发展，这是经济学对老年教育的最基本认识。正是工业革命以来人类社会积累的巨大物质财富，以及生产方式、生活方式所发生的巨大改变，促成了老年教育的产生和发展。研究老年教育背后的社会经济条件的重要意义在于，更有利于对各国老年教育的发展进行比较。通常的比较只是进行简单的、表象的对照，没有考虑事物发展背后的社会经济条件，因为要求一个发展中国家做与发达国家同样的事情，超越其所处的经济发展阶段，是非常不切实际的。因此，实事求是并力图突破，可能比简单的"拿来主义"更有利于我国老年教育的发展。

## 第一节 社会经济评价方法

自20世纪40年代以来，对落后的中国如何实现工业化和现代化的研究，促使发展经济学在中国的繁荣，同时也促使诸多的社会经济评价方法被引入中国。最常用和最简单的评价方法有世界银行的收入分类法、钱纳里等人的工业化阶段划分法、库兹涅茨等人的产业结构划分法和罗斯托的经济增长阶段理论等。

## 一、世界银行的收入分类法

20 世纪 50 年代以来，国民（地区）生产总值是经济学家研究经济发展进程的重要依据。世界银行依据人均国民收入，将世界上的国家分为低收入、中等收入和高收入国家，其中，中等收入国家又包括下中等收入和上中等收入国家。由于汇率以及利率的变动，每年的划分标准值并不相同。世界银行 2009 年的分类标准为，人均国民收入低于 995 美元的经济体为低收入经济体，人均国民收入在 996—3945 美元之间为下中等收入经济体，人均国民收入在 3946—12195 美元之间为上中等收入经济体，人均国民收入在 12196 美元以上的为高收入经济体，并将低收入和中等收入国家称为“发展中国家”，将高收入国家称为“发达国家”。人均国民收入与人均 GDP 虽定义不同，但实际数值大致相当，出于数据可得性，人们习惯上用人均 GDP 代替人均国民收入作为划分的标准。到 2011 年底，中国人均国民收入为 5000 多美元，按照世界银行的标准，已进入中等偏上收入国家行列，北京、上海等东部城市人均国民收入为 10000 美元以上，已达到中上等富裕水平。

## 二、钱纳里等人的工业化阶段划分法

钱纳里认为工业化是以经济重心由初级产品生产向制造业生产转移为特征的，他把现代经济增长理解为经济结构的全面转变，把随人均收入增长而发生的结构转变过程划分为工业化初期、中期和后期三个不同的发展阶段，以此来表达不同国家所处的不同经济社会发展阶段。由于钱纳里研究的是 20 世纪 60—70 年代的数据，考虑到数据的可比性，需要将物价波动因素予以扣除，即将 1970 年美元折合成现值的水平。《美国统计摘要（2009）》公布的 2007 年美元与 1970 年美元的换算因子为 5.34，据此，钱纳里等人划分工业化不同阶段的依据值会发生变化（见表 6-1 ）。

表 6-1 工业化各阶段划分的标志值

| | 工业化起始阶段 | 工业化实现阶段 | | | 后工业化阶段 |
|---|---|---|---|---|---|
| | | 初期阶段 | 中期阶段 | 后期阶段 | |
| 人均 GDP(1970 年美元) | 140—280 | 280—560 | 560—1120 | 1120—2100 | 2100 |
| 人均 GDP(1996 年美元) | 620—1240 | 1240—2480 | 2480—4960 | 4960—9300 | 9300 以上 |
| 人均 GDP(2007 年美元) | 748—1495 | 1495—2990 | 2990—5981 | 5981—11214 | 11214 以上 |

资料来源:钱纳里等:《工业化和经济增长的比较研究》,生活·读书·新知三联书店 1989 年版;周叔莲、郭克莎主编:《中国工业增长与结构变动研究》,经济管理出版社 2000 年版。

从表 6-1 可以看出,当人均 GDP 达到 1500—3000 美元时为工业化发展的初期阶段,3000—6000 美元为工业化中期阶段,6000—11000 美元为工业化后期阶段,粗略地讲,10000 美元以上标志着一国或一地区开始进入工业化后期阶段。在联合国的划分标准中,人均 GDP 达到 10000 美元以后,一国或一地区就开始进入上中等收入经济社会发展阶段。人均 GDP 达到 10000 美元是经济社会发展的一个关键阶段,如许多拉美国家即陷入“中等收入陷阱”不能自拔。2011 年底中国人均 GDP 为 5000 多美元,说明中国已进入工业化中后期发展阶段。

## 三、库兹涅茨等人的产业结构划分法

西蒙·库兹涅茨等人认为,工业化过程伴随着产业结构的迅速变动,工业化的各个演进阶段也通过产业结构的变动过程表现出来。在工业化初期和中期阶段,产业结构最主要的变化是农业和工业之间“二元结构”的转化。在工业化初期阶段,通常是第一产业比重较高,第二产业比重较低。随着工业化的推进,第一产业比重持续下降,第二产业和第三产业比重相应都有所提高,且第二产业比重上升幅度大于第三产业,第一产业优势不复存在,其地位逐步被第二产业所取代。当第一产业增加值占 GDP 的比重降低到 20%以下,第二产业比重上升到高于第三产业时,工业化进入中期阶段;当第一产业比重再降到 10%左右时,第二产业比重快速上升到最高水平,工业化进入后期阶段,此后第二产业的比重转为相对稳定或有所下降。工业在国民经济中的比重将经历一个由上升到下降的倒 U 形变化。

2011年,中国第一产业占比为10.04%,第二产业占比为46.61%,第三产业占比为43.34%,其中第二产业大于37%、小于50%,第三产业大于37%、小于45%,第二产业高于第三产业,对照表6-2,中国应处于工业化中后期向成熟期的过渡阶段。

**表6-2 库兹涅茨三次产业结构与经济发展阶段关系**

| 三次产业结构(%) | | | 工业化时期 | 经济发展阶段 |
|---|---|---|---|---|
| 第一产业比重 | 第二产业比重 | 第三产业比重 | | |
| 大于33.7 | 小于28.6 | 小于37.7 | 工业化准备期 | 初级产品生产阶段 |
| 小于33.7 | 大于28.6 | 大于37.7 | 工业化初期 | 工业化阶段 |
| 小于15.1 | 大于39.4 | 大于45.5 | 工业化中期 | |
| 小于14.0 | 大于50.9 | 大于35.1 | 工业化成熟期 | |
| 小于14.0 | 大于50.0 | 大于36.0 | 工业化后期 | 经济稳定增长阶段 |

资料来源:西蒙·库兹涅茨:《现代经济增长:速度、结构与扩张》,北京经济学院出版社1989年版。

## 四、罗斯托的经济增长阶段理论

罗斯托(1962)将一国经济的长期增长分为具有各自明显特征的六个阶段,即:传统社会阶段——为"起飞"创造条件的阶段——"起飞"阶段——向技术成熟过渡——高额大众消费时代——追求生活质量阶段,而且每个增长阶段都有明确而典型的标志和特征。传统社会是以农业为主的社会,从事农业的劳动力通常会超过75%。"起飞"是罗斯托增长阶段里非常重要的概念,"起飞作为一种工业革命,和生产方法的剧烈改变直接相关,在比较短的一段时间内产生有决定意义的后果"①。罗斯托将向技术成熟过渡阶段定义为"一个社会已经把(当时的)现代技术有效地应用于它的大部分资源的时期"②,其主要标志是制造业发展的多样化,新的主导部门逐步发展壮大并代替"起飞"阶段的老部门。对于高额大众消费阶段,罗斯托认为,若一国社会经济发展趋于成熟,即可能启动这个阶段,其前兆是社会关注力与资源配置会发生由偏重生产向偏重消费的历史性转折,社会主

---

① [美]沃尔特·惠特曼·罗斯托:《经济增长的阶段:非共产党宣言》,郭熙保、王松茂译,中国社会科学出版社2001年版,第190页。

② 同上。

要注意力由生产问题转到消费问题和最广义的福利问题，同时，资源越来越倾向于被引导到耐用消费品的生产和大众化服务的普及领域。

### 五、教育和经济发展阶段之间的关系

经济学家对经济社会发展阶段的评价并没有直接阐明教育和经济发展之间的相互关系，但暗含了教育和经济社会发展之间的相互促进作用。正如卢卡斯所言，劳动者从正规或非正规的教育中积累的人力资本才是产出增长的真正源泉。世界银行的收入分类法是纯粹的结果比较，不包含引起收入差距的原因。钱纳里等人将工业化阶段和人均收入联系起来，表明收入差距的原因是源于工业化水平的差异。进一步地，库兹涅茨认为这种差距是产业结构上的差别，而罗斯托引入“起飞”“技术成熟”“高额大众消费”等定义指明了工业化过程的重要特点。工业化的过程、产业结构的变化，实质是经济发展的根本动力由物质资本代替体力劳动，人力资本逐步取代物质资本的过程。随着经济发展中人力资本贡献的逐步增加，劳动生产率不断提高，人均收入不断提高，而提高整个社会的人力资本水平的最有效率的方式是普及教育。罗斯托的六个发展阶段更强调技术的作用。“起飞”实际上是重大的技术和制度变革，是必须在人力资本存量累积到一定水平后才能出现的质变，而在向技术成熟过渡阶段，即现代技术有效地、大范围地应用，其实现的手段只能依赖人力资本的提高，以及教育在更大范围内的普及。经济与社会的发展对教育也有促进作用，教育本身就是社会发展的一个重要组成部分。在教育投入产生巨大产出的同时，物质财富和思想的积累也为更大范围内的教育投入提供了物质和精神支持。在现代社会，教育已不再是少数贵族和特权阶层的特权，而成为所有社会成员的基本权利和发展机会，老年人也不例外。在西方发达国家，老年教育已经呈现规模化、组织化和大众化发展态势。

## 第二节 老年教育产生的历史条件

老年教育在各国产生的时间并不同，在各个国家形成的模式及发展的状况也相差很大，但通过研究可以发现，各国老年教育的产生都有一些共同的特征。

## 一、老年教育产生的时点

为了准确分析老年教育产生的社会经济条件，首先要确定老年教育产生的时间点。我们选择了老年教育产生比较早、老年教育比较发达的5个国家进行了考察，分别为中国、美国、法国、英国和日本，其中，中国为发展中国家，并于2011年成为上中等收入国家。在这些国家产生正规化和规模化的老年教育并非偶然，而是在实践上和思想上都经过了充分的准备(见表6-3)。

**表6-3　各国老年教育产生的时点**

| | 中国 | 美国 | 法国 | 英国 | 日本 |
|---|---|---|---|---|---|
| 准备阶段 | 改革开放后传统文化、干部制度改革和国外影响 | 1935—1970年，相关法律和制度制定 | 1960—1972年，终身教育理念、法律制定 | 1944—1948年，第一个建立福利国家 | 1955—1973年，相关法律和制度制定 |
| 产生时间及标志 | 1983年，中国第一所老年大学诞生 | 1970年，老年教育实务开始启动 | 1973年，世界第一所老年大学创立 | 1982年，英国式第三年龄大学创立 | 1973年，文部省创立老年教室 |

资料来源：黄富顺主编：《各国高龄教育》。

在准备阶段，美国、法国和日本在20世纪六七十年代就已出现老年教育实务，只是没有达到正规和成规模的程度。法国在1973年创立了世界上第一所老年大学，其诞生有一定的时代背景。1968年5月，法国爆发了历史上非常有名的工学运动“五月风暴”，工学运动提出的一个诉求是将教育机会与教育资源开放给普通大众，同年11月新通过的高等教育法案要求法国的大学必须提供更多的社区教育，自此法国老人受教育的权利得到了保障。法国第一所老年大学在课程和教学内容的设置上主要针对老化现象所产生的生理和心理问题，不仅把老年人的智慧与文化资源整合到社会中，使社会大众受益，还促进了传统大学对老化问题，尤其是老年医学方面的研究。

美国是以法治推动老年教育发展的典范。从20世纪50年代开始，白宫定期举办全国性的老化会议，讨论并制订美国的老年政策和老年教育问题。1964年肯塔基大学开始对老年学院实行学费减免计划，其后该计划在全国的许多大学得到推广。1965 年制定的《美国老年人法》,先后经过 19 次修订,不断谋求改善以满足老年人的实际需求。美国务实的做法使得与老年教育相关的法律不断得到制定并完善,从而形成制度体系,从方方面面为老年人服务(见表 6-4)。

**表 6-4 美国老年教育的重要立法与事件**

| 年份 | 重要立法与事件 |
|---|---|
| 1935 年 | 出台《社会安全法案》 |
| 1950 年 | 召开全国老化会议 |
| 1951 年 | 成立老化与老人病委员会 |
| 1956 年 | 成立联邦老化委员会 |
| 1961 年 | 成立白宫老化会议 |
| 1964 年 | 出台肯塔基大学学费减免计划 |
| 1965 年 | 出台《高等教育法》<br>出台《美国老人年法》(1967、1969、1973、1977、1978、1981、1984、1987、1992 年修订)<br>在卫生、教育及社会福利部设老化行政局 |
| 1966 年 | 出台《成人教育法案》 |
| 1967 年 | 出台《就业年龄歧视法》(1978、1986、1990 年修订) |
| 1971 年 | 召开白宫老化会议 |
| 1972 年 | 补助改进后中等教育 |
| 1973 年 | 设立区域老化机构 |
| 1976 年 | 出台《终身学习法》(包括《高等教育法》修订) |
| 1981 年 | 召开白宫老化会议 |
| 1990 年 | 出台《就业年龄歧视法》 |
| 1995 年 | 召开白宫老化会议 |

资料来源:Manheimer、Snodgrass、Moskow-McKenzie:*Older Adult Education*:*A Guide to Reserch*, *Programs*, *and Policies*, Greewood, 1995, p132。

日本善于模仿,根据欧美国家的经验并结合自身的国情,于 1973 年创立了老年教室,同时建立了一套行之有效且很有特色的老年教育制度。

英国是世界上第一个福利国家,福利的思想深入人心,福利制度确保了老年人的平等地位并享有福利。英国的正规老年教育的出现比法、美、日要晚 10 年左右,和中国老年大学诞生的时间相当,其老年教育受到法国的影响较大。由于有完善的福利制度作为后盾,实施起来水到渠成,并形成了具有英国特点的第三年龄大学。中国在1983年建立了第一所老年大学,其时人均GDP只有200美元,但中国有几千年尊老爱贤的文化传统,改革开放后受到国外先进教育思想的影响,身处上层建筑的老干部为老年人争取到了受教育的权利。

## 二、老年教育产生的经济社会条件

西方发达国家的老年教育之所以会产生在20世纪70年代、成熟于21世纪之初,有一定的经济必然性。这段时间西方发达国家经历了第三次工业革命和信息化革命,教育作为一项重要的社会投资和个人投资产生了巨大的经济与社会收益,教育所累积的知识资本、智力资本不断促进技术创新和科技进步。与此同时,经济的不断发展积累了大量的社会财富,人们的生活水平得到了很大的提高,为老年教育的产生提供了充分的物质基础。主要发达经济体在20世纪50—60年代人均GDP已达10000美元(见表6-5)。以美国为例,用2007年的美元来衡量,20世纪50年代初人均GDP已达10000美元,90年代后期人均GDP开始跨越30000美元,人民生活基本处于非常富裕阶段,进入21世纪以后,人均GDP已达40000美元。财富的迅速增长为各种形式的老年教育的开展提供了丰富的物质条件,其他发达国家的情况也类似。

**表6-5 主要发达经济体人均GDP10000—30000美元的起始年份**

| 国别 | 人均GDP | |
|---|---|---|
| | 10000美元 | 30000美元 |
| 美国 | 1951年 | 1996年 |
| 日本 | 1964年 | 1988年 |
| 英国 | 1967年 | 2004年 |
| 法国 | 1967年 | 2004年 |
| 德国 | 1969年 | 2004年 |
| 新加坡 | 1989年 | 2006年 |

资料来源:世界银行数据库。表中美元用2007年的美元来衡量。

显而易见,老年教育产生于后工业化阶段,而此阶段对于教育无论是质还是量都有很大的需求(见表6-6)。以美国为例,在老年教育的制度准备阶段，人均 GDP 已达 10000 美元左右，此时经济已经完成工业化阶段，开始进入后工业化阶段初期。老年教育快速发展的阶段也是这些国家经历整个后工业化阶段的过程。美国是第一个进入后工业化社会的国家。美国社会学家 D. 贝尔认为后工业化社会有五个方面的特征：后工业化社会的经济主要是服务性经济；专业和技术人员在后工业化社会占主导地位；理论知识是后工业化社会的核心，成为社会革新和制定政策的主要资源，生产知识和创造知识的大学、研究部门、研究中心是社会的核心机构；后工业化社会通过技术预测和技术评估来规划和控制技术的发展；后工业化社会运用新的智力技术来进行决策。这五个方面归结起来就是专业技术、知识生产、发明创造，它们均依赖于一个国家的教育水平。应该说，经济增长方式的改变，带来了深刻的社会变革，在教育方面表现为教育的平等与开放，以及终身教育体系的建立与完善。在这种变革之中，老年教育很自然地融入终身教育体系并形成了自身的发展特色。

**表 6-6　美国老年教育和经济发展阶段及产业结构的关系**

| 时　期 | 老年教育发展阶段 | 人均 GDP 标志值（美元） | 第三产业比重（%） | 经济社会发展阶段 |
|---|---|---|---|---|
| 1950—1969 年 | 制度准备阶段 | 10000 | ＜64 | 后工业化阶段的初期 |
| 1970—1983 年 | 产生阶段 | 20000 | ＞64<br>＜72 | 后工业化阶段：服务经济、消费经济 |
| 1988—2000 年 | 快速发展阶段 | 30000 | ＞72<br>＜78 | 后工业化阶段：信息经济 |
| 2000 年至今 | 高层次稳定阶段 | 40000 | ＞78 | 后工业化阶段：知识经济 |

注：表中美元以 2007 年的美元来衡量。

老年教育的发展和产业结构的深化高度相关。老年教育的产生和发展过程，也是经济持续稳定增长，第三产业在经济中的份额不断上升的过程，其中知识密集型和技术密集型的新兴产业逐步成为经济增长的主导力量。以美国为例，1970 年美国第三产业占 GDP 的比重为 64%，此时老年教育产生；到 1997 年美国第三产业占 GDP 的比重已经达到 71.7%；进入 21 世纪，美国的第三产业比重已经超过了 GDP 的 78%。而在这期间，老年教育经历了从快速发展再到高层次稳定发展的阶段。其他国家的情况也是类似的。比如,1970 年日本第三产业占 GDP 的比重仅为 47.2%,到 1993 年该比重上升至 57.6%;1980 年法国第三产业占 GDP 的比重为 62%,到 2004 年该比重上升至 75.8%;1970 年德国和英国第三产业占 GDP 的比重分别为 40.6 %和 52.4%,到 2004 年该比重分别上升至 69.8%和 72.7%。这说明,当知识经济、信息经济在整个经济中居于举足轻重的地位的时候,无论社会还是个人,对教育的依赖均越来越强,老年人也不会例外,他们在实现自身价值的时候,需要得到教育的支持。新产品、新技术的使用导致老年人生活及社会参与的能力和社会发展脱节,老年人亟须进行能力补偿。

## 第三节　老年教育促进因素的形成

一般认为,老年人是特殊人群,而参加老年教育的老年人又是老年人中的特殊人群。由于老年人口的急剧增加,并且总有一定比例的人喜欢学习,或者需要得到某种心理上的满足,老年教育由此产生。但这种观点并不完全正确,因为它不能解释老年教育在人数上的迅速规模化。一种可能的原因是,社会发生了某种整体上的变革,正如第三章和第四章所证实,能力的福利增长效应使得个体不断产生对教育的需求,甚至延伸到老年阶段。老年教育的产生是一个社会系统工程,是社会各个方面进步和发展的必然结果。归结起来,这些因素包括公共教育政策的推行,社会保障制度的完善,寿命和健康余寿期的延长,家庭功能的变迁,知识经济的确立,精神价值的追求,以及社会公益事业的发展等几个方面。

### 一、公共教育政策

老年教育深受西方社会推行公共教育政策的影响。公共教育政策是指由国家或地方负担公共教育费用,用义务教育保障教育机会均等,实现教育普及。经济的快速增长也产生对技术科研人才的大量需求,而教育的功能就是培养大量高素质人才。至 20 世纪 50 年代,西方发达国家已基本建立起公共教育体系。公共教育的宗旨在于赋予每一个社会成员相同的教育权利,作为一个重要的社会人群,老年人当然也有接受教育的权利。因此,如果许多大学或者职业院校由政府出资设立,那么老年人理所当然地拥有使用这些教育资源的平等权利。

随着社会的发展,公共教育政策原有的覆盖范围已无法满足社会进步对教育的需求,需要建立一种终身教育制度。在德国,联邦教育与研究部每三年进行一次大规模的以19—64岁的成人为对象的继续教育状况调查。根据每三年出版一次的《继续教育系统报告书》显示,1979年西德民众继续教育参与率为23%,"两德"统一后,1991年增为37%,1994年增为42%,1997年增为48%,2000年则为43%。美国全国家庭与教育调查(National Household Education Survey)显示,66—74岁的老年人至少参加一种成人教育课程的比例,在1990年为18.4%,1999年增加到19.9%,到2005年增加到了23%,这说明,经济越是发展,民众继续教育的要求越是强烈。

终身教育体系的建立是公共教育政策的自然延伸,力图在各种教育之间形成可以进入的通道。终身学习至少包括:成人基本教育、继续教育、农业教育、企业教育、劳工教育、职业教育和在职训练方案、退休前教育和高龄者教育等。在此教育体系中,强大的政府财政支出,即公共教育政策起到了举足轻重的作用。

## 二、社会保障的完善

完善的社会保障制度,可以确保老年人在退休后退出劳动力市场或者在丧失劳动能力的情况下,依然能获得基本的生活资料,这使得老年人在退休后不必为生计而奔波,而是可以有更多的时间和精力做自己喜欢做的事情,做自己力所能及的事情,而老年教育即是其中之一,其目的是实现老年人的福利增长。

自工业革命以来,各主要西方发达国家先后建立了社会保障制度并最终建立福利国家。德国议会在1883—1889年间先后通过了《健康保险计划》《工伤事故保险计划》《退休金保险计划》三项保险立法,成为最早建立社会保障的国家。美国的罗斯福新政在1935年颁布《社会保障法》,实行老年保险和失业保险政策,"二战"以后通过修正和扩充,政府加强了对社保制度的干预,保障范围逐步扩大,建成较为完善的社会保障制度。1942年,英国学者贝弗里奇发表了著名的《贝弗里奇报告》,英国政府在此基础上,率先建成更为完善的"从摇篮到坟墓"的社会福利制度。1945年,法国议会通过的《社会保障法》成为全面推行社会保障制度的法律文件。东亚的日本则从1947年开始先后颁布了《失业保险法》《国民年金法》和《厚生年金法》等,使得日本成为亚洲最早建立社会保障的国家。至20世纪50年代末,在完成社会保障的相关立法以后,各主要西方发达国家先后完成了相应的管理机构设立，实行以高福利为主要特征的社会保障体系，这些社会保障制度是老年人的基本生活保障，对老年教育的发展起到促进作用。

## 三、寿命和健康余寿期的延长

物质财富的增加和科技进步，使得人类的食物更加卫生营养，居住环境更加美好舒适，医疗水平不断提高，这些因素共同作用的结果是人的预期寿命得到了更大的提高。以 OECD(经合组织)国家为例，整个 20 世纪是迄今为止预期寿命增长最快的一个时期，在这个时期，OECD 国家的平均预期寿命增加了 30 岁。到 21 世纪初 OECD 国家的预期寿命已达 82 岁。作为发展中国家的中国，在 1949 年后，预期寿命也增长很快，至今增长了 30 多岁，达 73 岁(见表 6-7)。预期寿命的延长相应地导致健康余寿期的延长，这使得老年人更加充实自己的健康余寿期，以提高自己的生活质量。

**表 6-7　OECD 国家和中国的预期寿命的历史比较**

<table>
<tr><th>时间</th><th>OECD 平均(岁)</th><th>中国(岁)</th></tr>
<tr><td>19 世纪早期</td><td>38.8</td><td rowspan="5">33(清代)</td></tr>
<tr><td>19 世纪中期</td><td>41.0</td></tr>
<tr><td>19 世纪后期</td><td>45.1</td></tr>
<tr><td>1900 年</td><td>48.5</td></tr>
<tr><td>1910 年</td><td>52.9</td></tr>
<tr><td>1920 年</td><td>53.7</td><td rowspan="2">35(民国)</td></tr>
<tr><td>1930 年</td><td>60.2</td></tr>
<tr><td>1940 年</td><td>60.8</td><td>37(1949)</td></tr>
<tr><td>1950 年</td><td>66.9</td><td rowspan="3">57(1957)</td></tr>
<tr><td>1960 年</td><td>70.8</td></tr>
<tr><td>1970 年</td><td>71.9</td></tr>
<tr><td>1980 年</td><td>74.0</td><td>67</td></tr>
<tr><td>1990 年</td><td>75.8</td><td>69</td></tr>
<tr><td>2000 年</td><td>78.2</td><td>71</td></tr>
<tr><td>2009 年</td><td>82.1</td><td>73</td></tr>
</table>

资料来源：OECD 的统计指标数据库和世界银行数据库。

但另一方面全球法定退休年龄却基本没有变化。退休制度始于19世纪末的德国，当时的铁血首相俾斯麦看到65岁以上的人身体羸弱，已不堪继续从事工作，有感于他们几十年来为社会、为国家的付出，从国家立场出发，应给予退休金作为未来生活的保障，以安养天年。1884年，为了谋取劳工团体的权利，保障矿工和工厂工人的生活安全，提供老年疾病和残障者的保险，德国国会于1887年通过关于规定65岁为强制退休年龄的法案。此后各国纷纷效仿，制定法定退休年龄。现全世界已普遍实施，但各国法定退休年龄的标准并不同，调高和调低的趋势也不同。总的来讲，在20世纪经历下调趋势后，由于人口老龄化造成的财政赤字压力及寿命的延长，现主要发达国家有调高法定退休年龄、推迟退休的趋势。

寿命的延长和法定退休年龄相互作用的结果是老人们在退休后还要经历一个15—20年的养老期，所以人的健康余寿期加长了(见表6-8)。以OECD国家为例，虽然有不同时期法定退休年龄的调整，但从20世纪60年代至21世纪初，老年人退休后的存活时间在不断地延长。男性退休后平均存活时间从2.4年增长到12.6年，平均增长了10.2岁，增长了约427%。女性退休后平均存活时间从10.5年增长到20年，平均增长了9.5岁，增加了约81%。当然各国差异也很大，男性退休后存活时间最长的是法国，2005年达16.7年；女性退休后存活时间最长的也是法国，2005年达23.9年。这一现象和法国较低的退休年龄有关，其男女退休年龄皆为60岁。根据2005年的数据，美国男性退休后的平均存活时间最短，约为9.9岁，美国女性退休后的存活时间也最短，约为14.9岁，这和美国实行可选择的弹性退休制度有关。退休后存活时间的延长，使得许多退休后的老年人不得不重新审视自己的生活安排，此时如果有需要，很多老年人会选择参加老年教育，在丰富晚年生活的同时，也可以通过职业培训重新就业。

**表6-8　主要OECD国家预期寿命和退休年龄之差的变化趋势**

| 国家 | 指标 | 男 | | | | 女 | | | |
|---|---|---|---|---|---|---|---|---|---|
| | | 1961年 | 1975年 | 1995年 | 2005年 | 1961年 | 1975年 | 1995年 | 2005年 |
| 澳大利亚 | 退休年龄(岁) | 65 | 65 | 65 | 65 | 60 | 60 | 60 | 62 |
| | 预期寿命(岁) | 68 | 69.2 | 75 | 78.5 | 74.4 | 76.2 | 80.8 | 83.5 |
| | 预期－退休 | 3 | 4.2 | 10 | 13.5 | 14.4 | 16.2 | 20.8 | 21.5 |

续 表

| 国家 | 指标 | 男 | | | | 女 | | | |
|---|---|---|---|---|---|---|---|---|---|
| | | 1961 年 | 1975 年 | 1995 年 | 2005 年 | 1961 年 | 1975 年 | 1995 年 | 2005 年 |
| 比利时 | 退休年龄(岁) | 65 | 65 | 65 | 65 | 60 | 60 | 60 | 62 |
| | 预期寿命(岁) | 67.5 | 68.8 | 73.5 | 76.2 | 73.6 | 75.3 | 80.4 | 81.9 |
| | 预期－退休 | 2.5 | 3.8 | 8.5 | 11.2 | 13.6 | 15.3 | 20.4 | 19.9 |
| 加拿大 | 退休年龄(岁) | 70 | 65 | 65 | 65 | 70 | 65 | 65 | 65 |
| | 预期寿命(岁) | 68.4 | 70.2 | 75 | 77.7 | 74.2 | 77.5 | 81 | 82.5 |
| | 预期－退休 | －1.6 | 4.8 | 10 | 12.7 | 4.2 | 12.5 | 16 | 17.5 |
| 法国 | 退休年龄(岁) | 65 | 65 | 60 | 60 | 65 | 65 | 60 | 60 |
| | 预期寿命(岁) | 67.5 | 69 | 73.8 | 76.7 | 74.4 | 76.9 | 81.9 | 83.8 |
| | 预期－退休 | 2.5 | 4 | 13.8 | 16.7 | 9.4 | 11.9 | 21.9 | 23.8 |
| 意大利 | 退休年龄(岁) | 60 | 60 | 62 | 65 | 55 | 55 | 57 | 60 |
| | 预期寿命(岁) | 67.2 | 69.5 | 75 | 78 | 72.3 | 75.8 | 81.5 | 83.6 |
| | 预期－退休 | 7.2 | 9.5 | 13 | 13 | 17.3 | 20.8 | 24.5 | 23.6 |
| 日本 | 退休年龄(岁) | 65 | 65 | 65 | 65 | 65 | 65 | 65 | 65 |
| | 预期寿命(岁) | 66 | 71.7 | 76.3 | 77.5 | 70.8 | 76.9 | 82.8 | 85.5 |
| | 预期－退休 | 1 | 6.7 | 11.3 | 12.5 | 5.8 | 11.9 | 17.8 | 20.5 |
| 德国 | 退休年龄(岁) | 65 | 65 | 65 | 65 | 65 | 65 | 65 | 65 |
| | 预期寿命(岁) | 67 | 68.1 | 73.3 | 76.7 | 72.3 | 74.5 | 79.9 | 82 |
| | 预期－退休 | 2 | 3.1 | 8.3 | 11.7 | 7.3 | 9.5 | 14.9 | 17 |
| 美国 | 退休年龄(岁) | 65 | 65 | 65 | 65 | 65 | 65 | 65 | 65 |
| | 预期寿命(岁) | 67.1 | 68.8 | 72.5 | 74.9 | 73.6 | 76.6 | 78.9 | 79.9 |
| | 预期－退休 | 2.1 | 3.8 | 7.5 | 9.9 | 8.6 | 11.6 | 13.9 | 14.9 |
| 英国 | 退休年龄(岁) | 65 | 65 | 65 | 65 | 60 | 60 | 60 | 60 |
| | 预期寿命(岁) | 67.8 | 70 | 74 | 77.1 | 73.6 | 76 | 79.3 | 81.3 |
| | 预期－退休 | 2.8 | 5 | 9 | 12.1 | 13.6 | 16 | 19.3 | 21.3 |

续　表

| 国家 | 指标 | 男 | | | | 女 | | | |
|---|---|---|---|---|---|---|---|---|---|
| | | 1961年 | 1975年 | 1995年 | 2005年 | 1961年 | 1975年 | 1995年 | 2005年 |
| 各国平均 | 退休年龄(岁) | 65 | 64.44 | 64.11 | 64.44 | 63.09 | 62.47 | 62.10 | 62.74 |
| | 预期寿命(岁) | 67.39 | 69.48 | 74.27 | 77.03 | 73.24 | 76.19 | 80.72 | 82.67 |
| | 预期一退休 | 2.39 | 4.99 | 10.16 | 12.59 | 10.47 | 13.97 | 18.83 | 20 |

资料来源:OECD官方数据库。

## 四、家庭功能的变迁

随着社会的变迁,家庭呈现规模小型化、结构核心化、居住离散化趋势,家庭养老功能弱化。中国的家庭规模从1996年的3.96人下降至2010年的3.10人,2015年,中国的家庭规模以2—3人为主,实际上在东部沿海地区家庭人口数均已在3人以下(见表6-9)。家庭结构的变化已使传统的家庭养老方式无法维系,养老必须依靠社会或者社区的支持。通过财富在成年时积累、老年时消费的时间转移,构建社会养老保障制度,提高自我养老能力,是社会发展的必然选择。事实上,空巢老人在中国是一个很大的群体。全国老龄办2010年发布的中国城乡老年人口状况追踪调查数据显示,中国城镇空巢老人比例已达54%,而且这一比例还将逐年上升。由于没有子女、孙辈在身边,空巢老人的空余时间如何打发成了难题,而这个空余的时间量是非常大的。可以做一个估算,假设老年人平均每天有4小时的空余时间,老人退休后平均有10年的健康余寿期,则平均意义上每个老年人的健康空余时间将达到1.5万小时。这些时间资源是被简单地消耗掉,还是用来创造新价值,两个结果之间的差距是非常大的。如果它们可以被很好地开发和利用,将会是社会和个人的不小财富,老年人自身及社会必须对如何安排这些老年人的健康余寿期进行决策,而做什么及如何做可以通过老年大学的传授和培训知晓。

**表6-9　2010年中国经济发达地区平均每个家庭户人口(人)**

| 地区 | 全国 | 北京 | 天津 | 上海 | 江苏 | 浙江 | 福建 | 山东 | 辽宁 |
|---|---|---|---|---|---|---|---|---|---|
| 户人口/家庭 | 3.10 | 2.45 | 2.80 | 2.49 | 2.94 | 2.62 | 2.98 | 2.98 | 2.78 |

资料来源:国家统计局:《中国统计年鉴:2010》,中国统计出版社2011年版。

## 五、知识价值的主导地位

第二次世界大战后，西方发达国家经历了后工业化发展阶段，在后工业化发展的后期，逐步形成了以发展高新技术产业为特征、以知识经济和信息经济为主导地位的新型经济增长方式。人主要依靠智力和知识来创造价值，而不是仅依靠体力来创造价值，知识创造、知识传播本身成为一种价值增值过程。知识经济社会中，创造知识的行为可以跨越人们已知的年龄和生理极限。在走访老年大学的过程中，可以看到1930年左右出生的、80多岁高龄的老年学员并不在少数；美国华裔科学家丁肇中先生，在70多岁高龄时还在领导"阿拉法磁谱仪"探索反物质的国际合作试验计划；英国著名科学家斯蒂芬·霍金在丧失语言功能的情况下，依靠电脑声音合成器，依然可以把他的思想通过文字表达出来。普通人也是一样，无论是老是少，是健康还是有疾病，他们的思想、智慧依然是这个社会最有价值的财富。

在已知和未知的海量信息和知识面前，不论年龄大小，还是身体条件的差异，人都是很无知的，必须不断地学习才能获得自己所需的知识和技能，并以此来提高自己的生活质量，以及实现福利增长，而终身教育制度及教育机构的存在可以提供更为方便的学习服务。老年人在生活和事业上也会有困惑和困难，老年人上大学并不晚，因为教育即所谓"传道、授业、解惑"。许多老年人仍然依靠所学的知识技能为个人和社会创造着价值，而且这种价值的增量未必就一定逊于年轻人创造的价值。在知识经济的社会里，年龄和身体条件已不可能再成为学习或者工作的障碍。

## 六、日益增长的精神需求

人们在追求物质财富的同时，对精神价值的追求也与日俱增，如对真、善、美、道义及责任的追求，幸福美好的生活除了物质上的满足，还包含着人们在精神上的感受。马克思认为价值产生于人的实践活动之中，既包括物质价值，又包括精神价值；既带有个人特征，又带有社会特征。精神价值不是直接用于满足人们基本的物质生活需要（如对吃、穿、住等方面的需要）的价值，而是用于满足人的精神需要（如对文化、艺术、科学、道德、宗教、哲学等的需要）的价值。精神价值很难用货币形态或其他任何有形物来作为其衡量价值的标准或尺度，而是根据它对人们的精神生活（也包括物质生活，但不是直接的而是间接的）的近期和长期作用力或影响力来决定或衡量的。可以说，随着人们物质财富的增长，人们对精神财富的追求与日俱增。

精神价值具有一种无形的特征，虽然大部分时候会将有形物作为载体，但使用者通常并不是将有精神价值的东西消费或消耗掉了，而是仅在精神上受到了其影响。作用于人的思想、观念和意识的精神并不会随个人的毁灭而被损耗掉，由于它能够在大众之中无限地传播，从而使其价值不断地被放大和增值。任何一种思想、观念、文化、艺术、科学等都可以通过文字载体或其他各种传播手段而达到人类社会的各个部分和各个时期。人类古代的许多精神产品直到今天仍在大放光彩。当人们变老的时候，直接创造物质财富的能力也许下降了，但创造精神价值的能力不仅没有下降，反而随着经验和知识的积累变得越来越强了。所以老年人是整个社会的宝贵财富，老年教育不仅可以使文明得到传承，还可以使人类文明得到新的发展。

## 七、社会公益事业的发展

老年人是社会公益事业的一支重要力量，他们既是重要的服务对象，也是提供服务的主要参与者。老年人在退休以后，往往还要经历一段很长的健康余寿期，他们有时间、能力、智慧、财富为社会做出更大的贡献。而老年教育的一个重要任务就是对老年人进行义工培训，使他们能够更好地参加社会公益事业。

随着社会的进步，社会日益形成相互联系的复杂网络，但由于市场的缺陷，越来越多的公共事业变得没有商业价值，而这些工作和任务又必须有人去做，否则社会网络功能的整体性和协调性就会遭到破坏。因而，社会的发展对社会公益的需求越来越大。社会公益活动范围很广泛，包括社区服务、环境保护、知识传播、公共福利、帮助他人、社会援助、社会治安、紧急援助、青年服务、慈善、社团活动、专业服务、文化艺术活动等。这些慈善活动的共同特征是一定的组织或个人向社会捐赠财物、时间、劳动和知识等活动。在西方发达国家非常流行“及时行善”，这是残酷无情的市场经济不至于使人们精神崩溃的主要力量。比如在英国，截至2002年底，有近20万家民间公益组织，其中在英国慈善委员会登记注册的慈善组织共18.6万家，它们的总资产额约达700亿英镑，专职人员的总就业规模达50万人，约占全英就业人口总量的3%。社会公益事业的发展需要老年人的积极参与。

# 第四节 中国老年教育发展条件

改革开放30多年来，中国经济取得了举世瞩目的成就，现已成为世界经济体中的一个大国，但还不是一个经济强国。比较中美两国在老年教育产生时点上的差距，用2007年的美元来衡量，可以发现，美国1970年的人均GDP已经超过2万美元，而中国1983年的人均GDP约为1000美元，两者相差20倍左右。20世纪80年代中国还处于工业化初期阶段，但老年教育在中国获得了超前的发展，这和中国尊老爱幼的传统文化，以及老年人（老干部）在中国社会所具有的政治地位和影响力有很大关系。在改革开放初期，在一些老干部的积极要求下，政府为了发挥老干部的余热而兴办了老年大学。

## 一、社会经济条件

2011年，中国的人均GDP约为5446美元，说明中国已进入工业化中期阶段，但还远没有达到发达国家产生老年教育时的10000美元，第三产业占比仅为43.34%，知识与技术的价值还没有得到完全实现。因此，教育和经济发展之间的良性互动、相互促进关系还没有充分显示出来，进一步发展老年教育还缺乏一定的经济基础。但中国老龄化的加速，以及产业升级的要求，又使得终身教育和老年教育成为亟须解决的问题。中国的地区发展极不平衡，也给老年教育的发展带来了困扰。2011年，中国各省份人均GDP最高和最低相差约5.8倍，地区间最高和最低相差约2.06倍（见表6-10和表6-11），2011年人均GDP超过10000美元的只有三个直辖市，分别为北京、天津和上海（见表6-10），而西部欠发达省份人均GDP只有3000美元左右。发达省份具有发展老年教育的良好条件，但问题是，也正是在这些经济发达城市，老年教育存在较为严重的供给不足，老年大学出现"一座难求"的现象。资料显示，经济发达地区的老年人参加老年大学的比例达到7%—9%，如福建、山东、江苏、上海等地，而不发达地区的老年人入学比例大大低于全国平均的3%水平。经济发展水平较低也就意味着整体受教育水平低，青少年的教育资源缺乏，更不用说老年教育资源。总量的缺乏及结构的不合理，使政府统筹协调各个人群、各个地区的教育资源时遇到很大困难，很难在效率和公平之间获得平衡。所以中国的很多老年大学是各级政府或者国有企业对老干部的一种福利安排,尤其是处于较高级别的老年大学。教育行政部门并不管辖老年教育,而是由文化部门负责指导,各类公办教育机构也没有对社会其他人员开放的义务。

表 6-10 1990—2011 年中国各地区人均 GDP(美元)

| 地区\年份 | 1990 | 1995 | 2000 | 2005 | 2009 | 2010 | 2011 |
|---|---|---|---|---|---|---|---|
| 全国 | 199 | 609 | 949 | 1732 | 3749 | 4430 | 5446 |
| 北京 | 401 | 1664 | 2713 | 5549 | 10315 | 11218 | 12641 |
| 天津 | 335 | 1296 | 2173 | 4369 | 9162 | 10782 | 13191 |
| 河北 | 131 | 569 | 925 | 1805 | 3599 | 4235 | 5258 |
| 山西 | 122 | 459 | 620 | 1526 | 3151 | 3882 | 4854 |
| 内蒙古 | 120 | 456 | 709 | 1994 | 5899 | 6994 | 8974 |
| 辽宁 | 239 | 860 | 1356 | 2318 | 5159 | 6256 | 7858 |
| 吉林 | 154 | 548 | 827 | 1630 | 3894 | 4668 | 5954 |
| 黑龙江 | 178 | 707 | 1034 | 1763 | 3287 | 3999 | 5080 |
| 上海 | 558 | 2381 | 4172 | 6285 | 11565 | 11237 | 12780 |
| 江苏 | 197 | 909 | 1422 | 2999 | 6551 | 7805 | 9642 |
| 浙江 | 201 | 1013 | 1626 | 3383 | 6536 | 7638 | 9171 |
| 安徽 | 111 | 410 | 588 | 1059 | 2402 | 3085 | 3972 |
| 福建 | 151 | 851 | 1401 | 2277 | 4955 | 5912 | 7334 |
| 江西 | 102 | 396 | 586 | 1153 | 2538 | 3139 | 4048 |
| 山东 | 153 | 736 | 1154 | 2454 | 5255 | 6072 | 7327 |
| 河南 | 99 | 428 | 657 | 1385 | 3016 | 3611 | 4437 |
| 湖北 | 141 | 546 | 868 | 1396 | 3320 | 4122 | 5294 |
| 湖南 | 109 | 443 | 681 | 1273 | 2991 | 3651 | 4625 |
| 广东 | 209 | 1038 | 1556 | 2984 | 6027 | 6608 | 7865 |
| 广西 | 88 | 447 | 522 | 1073 | 2349 | 2987 | 3920 |
| 海南 | 138 | 634 | 833 | 1327 | 2819 | 3520 | 4473 |

续 表

| 年份<br>地区 | 1990 | 1995 | 2000 | 2005 | 2009 | 2010 | 2011 |
|---|---|---|---|---|---|---|---|
| 重庆 | 143 | 475 | 623 | 1341 | 3356 | 4076 | 5341 |
| 四川 | 98 | 414 | 578 | 1106 | 2539 | 3129 | 4045 |
| 贵州 | 76 | 232 | 321 | 617 | 1509 | 1938 | 2541 |
| 云南 | 93 | 406 | 560 | 957 | 1982 | 2327 | 2982 |
| 西藏 | 95 | 291 | 551 | 1113 | 2239 | 2558 | 3108 |
| 陕西 | 104 | 363 | 549 | 1209 | 3175 | 4008 | 5180 |
| 甘肃 | 103 | 314 | 464 | 913 | 1885 | 2380 | 3033 |
| 青海 | 126 | 417 | 614 | 1226 | 2848 | 3562 | 4570 |
| 宁夏 | 118 | 408 | 584 | 1250 | 3188 | 3968 | 5115 |
| 新疆 | 149 | 586 | 902 | 1600 | 2920 | 3698 | 4657 |

资料来源:国家统计局:《中国统计年鉴》,中国统计出版社 2006—2012 年版。美元对人民币汇率 2005—2011 年分别为 8.2,7.98,7.61,6.95,6.84,6.77,6.46。

**表 6-11 2005—2011 年分地区人均 GDP(美元)**

| 地区<br>年份 | 全国 | 东部地区 | 中部地区 | 西部地区 | 东北地区 |
|---|---|---|---|---|---|
| 2011 | 5446 | 8259 | 4525 | 4293 | 6409 |
| 2010 | 4430 | 6847 | 3581 | 3320 | 5067 |
| 2009 | 3739 | 5965 | 2904 | 2673 | 4176 |
| 2008 | 3266 | 5354 | 2570 | 2302 | 3735 |
| 2007 | 2488 | 4242 | 1939 | 1736 | 2835 |
| 2006 | 2016 | 3455 | 1537 | 1373 | 2290 |
| 2005 | 1712 | 2899 | 1294 | 1139 | 1949 |

资料来源:国家统计局:《中国统计年鉴》,中国统计出版社 2006—2012 年版。美元对人民币汇率 2005—2011 年分别为 8.2,7.98,7.61,6.95,6.84,6.77,6.46。

中国所处的发展阶段使得必须在有限的资源下解决教育资源的配置总量和配置结构问题。具体到老年教育,必须回答好两个问题:其一,是否将老年教育看成是对年轻人教育的一个部分,代际共享教育资源,并由政府进行公共财政支出;其二,为老年人提供怎样的教育内容,是就业技能还是娱乐休闲,或者两者都要兼容,提供更多样化的服务。中国经济的起飞,依靠的是供给短缺及劳动密集型产业,然而时过境迁,近年来,随着劳动力成本的不断上升,中国沿海地区的世界代工厂的竞争优势正在逐步丧失,中国经济正面临转型升级的压力,而转型升级的关键是技术创新和人才。开放的终身教育体系及老年教育,对提高整个社会的人力资本存量水平具有重要意义。因为,如果人口中占比不断增加的老年人的人力资本下降,将制约全部人口的平均人力资本水平的上升,进而影响转型升级。

## 二、制度制约

发展老年教育是一个社会的系统工程,除了必要的经济资源之外,还需要其他方面的制度保障和支持。在中国,有许多制度性因素的存在不利于老年教育的发展。

### (一)户籍制度

城乡分割的户籍制度几乎影响了中国经济与社会的各个方面,形成了资源分配的不平等和身份的不平等。城乡分割在教育方面的不平等则更为大众所诟病,因为教育的城乡不平等是城乡居民发展机会的不平等。农村在经济条件、学校数量、教学质量、教学环境等方面和城市存在很大差距,造成较为严重的城乡教育机会的不平等。研究表明,女性和老人在中国的农业生产中占据了相对重要的位置,来自CHARLS的数据也证实,农村老年人更需要就业,以获得更多的养老收入。因此,和城市的同年龄人相比,农村的老年人更需要、更希望得到教育培训的机会,以帮助他们获得农业新技术和将农产品销售市场。而现有的覆盖农村的教育体系尚不能很好地提供农业科技方面的教育及培训服务,城市的机关事业单位占据了更多的有限老年教育资源。从教育的公共服务性质来考虑,完善覆盖乡村的终身教育体系,对弱势群体实现有效的公共教育服务,才是政府公共支出的本意及本质。

### (二)社会保障制度的破碎化

社会保障是最应该体现社会公平的领域,但在中国,社会保障制度存在的破碎化制约了一部分老年人分享教育资源的机会。社会保障的破碎化表现在三个方面——城乡分割、身份分割和地区分割,其中最重要的是身份分割。机关事业单位的社保、企业职工社保和农村社保之间存在非常大的差距，由此形成不同的利益群体，甚至是族群的分裂和歧视，这些群体凭借不同的权势地位而分配一定数量的资源。由于老年教育资源的有限性，且主要局限于休闲娱乐活动方面的资源，因此只有层级比较高的人才可能分享到，而许多层级低的老年人即使有这个愿望和需求，也会被排除在外。由于老年人的各项支出主要依赖其社会保障收入，低社会保障、低收入的老年人很难再负担老年教育的费用。

### （三）老年教育机构的缺乏

在中国，发展老年教育的一个重要障碍在于老年教育机构的缺乏。中国的各类正规学校以公办为主，政府通过税收而投入的公共教育资源非常丰富，但它们对所有社会成员的开放性还比较差，无法对普通老年群体提供更多的教育服务。高等教育虽然放宽了报名资格，取消了入学的年龄限制，但由于存在非常激烈的考试压力，老年人很难跨入高等院校的门槛。由于有就业需求的老年人一般都是低收入人群，他们更需要更新职业能力以获得新的岗位。因此，公办教育机构应考虑对这部分老年人实行免费、资助或补贴政策，使这部分老年人及时获得能力补偿。

### （四）慈善事业不发达

社会的公共事业除了可以通过税收而采取公共支出的方式以外，还可以采取互助的方式。在中国，过分强调了前者而忽视了后者，并且产生了较为严重的不良后果。一方面，慈善事业的进入门槛高，政府垄断管理，财务不公开，滋生腐败；而另一方面，民间的善意和互助得不到完全的发挥。2012 年发生的“郭美美事件”对官办慈善机构提出了挑战，人们对官办慈善机构的信任开始动摇。而老年群体是最能实现互助的群体，比如老年人之间的互相照顾，年纪稍小的老年人可以照顾年纪更大的老年人，年纪稍小的老年人参加慈善机构相当于储蓄了照顾劳动力，通过代际互助而实现了老年人的互相照料，体现了“我为人人，人人为我”的慈善思想和博爱思想，这对缓解老龄化社会的护理劳动力短缺具有重要意义。所以，老年教育的一项重要内容就是教会老年人参与各种社会公益事业。

## 三、需求预测

人口结构及社会经济条件的变迁，都会给老年教育的需求量带来很大的影响。人口老龄化趋势、技术进步和社会的发展都将提高老年人的教育需求，但较为准确的定量估计还未有研究。本研究根据宋世斌对中国未来老龄化程度的预测数据，结合社会经济制度变迁所引起的老年教育参与率的变化趋势，对未来老年教育的需求量进行了估计。影响老年教育参与率的因素很多，也很复杂，比如个人特征、家庭状况、交通、收入水平等，其中最主要的有城市化水平和先前的受教育水平，即随着城市化水平和逐代受教育水平的提高，老年教育的参与率具有逐代提高的趋势。老年教育的参与率可以分为四个层次，分别为：保守 3%，一般 5%，乐观 8%，非常乐观 10%。不同的参与率有不同的预测结果，各种情形下的预测结果见表 6-12，变化趋势见图 6-1。实际可能出现的情况是老年教育参与率呈现逐步增加的趋势，后代的参与率要有比前代更高的参与率，由此可以得到一组更大变化的估计值，见图 6-2。

**表 6-12　中国老年教育参与人口数量预测**

| 年份 | 老年人口数（万人） | 占总人口比重（%） | 参加老年教育人数预测值（万人） | | | |
|---|---|---|---|---|---|---|
| | 60 岁及以上 | 60 岁及以上 | 3% | 5% | 8% | 10% |
| 2010 | 20251 | 15.16 | 607.53 | 1012.55 | 1620.08 | 2025.1 |
| 2015 | 25246 | 18.46 | 757.38 | 1262.3 | 2019.68 | 2524.6 |
| 2020 | 28429 | 20.48 | 852.87 | 1421.45 | 2274.32 | 2842.9 |
| 2025 | 33533 | 23.81 | 1005.99 | 1676.65 | 2682.64 | 3353.3 |
| 2030 | 38683 | 27.47 | 1160.49 | 1934.15 | 3094.64 | 3868.3 |
| 2035 | 42258 | 30.11 | 1267.74 | 2112.9 | 3380.64 | 4225.8 |
| 2040 | 42634 | 30.66 | 1279.02 | 2131.7 | 3410.72 | 4263.4 |
| 2045 | 42671 | 30.84 | 1280.13 | 2133.55 | 3413.68 | 4267.1 |
| 2050 | 44597 | 32.60 | 1337.91 | 2229.85 | 3567.76 | 4459.7 |

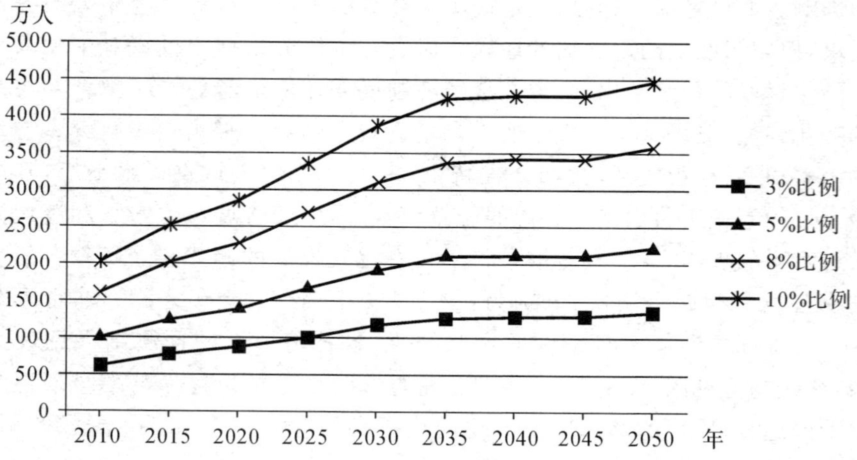


**图 6-1　中国老年教育参与人口变化趋势**

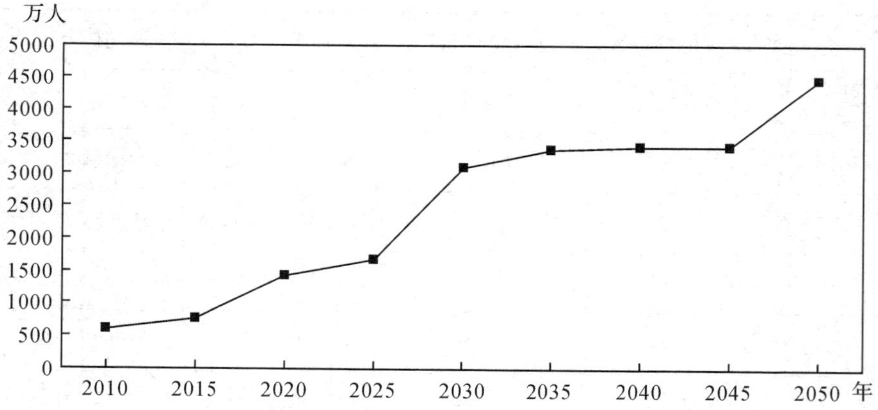


**图 6-2　递增参与率的老年教育人数预测**

即使按照最保守的估计，即老年人口中参加老年大学的比例维持在现在的 3%水平不变，由于老龄化的原因，到 2035 年，上老年大学的老年人数也会翻上一番。如果按照最乐观的估计，到 21 世纪中叶，参加老年大学的老年人口数量将是目前的 7 倍多。按照中性的 5%的比例来测算，未来参加老年大学的人数也会是目前的 3.7 倍。应该说，中国的老年教育还有很大的发展空间，日益增长的老年教育人口对教育资源提出了更高的要求，包括数量上和质量上的要求。中国的老年教育和先进国家的老年教育相比有很大的不同，在中国，老年教育更多的是提供娱乐休闲活动，而在西方发达国家，老年教育具有能力培养的性质，老年人可以通过老年教育获得多种生活、生产和社会化所需的能力。国内、国外的这种差异有经济社会发展阶段的影响,也有根本的发展方向的影响。中国的老年教育应该走怎样的发展道路,应该满足哪些老年人的教育需求是需要重新思考的问题。人口老龄化和经济转型都要求中国必须拥有完善的终身教育体系,能够更好地开发和利用日益增长的老年人力资源和老年人力资本。因此,中国老年教育的政策和制度必须做相应的调整,才能适应不断增加的老年教育需求。

## 第五节 本章小结

通过对老年教育发展的经济社会条件,以及中国老年教育的发展条件进行分析,可以得到以下重要结论。

### 一、社会发展状况决定老年教育的产生

人均 GDP 10000 美元是一个重要的标志值,代表一个经济体即将进入后工业化时代,也是老年教育可以起步的标志性条件之一。中国老年教育可以超越落后的经济状况而产生,是由于中国历史悠久的尊老爱幼的传统和老干部的特殊影响力。教育和经济发展阶段之间的关系表明,当第三产业在经济中居于主导地位,知识、信息、技术创新、发明创造对经济发展起到决定性作用的时候,无论是社会还是个人,对教育都会有越来越强的依赖性,而老年人也不会例外,老年人在实现自身价值的时候,也需要教育的支持。

### 二、多种有利因素促进老年教育的发展

老年教育的产生并不是孤立的,也不是一蹴而就的,是一个复杂的系统工程,除了必要的经济基础,其他社会进步的因素起到了促进作用。这些因素包括:公共教育政策的推行、社会保障制度的完善、健康余寿期的延长、家庭功能的变迁、知识经济的确立、日益增长的精神需求和社会公益事业的发展等几个方面。发展老年教育,需要各种有利促成因素的支持。

## 三、中国老年教育的发展存在难题

中国2011年的人均GDP约为5446美元，第三产业的占比为43.34%，处于工业化中后期阶段，整体经济实力及固有的制度缺陷不利于中国老年教育的进一步发展。中国有城乡之间的差别和地区之间的差别，加重了发展老年教育的复杂性。老年教育要政策既可以应对各种复杂的差别，又能够实现公平，是个难题。

## 四、中国老年教育提升空间巨大

老龄化的发展，对中国老年教育的质和量都提出了更高要求。根据需求预测，到2050年，参加老年大学的老年人数将有2—7倍的增加，日益增加的老年教育人口数量、并不富裕的经济基础、不完善的制度将会制约中国老年教育的发展。中国的老年大学和先进国家的老年教育有着不同的发展路径，中国老年教育的发展还可以有更大的提升空间。

# 第七章　老年教育组织模式的国际比较

萨缪尔森等认为："经济学研究社会如何使用稀缺资源来生产有价值的商品，并把它们在不同人之间进行分配。"[①]很显然，教育资源为什么会配置给老年人、如何进行分配，以及有怎样的配置效率，无疑是经济学家非常关心的问题。社会对某一产品的资源配置方式取决于该种产品的属性。研究老年教育的资源配置方式，首先需要研究老年教育的产品属性。老年教育是一个国家提供给老年人口的公共服务，现在的老年人和年轻人都会因此获益。作为一种准公共产品，老年教育存在供给难题。对各国老年教育资源组织模式进行比较，可以为发展中国老年教育提供有益的借鉴。

## 第一节　老年教育资源的形式

老年教育资源是资源配置的客体，可以说，是不同教育资源的组合形成了多样化的老年教育形式。作为以政府为提供主体的，包括非营利机构的，有偿或者无偿地提供给老年人的一种教育服务或教育资助，老年教育资源可以从多个角度进行考察。

### 一、渠道来源

从渠道来源来看，老年教育资源有以下几种。

#### (一)直接资源

直接资源包括税收和其他政府收入。这是政府直接兴办老年教育的

① ［美］萨缪尔森、诺德豪斯：《经济学》，北京经济学院出版社1996年版，第5页。

最主要资源，表明老年教育具有收入再分配的性质。但政府是有层级和空间分布的，征收的权限和使用的权限并不相同，进而会影响老年教育资源配置的水平、质量及效率。

### （二）间接资源

间接资源包括对老年教育活动的补贴、资助和税收优惠。这也是政府对老年教育的一种投入，表明老年教育的公共服务性质。

### （三）慈善捐赠

这部分资源并不能由政府强制决定，也不取决于市场机制，是由某一社会成员或社会组织自愿决定，但政府通常会对此行为进行鼓励。从某种程度而言，慈善也是一种公共产品，许多人因慈善而得到了帮助。慈善和经济发展状况之间具有较为紧密的联系，有资料表明，慈善组织比较发达的社会，商业交易也比较繁荣。

## 二、按性质分类

老年教育资源是老年教育部门所拥有和使用的人、财、物、技术和信息等各种要素的总和，是投入到老年教育部门的物化劳动和活劳动的表现，是老年教育活动生产和再生产的物质基础。老年教育资源从使用性质上来看，可以分为以下几种。

### （一）制度

老年人是弱势群体，在现实生活中，许多时候，他们的权益不仅不能得到基本的保障，还会屡屡受到侵犯。老年人能够切实享受到老年教育等公共服务，需要国家建立完整的、能够实施的并受到监督的老年教育制度。这些制度包括宪法层次的法律，也包括部门或地方性的规章制度。

### （二）教育机构

教育机构是教育资源组织的核心，也是教育服务的直接提供者，教育机构的数量、种类、质量决定了老年教育的发展水平。具体来讲，这些教育机构主要包括高等院校、职业学院、社会团体、宗教团体、政府部门、民间组织、自组织教育团体等。

### (三)资金

货币资金由于流动性和可转换性而成为评价老年教育资源状况的重要标志,它除了用于老年教育的日常经费支出之外,还可以用来进行基础设施等多方面的建设投资。比如,法国在 20 世纪 80 年代,投入 500 亿法郎,建设与老年人相关的福利保障。

### (四)教育基础设施

老年教育的基础设施是教育实施不可或缺的部分,包括教学和办公场地、教学设备、图书馆、健身房、文体中心、保健室等。这些基础设施通常都需要较高的资金投入。

### (五)师资

教师是老年教育的直接实施者和教学的组织者,教师的数量和质量及专业学术水准往往决定了老年教育实施的效果。在中国,许多老年学校的课程不能令老年人满意,其中的一个主要原因是师资力量薄弱,缺乏较为优秀的专业任课教师。

### (六)课程和专业资源

课程和专业是老年人学习的客体,是教育机构的知识资本,并且往往建立在教育机构的核心竞争力上。一所大学之所以有名望和声誉,往往在于其拥有某一专业领域内的知名学术团队。

## 三、流量和存量

每一个时间间隔所投入的人力、资金、物力是一种流量,而完成投入以后,一部分资源的使用价值和货币价值就会长时期地存在、积累而成存量。从广义上讲,教师的经验和能力的积累,以及学校所形成的社会声誉,也是一种存量的积累。

# 第二节 准公共产品性质

萨缪尔森 1954 年将公共产品定义为:每个人对这种产品的消费并不

能减少他人也消费该产品。公共产品和私人产品是对立的，私人产品只提供给为其付款的个人或厂商享用，在消费上具有竞争性，在受益上把未付款的个人排除在受益范围之外。一般认为，公共产品是具有共同消费性、非排他性和非竞争性的产品或服务。共同消费是指向整个社会或者集体成员共同提供的，具有共同受益或联合消费的特点。非竞争性的含义是指对公共产品的边际消费成本为零，即某人对公共产品的消费不排斥和妨碍他人同时消费该种公共产品，也不会减少他人消费该种公共产品的数量或质量。非排他性是指在技术上无法将那些不愿意为消费行为付款的人排除在某种公共物品的受益范围之外。公共产品提供者要想不让某人消费该产品，或者在技术上做不到，或者排他的成本过于昂贵，不值得去做。

公共产品也不是同质的，其内部也有分类。同时满足非竞争性和非排他性特性的公共产品被称为纯公共产品；而消费上具有非竞争性、受益上具有排他性，以及消费上具有竞争性、受益上不具有排他性的公共产品，被称为准公共产品。基于以下理由，笔者认为老年教育是准公共产品。

## 一、公益性

教育的公共性将教育定义为一种体现国家意志的公益事业，是实现国家道德和价值观念的工具，当然，老年教育也不例外。一般的理解，老年教育是仅提供给老年人的服务，但这种理解是相当狭隘的，因为每个人都会老，作为一种长期存在，老年教育实际上是提供给所有社会成员的公共服务，老年教育的公共性毋庸置疑。只是在传统社会，受制于较低的社会经济发展水平，教育将老年人排斥在外而主要服务于年轻人，并渐渐地成为一种很固有的和狭隘的观念，认为老年人是不需要接受教育的。

此外，老年人一般已经退出经济活动，相对于中青年劳动力来讲，许多老年人处于弱势地位，所以中国人会认为“老吾老以及人之老，幼吾幼以及人之幼”，这说明老年人是需要家庭和社会提供更多关心和照料的人群。政府除了是老年服务和老年照料的直接生产者和提供者之外，还需要对提供老年服务的企业和民间机构实行鼓励政策，对它们实施补贴、资助和减免税政策。许多企业、个人、社会团体向提供老年教育的机构进行捐款、捐物，提供义务劳动等慈善活动，这都说明了老年教育的公益性。

## 二、排他性和非竞争性

老年教育是义务教育之外的一种成人教育，在一定的社会经济发展水平之下，国家不可能向每个老年人无偿提供。在中国，现有的高等教育资源还很有限，还不能完全满足所有年轻人的需求，所以高等教育还不能对所有人开放；由于身体条件、知识水平、个人偏好、资源条件、地域空间的限制，现有的老年大学（学校）只能招收一部分老年人；老年人在入校时，还要根据不同的专业支付一定的学费，虽然学费很低，但相对于老年人的低收入而言，还是能起到一定的排他性作用；由于老年教育的资源有限，对于入学老年人的身份还有一定的要求。由于老年教育在消费上具有明显公益性的同时，还具有排他性和非竞争性，所以，老年教育是一种准公共产品。

# 第三节　老年教育的资源配置难题

公共产品与私人产品的资源配置方式很不相同。私人产品由私人企业通过市场提供，公共产品则由政府部门以非市场方式提供。但实际上这两种资源配置方式对于准公共产品而言都可能失效。一般而言，一种制度的次优，并不等于替代制度可以实现资源配置的最优，准公共产品的有效供给还存在多方面的难题。

## 一、公共产品生产和供给的区别

公共产品的生产和供给是有区别的，生产考虑的是由谁来生产产品的问题，而供给则考虑由谁来付款以供人们消费的问题。私人企业之所以不愿意提供老年教育服务是在于它无利可图，但政府可以通过向私人企业购买或者委托生产的方式为社会提供老年教育服务。所以，生产和供给是可以相分离的（见表 7-1）。

**表 7-1　公共产品生产和供给的组合**

| | 政府生产 | 私人生产 |
|---|---|---|
| 政府提供 | ① | ② |
| 私人提供 | ③ | ④ |

表 7-1 中,①表示政府生产、政府提供。政府投资兴建老年大学(学校),免费向老年人提供教育服务。②是私人生产、政府提供。即学校是由私人企业兴办的,但老年人不需要交纳学费,由政府从财政收入中向私人企业支付。③是政府生产、私人提供。政府投资兴办老年教育机构,但学校会向老年人收取抵消成本的学费。④是私人生产、私人提供。学校由私人兴办,和其他私人企业一样,将自己所生产的教育服务出售给消费者。公共产品的生产和供给的组合变化,增加了提供公共产品的可能性。

## 二、市场失败

市场化提供老年教育的好处是无疑的,在均衡条件下,在满足老年教育消费的同时,再增加一个单位供给的企业获得零利润。但现实是真正提供老年教育的营利性企业是没有的,道理很简单,因为无利可图。这一现象符合理论的预测,说明市场是无法提供具有公共产品性质的老年教育服务的,此时市场失败。

## 三、政府失效

由于市场供给的失败,老年教育等准公共产品一般会通过政府公共财政支出的方式来进行提供。由于准公共产品存在排他性和非竞争性,因而政府的供给也并不完美。比如中国的老年大学,在很多城市出现一座难求的现象。许多老年人因为身份上的限制而无法进入老年大学学习;老年大学开设的专业有限、课程有限,教学设备、教学场地不足,无法满足老年人的多样化需求,致使许多老年教育活动受到限制;拥有丰富教育资源的高等院校还主要服务于年轻人,其拥有的图书馆、教室及课程无法向社会开放;现有的老年教育还仅仅停留在休闲娱乐阶段,老年人的智力开发和职业技能开发几乎无法进行。

政府在老年教育等准公共产品方面的供给失效,其原因是多方面的。一个可能的原因是政府的税收征收和税收使用不在一个层次,且政府的上下级体制僵化,不作为的现象较为严重。因为有几个上级的层层审批和拨款程序,基层很难获得所需资源,即使得到,其数量也很少。因此,政府公共管理体制方面的原因造成了资源的浪费、供给的不足和效率的损失,纳税人所尽义务与所享受的权利并不对等(见图 7-1)。

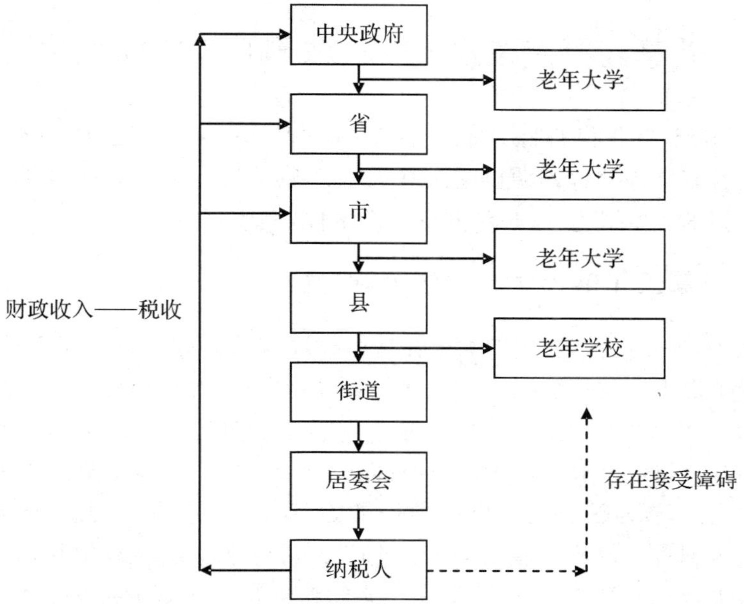


图 7-1 财政收入和公共财政支出之间的层级关系

由于存在市场失败和政府失效问题，单纯的市场或者单纯的政府供给，并不能很好地解决老年教育的有效供给问题，可能的解决出路有两个方向：一是采取市场和政府的某种组合方式，二是引进市场和政府之外的第三种力量来参与提供。因此，老年教育的有效供给还依赖于对老年教育资源进行有效的管理和组织。

## 第四节 老年教育资源组织模式的典型范式

已有研究结果表明，世界各国老年教育的发展呈现出多层次、多元化的复杂形态。2009 年诺贝尔经济学奖获得者、美国经济学家埃莉诺·奥斯特罗姆采用对大量个案进行实证研究的方法，对公共池塘资源的自主治理问题进行研究，提出了开创性的公共治理“多中心理论”。本研究也是采取类似的研究方法，通过比较各国老年教育的典型案例，研究老年教育的合理制度安排。因为实际的制度安排，要比任何抽象的博弈结构都要复杂，包含着资源优化配置的合理内核。

## 一、共享高等院校模式——法国自由时间大学

20 世纪 60 年代的“教育民主化”运动之后，在西方发达国家，老年人和年轻人共享高等教育资源已是很普遍的现象。第一所正规的老年教育机构在法国的大学诞生，这是件开创性的事件，但绝非偶然。

### (一)第三年龄大学和资源分配冲突

在 1968 年以前，法国的大学在暑期都被闲置不用。1968 年 5 月，法国爆发了历史上非常有名的工学运动“五月风暴”，它对法国的政治、经济、思想、教育、文化都产生了极大的影响。工学运动提出的一个诉求是将教育机会与教育资源开放给广大的普通群众，同年 11 月，新的法国高等教育法案获得通过，要求法国的大学必须提供更多的社区教育，自此法国老人受教育的权利有了保障。1971 年，法国通过《继续职业训练组织法》，为保障年轻人失业后的继续教育，要求雇主必须缴纳员工薪资的 2%作为成人教育基金。当时的退休员工提出，应推广到已退休人员的身上，否则法源无据，因为他们必须自行付费才能获得退休后的学习机会，而且在资源有限的情况下，相对的费用就增加了很多。

1973 年，法国杜鲁斯社会科学大学教授维拉斯利用大学的校园、师资及设备，为退休人士举办夏令营，没想到退休老人的教育需求非常强烈，最后发展成为整年期的课程，第一所第三年龄大学就这么有些偶然地诞生了，并进而成为国际性的运动。此后的法国大学不再只服务于青年学生，还向社会众多的成年人及老年人提供各种教学和学习服务。

### (二)共享高等院校资源

1973 年以后，法国正规大学的中心或者学院开始附设第三年龄大学，也有部分地方由政府的老年服务部门和大学联办。附设于大学的好处在于可以利用大学的规章制度、图书馆、教学设备等公共设施和师资，使得教学始终维持在很高的学术水平。第三年龄大学对退休人士开放，不需要资格和考试，且费用低廉。20 世纪 90 年代开始，课程推广到家庭主妇、失业者、年轻人甚至是大学生。1993 年以后第三年龄大学改变了名称，因为法国人认为第三年龄有歧视的味道，现多使用自由时间大学、人人大学或年龄交互大学的名称。

第三年龄大学的经费大多来自大学，少数来自地方乡镇政府的经费和

设备费用。师资主要来自正规大学，学术水准很高且费用很低，只需支付钟点费。这不是说法国大学的财政压力很大，因为法国公立大学的教育经费85％由国家承担，学生只需支付少量的注册费（150—630欧元）即可。法国的高等教育非常发达，每年财政收入的20％会被用于教育投入，这一比例排在世界第一。近年来，由于政府财政紧缩，对大学的赞助减少，第三年龄大学的学费有上涨的趋势，有学生自付课程和设备费用的倾向。以贝斯、诺曼底正规大学所附设的年龄交互大学为例，每一学期为9个月（法国制），从9月到来年5月，不能中途加入，正规生收费67欧元，年龄交互大学促进协会的会员价为20欧元。在里尔大学所附设的自由时间大学，集体参加个人交65欧元，夫妻参加交106欧元；如果是退休人士，可以接受区域性疾病救助机构的补助，减免20％；如果是学生或处于待业中，只收费16欧元；旁听生则收费更少。在教学内容上，开始时以文化陶冶课程为主，现在已有许多涉及新工作技能方面的课程。法国自由时间大学的课程实用性较强，包括体育锻炼以延缓生理衰老，卫生保健预防老年病，研究文学、艺术、历史、法律、政治、时事以提高对社会的责任感等。

## 二、政府集权模式——美国老年中心

20世纪80年代，美国老人法经过三次修订，该法要求各州建立多用途的老年中心，涵盖身心健康、社会服务、营养、教育课程及休闲活动。美国政府对各地的老人中心采取的是中央集权式的管理方式。国家老化会议是全美最高的指导单位，其下设国家老年中心，统筹全国各地的老年中心。目前老年中心在全美各地约有2万所，其经费来自联邦、州和当地政府及学费，虽然经费逐年增加但仍不够使用。比如，2003年美国联邦政府共拨款13亿美元以资助各地老年中心，但平均到每所只有6.5万美元。

老年中心分为两类，一类是社会服务型的机构，一类为自愿组织的机构。美国老年中心的服务人员及教师基本上以志愿者为主。老年中心以社区为基本单位，以吸引各类社会背景的老年人参与，主要提供贫穷弱势和残障老人的相关服务，包括家庭、法律、社会等方面的咨询和辅导。由于老年中心运行经费不足，近年来有人主张将其“民营化”，但民营机构又很难替代它对弱势和残疾老人的公益服务功能。

## 三、社区服务模式——美国社区学院

世界卫生组织1974年将社区定义为某一固定地理区域范围内的社会团体，其成员彼此认识且互相来往或有共同的兴趣，行使社会功能，创造社会规范，形成特有的价值体系和社会福利事业，每个成员均经由家庭、近邻、社区而融入更大的社区。从此定义来看，社区成员因共同生活在某一地理区域而形成紧密的联系，具有共同的利益、目标甚至价值观，即使成员之间发生利益冲突，也可以通过许多非正式的渠道而得到较为妥善的解决。可以说，社区老年服务具有最能反映社区老人需求的特质。

通过社区来配置教育资源，是美国人的发明，社区学院有很强的生命力，因为它有很大的资源配置规模和配置效率。社区学院在美国教育体制中具有举足轻重的地位。美国目前有社区学院近1200所，各州90%以上的居民在离家25英里以内就可以找到一所社区学院。这种覆盖面，在数量上和布局上可以充分保障全美青年人和成年人的教育需求。资料显示，全美现有约1040万名学生在社区学院就读，约占全部大学生比例的44%，其中540万为学分制学生，500万为非学分制学生，58%为女生，42%为男生，63%为兼职学生，37%为全职学生，53.8%的学员得到各种资助，6%的学生获得联邦政府的贷款，每年约有45万名学生可以拿到准学士证，有20万名学生拿到两年的结业证书。

### （一）社区学院的缘起

1947年美国高等教育总统委员会，也叫杜鲁门委员会，提呈了一个报告，提出一个由政府资金资助的两年制学院概念，这就是在大多数美国家庭附近的社区学院。社区学院设立的宗旨是：社区学院有多种不同的项目与功能，面向整个社区提供教育服务；为社区青年提供学院教育，消除教育机会在地理上和经济上的障碍，以较低成本发现并开发个人才能；将社区学院建设成一个活跃的成人教育中心，满足社区所有高中之后的教育需求。1965年的高等教育法案提供了资金以使得更多的人能够支付社区教育的费用。1973年，美国老年法案进行修正，鼓励社区学院提供免费的老年人课程，以保障老年人的受教育机会和资源。

### （二）经费来源

社区学院的经费来源主要是三个方面，分别为州政府拨款、地方税收和学生学费，其中州政府的拨款是资金的主要来源，但各地、各个时期的三项资金比例并不一样。联邦政府也有一定比例的拨款，不高，约5%，但近年来联邦政府对社区学院的资助和合同金额增加了许多。州政府和地方政府对社区学院的拨款，一方面保证了政府对社区学院的有效管理，保障了社区学院的发展不脱离当地社区发展的需要；另一方面保障了收费的低廉，社区学院的学费一般只有公立大学的50%左右，是四年制私立大学的10%。收费低廉有利于社区中低收入家庭的学生接受高等教育，还有利于成人接受职业教育，促进高等教育和教育的普及化。

### （三）管理方式

美国联邦教育部并不对全国的社区学院进行统一的领导与管理，而是由各州及地方政府负责领导，只是各州的做法不同。各州或地方政府教育部门只负责批准经费预算、制订教师聘任条款等法规、审批新筹建的社区学院等。社区学院的直接管理机构是社区学院董事会，它由当地公民在各界人士中推选，一般都是熟悉当地、热衷教育事业的著名人士和企业家。董事会的重要责任是聘任和解聘院长，制订学院任务和使命，进行发展规划。院长的一切工作必须对董事会负责，负责全院的行政事务。社区学院除了必要的职能部门之外，设置系或专业，这些系或专业都聘请当地各行业的专家或管理部门负责人担任顾问。这些顾问熟悉社区情况和行业情况，可以对课程设置、教学内容、教学方法及社区事务的发展预测提出有针对性的建议。

通过管理体制、建设目标和教学内容的多层次社区化，社区学院真正做到了是社区的一个部分，并能够真正为社区发展服务。社区学院既培养人才为社区服务，又提高了社区民众的素质。社区学院的一切资源都姓“社”，学分课程和非学分课程都向社区开放，体育场馆、剧场礼堂、图书资料也都向社区居民开放，教师和职员一般都是社区教育和社区活动的活跃分子。社区也将社区学院看作社区建设的重要力量与社区文化教育中心，不仅为社区学院提供经费，还为学院利用社区进行调研和实践教学提供方便。

### （四）通过社区教育和下设老年学院进行老年教育

老年人作为社区的重要人群，既是社区学院建设的参与者，也是它的受益者。首先，社区学院的所有课程向所有人开放，老年人可以选择自己需要和喜欢的课程进行学习，并且可以享受到学费的减免。其次，社区学院都有向居民开放的社区教育。社区教育涵盖了很宽范围的多种活动，包括成人教育、继续教育、合同培训及社区服务，可以是有学分的，也可以是无学分的。教学形式很灵活，可以是 1 小时的讲座，也可以是 1 学期的课程，可以在社区学院内上课，也可以在社区学院外上课。对于规模较大的社区学院，会专门设立独立的老年学院，对社区的老年教育进行整体规划和推广。比如，加利福尼亚州洛杉矶市的圣莫妮卡学院下设了专门的老年学院。该老年学院在 1974 年秋成立，是由社区学院校长和来自不同机构、行业的社区居民代表共同讨论成立的，同时成立了一个顾问委员会负责管理退休居民的教育计划，特别是他们的特殊需求和兴趣。到目前为止，每年约 3000 名老年学生，每周 150—160 门课程，包括生活技巧、健康知识、基本常识和消费教育，通过智力问答、群体互动、创造实习和精神激励等手段来丰富老年人的个人生活。

## 四、自治自助模式——英国第三年龄大学

英国第三年龄大学受到法国第三年龄大学的影响，却走出了完全不同于法国第三年龄大学的模式，它秉承终身学习的自助理念，实行“教者会学，学者会教”指导原则。

### (一)组织结构

英国的第三年龄大学虽然形成了完整的高、中、低组织架构，在全国有第三年龄联合会及全国执行委员会，在地方上有支部、小团体，但层级之间并没有严格的行政上的隶属关系。每一所第三年龄大学都是独立的，由民主选举产生的管理委员会管理，而且每一支部，甚至每一小团体是独立自治的，它们自主开展活动并承担相应的责任，彼此间也相互支持，共享资源。

英国第三年龄大学实行自助学习的机制，为非正规的自助学习。所有有专长的老年人都可以执教，轮流教学。因此，会员既是教导者也是学习者。教师和领导者的角色是鼓励每个人参与，而且都是没有工资的(特殊情况除外)，都是自愿奉献技能。一个非常普遍的现象是，某个班上的老年学员会在另一个班担任教师。通常的教学方式是组织一系列兴趣小组进行活动，其内容由小组成员商定，范围从语言学习到考古和哲学研究，从工艺到音乐欣赏和创造。会员在互帮互助的基础上，可协商课程和教学的形式，灵活地安排时间。鼓励在不同专业领域具有专业知识或技能的学员在

学习小组内与其他学员分享知识。兴趣小组的规模通常不大，一般以会议或班级的形式在会员家中进行。这样做不仅有助于节省开支，也为成员间进行友好充分的交流提供了便利。

### (二)经费来源

在活动经费上，自给自足，不依赖政府，学员只需交纳极少的会员费就可参加学校组织的各类活动。英国第三年龄大学的课程最引人注目之处就是费用低廉，因为它的基本原则是能够吸纳所有退休人员，为他们的终身学习服务。其房屋租金、设施设备及主要活动经费都来自慈善事业的捐赠，行政和研习小组的活动均是由无薪的义工负责。

## 五、非营利企业模式——美国老人寄宿所

美国的老年教育模式非常多种多样，因而可以满足老年人的多样化教育需求，老人寄宿所就是其中很有特点的一种。美国社会学家马丁诺顿和他的朋友毕安可共同设计了老人寄宿所活动，并于 1975 年在新罕布尔州的五所大学院校展开。1977 年，老人寄宿所注册为非营利组织，吸引了 90 个国家的院校加入，每年推出 8000 个以上的课程，注册学生人数超过 16 万。老人寄宿所活动是为 55 岁及以上的老年人提供旅游和教学相结合的住宿型、非正规的学习方式，参与者无学历限制。通常利用暑期在大学院校举行，活动每期 1—3 周，住宿于大学学校宿舍，每个活动有 3 门课程，其中 2 门为大学水准的教学课程，1 门为课外活动。

### (一)组织机构

老人寄宿所定位于非营利组织，但按照公司制来运作。该组织的最高管理机构是董事会，董事会下设总部办公室，总办管理分布在世界各地的办公室，这些办公室负责联系所在地的大学。董事会下还设校友会和指导委员会，负责筹款、宣传和战略咨询等工作。通过强有力的董事会，而且董事和咨询委员都是各大基金会居于要位的人员，老人寄宿所形成组织严密、整合力强的公司经营模式。总部办公室通过 8 个部门协调指挥，在地方设立州办公室，在大学设立校园联络处，在国外设立驻外办公室，从中央到地方，再到校园，直至海外据点，形成紧密的指挥网。老人寄宿所自成立后就不断扩张，1988 年美国另一大老年教育组织“退休学习学会”并入老人寄宿所，并更名为“终身学习学会”。

### (二)经费来源

老人寄宿所的经费来自多方面,开始主要是州政府补助、大学补助、民间基金会补助、学杂费及校友赞助。1982 年以后,随着办学规模的逐步扩大,逐渐实现自给自足,此时州政府补贴及基金会赞助逐渐减少。老人寄宿所聘请的都是专职人员,支出主要是支付职员薪金、行政办公费,以及支付给合作大学的费用。老人寄宿所实现收支平衡,奠定了永续经营的基础。

老人寄宿所招收的学员年龄一般在 55—90 岁,以 65—69 岁为最高,占学员总数的 38.6%,平均年龄 68.3 岁,男女比例为 1∶2,女性高于男性,大专以上程度的为 80%,2/3 学员的年平均收入超过 3 万美元。老人寄宿所站在老年人的立场上来思考老年人的学习要求,课程包括:博雅课程,如美国研究与历史、哲学与宗教;探索课程;户外运动;服务学习(志愿者);海上探险;代间学习,安排家庭各代成员及亲属的交流与互动;个人技能;旅游学习。

## 第五节　典型范式的国际比较

由于资源的稀缺性,以及准公共产品的特殊性,老年教育的资源配置还存在着许多障碍。为了增加老年教育等准公共产品的有效供给,各国均对老年教育的资源组织模式进行了积极的探索,并取得不菲的成效。无论是成功的案例,还是不成功的案例,都包含了资源优化配置的合理内核,因此,对老年教育的典型范式进行实证研究,可以为建立符合中国国情的老年教育资源组织方式提供有益的借鉴。

### 一、典型范式的比较

根据已有的文献记载,本研究总结了 5 种典型资源配置范式,它们分别为:共享高等院校模式——以法国自由时间大学为例;政府集权管理模式——以美国的老年中心为例;社区服务模式——以美国社区学院为例;自治自助模式——以英国第三年龄大学为例;非营利企业模式——以美国老人寄宿所为例。表 7-2 列出了这些典型案例的资源组织状况。

表 7-2　各国老年教育典型范式的资源组织模式比较

| | 核心组织 | 支持组织 | 经费 | 监督 | 服务对象及特点 | 代表国家 |
|---|---|---|---|---|---|---|
| 共享高等院校 | 独立的高等院校 | 中央和地方政府 | 中央政府 | 政府 | 退休人士、年轻人、家庭主妇、失业者，增进知识和提高职业能力 | 法国、瑞典、巴西、韩国、日本等 |
| 政府集权管理 | 联邦政府 | 地方政府、社区 | 联邦和地方政府、义工 | 政府 | 贫穷、残病老人，依托社区，服务综合 | 美国、日本等 |
| 社区服务 | 社区学院 | 地方政府、社区 | 地方政府拨款、地方税收 | 地方政府、社区 | 社区成员（老人）的休闲和职业发展 | 美国 |
| 自治自助 | 自治教育机构 | 慈善组织 | 捐赠、会员费 | 市场 | 所有退休老人、促进自我完善 | 英国、澳大利亚、新西兰等 |
| 非营利企业 | 非营利企业 | 地方政府、高等院校、慈善基金会 | 学费、捐赠 | 市场 | 较高学历和收入的老人，旅游学习 | 美国 |

资料来源：黄富顺主编：《各国高龄教育》。

在法国、瑞典等国实施的共享高等院校模式里，提供老年教育服务的核心组织是高等院校，其不仅提供老年教育的日常经费、师资和基础设施，还进行日常的具体教学管理，并进一步地将服务对象扩大至老年人之外的年轻人、家庭主妇和失业者等。高等院校有丰富的优质教育资源，有利于增进老年人的知识资本和提高他们的职业技能。需要特别注意的是，虽然政府是高等院校办学经费的最主要提供者，比如在法国，政府拨款占大学全部经费的80%左右，但按照法律规定，这些大学实行学术上的和管理上的自主和自治，不受政府和其他势力的干涉。因此，高等院校是代表政府提供公共服务的具体实施者，在强制的法律制度框架内，高等院校是独立自治的，政府有提供经费的义务和进行监督的责任。

政府集权管理模式以美国老年中心为典型，其一个重要特点是依托于社区为贫穷和残疾老人提供综合服务，而老年教育只是其中的一项服务。这一部分的老年教育带有很强的社会福利性质，私人企业因无利可图而不愿提供，即使有私人企业提供也不能完全保证这些弱势老年群体的利益，因而只能由政府提供。可以看到，即使是美国这样高度市场化的国家，对弱势老年群体的公共服务也会实行由联邦政府、地方政府再到社区的高度集权的统一供给模式，从而切实保障了这部分弱势老年人的权益。应该来讲，这种模式的成本是相当高的，所以美国老年中心招募的员工也大多为志愿者。联邦政府的公共财政支出、政府强有力的管理及志愿者的使用，在保障公共服务供给的同时，也宣扬了“利他主义”的价值观。

通过社区学院为社区所有成员提供教育服务，是美国人的发明。此种资源组织模式下，社区学院是教育资源的核心组织者。社区学院的特点在于它本身就是地方政府和社区成员共同参与建设的产物，社区老年人的教育需求理所当然地反映到社区学院的办学宗旨之中。对于社区学院而言，地方政府和社区既是管理者又是监督者，因为其办学的主要资金来源于纳税人的钱。为了真正做到取之于民，用之于民，社区学院必须为社区服务，老年人只是其服务的一个重要组成部分。不同社区的老年人的教育需求有所不同，社区学院通过专业和课程的设置，以满足社区老年人的多样化的需求。此外，社区学院是一所高等院校，可以满足老年人知识增长和职业发展的需求，对于解决老年贫困有一定的帮助。

老年教育的自治自助模式，是以自治教育机构为主导的，比如英国的第三年龄大学。这些自治自助的学习团体由具有相同爱好的老年人组成，每一个成员的资源在自愿的情况下可以被团体中其他人所共享，因而具有相同爱好的人的规模决定了资源的规模和老年教育的规模。此种模式最直接地反映了老年人的需求，避免了政府直接供给时会有的偏差，是资源配置效率最高的模式。自治自助的老年教育一般均由高能力的老年人组成，个人的资源可以给团体中的其他老年人共享，从而促进老年人的自我发展和自我完善。这种模式办学经费的另一个重要来源是慈善组织的捐款，这表明慈善在一定程度上等同于公共产品。

非营利企业模式以非营利企业作为教育资源组织的核心，通过接近市场运作的方式为老年人提供教育服务，因而老年人需要交纳一定的费用，非营利企业也因此可以实现收支平衡。此种模式所服务的对象一般是具有较高教育水平和较高收入的老年人。政府的作用是通过资助、税收减免进行鼓励，慈善机构、各种基金会也提供一些捐款。非营利企业实现自给自足的能力取决于学费水平和学员规模，而它们又取决于老年教育项目的设计能力在多大程度上吸引有支付能力的老年人参加。非营利企业量入为出，更加贴近于市场操作，所得的利润也不会用来分配，而是用来进一步投入，以便为更多的老年人提供服务。此种模式也是效率较高的配置模式，但依赖于一国非营利企业和非政府组织的发育状况。

## 二、比较的结论

通过对各国老年教育的典型范式的分析比较，可得出以下几点重要结论。

### （一）老年教育资源配置方式多样

除了单纯使用市场方式或政府供给的资源配置方式之外，还可以采取市场和政府组合的方式进行老年教育资源的配置。对于老年教育等准公共产品而言，政府可以避免介入直接投入和直接生产，而是采取补贴、资助、购买、事前审核、事后监督的方式，鼓励和监督非营利企业和民间自治组织机构提供多样化的服务。

### （二）准公共产品的供给主体多样

准公共产品的供给主体除了政府的相关部门之外，非营利企业、民间自治组织机构也可以成为服务供给的主体。非营利企业贴近市场操作，不断创立吸引老年人的教育项目，通过收取学费实现收支平衡，以市场决定其成败，是效率最高的资源配置方式。

### （三）慈善机构、民间组织、志愿者作用巨大

在老年教育的供给过程中，慈善机构、民间组织、志愿者发挥了重大作用，“利他”和“慈善”不仅是人类的宝贵精神财富，也是资源配置的一种方式。“利他”向弱势群体和需要帮助的人直接提供了公共服务，提高了他们的生活水平和生活质量。

### （四）高等院校是最为重要的老年教育资源

几乎所有的发达国家包括金砖四国之一的巴西，都向大众开放高等院校，并对老年人入学实行减免学费政策。高等院校的开放及资源的社会共享，无疑可以极大地提高全社会包括老年人在内的创造能力，对老年人的知识更新、职业发展都可以起到非常有力的促进作用。

### （五）财政收入和财政支出的政府层级差距，对公共服务的供给效率有重大影响

以美国的社区教育为例，美国的三级财政体制中，联邦、州、地方政府都有自己相对独立的征税制度，且没有上下级的行政隶属关系。地方征税可以地方使用，地方出资建立的社区学院可以准确反映本地区经济发展的要求和社区居民的要求。这种财政体制更利于社区学院办出本地特色，比如重大的投资决策要由社区居民投票决定，社区居民和企业家代表进入社区学院董事会，社区的专业人士进入学院的专业建设委员会，社区居民参与社区学院的管理和监督等。因此，社区学院姓社，可以为社区老年人提供高质量和多样化的老年教育服务。（见图 7-2）

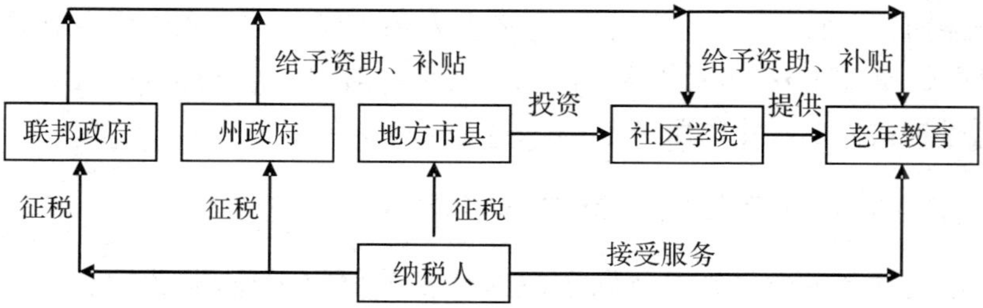


**图 7-2　美国社区学院的财政收入和公共支出示意图**

## 三、对发展中国老年教育的借鉴意义

对各国老年教育资源组织模式进行比较研究，可以为中国老年教育的发展提供有益的借鉴，其具体体现在以下几个方面。

### （一）解决高等院校的教育资源对社会大众开放的问题

在知识经济社会，知识及其价值的创造，已经超越了年龄和身体条件的限制。变革、创新、革新、更新都需要学习，这是现代社会的基本要求，而不应设置过多的限制。大学具有最为丰富和优质的教育资源，是最受老年人欢迎的学习场所。但是在中国，由纳税人负担、用公共支出建立起来的公立大专院校，即使是在暑期，依然不会对社会大众开放。随着信息技术的使用，高等院校所拥有的数字图书馆、虚拟教育资源等应首先通过互联网络、广播电视网络实现对社会大众的免费开放。

### (二)建立一套符合中国国情的慈善机构管理制度

合理的慈善机构管理制度能积聚全社会的慈善资源,为发展老年教育提供必要资助。中国的老年教育供给不足,实际是资源不足造成的,仅仅依靠政府单一的公共财政支出很难支持日益增长的需求。通过考察各国老年教育的典型范式可以发现,慈善机构的善款为老年教育等公共服务的发展提供了很大帮助。慈善资金、慈善机构对社会形成真、善、美的道德价值观具有非常大的促进作用。但“郭美美事件”以后,政府自收自管的中国慈善事业遭受到了前所未有的信任危机。政府放开此方面的管制,建立完善的慈善机构管理制度,应允许企业和个人设立更多的慈善机构和基金会,并强制慈善机构公开财务。

### (三)开放老年教育的服务主体

在老年教育等公共服务领域,改变单一的政府集权管理模式,允许更多的主体,如非营利企业、社会团体、宗教团体等机构,投资兴办老年教育等公共服务。政府集权管理的好处是老年教育等公共服务有公共财政的保证,但事事有保证,也给政府带来了很大的财政负担。在中国,政府还存在上下级层次过多的问题,往往是会议开了很多,文件发了一大堆,事情还没做几件。按照国际上通行的做法,政府真正应该给予帮助和提供更多公共服务的是弱势老年群体,而中国恰恰相反,中国的老年大学均是设在权力的较高层次,普通老年人很难真正享受到。

### (四)赋予政府基层以更大的财政权力

应按照地方政府承担的公共服务的数量和种类,赋予政府基层以更大的财政权力。中国在 1994 年实行了分税制,形成国税和地税两个层次。基层虽更能了解老百姓的需求但得到的资源却很有限,存在对老年教育等公共服务无力投入的问题,进而形成公共服务的供给不足。因此,从增加公共服务的数量、提高公共服务质量的角度来考虑,应赋予基层以更多的财政权力。

## 第六节　本章小结

老年人在生活、工作和进行社会参与的时候,也需要各种知识与技能,且随着年龄的增大,许多功能和能力趋向于减退,因而有必要为老年人配置教育资源进行必要的能力补偿。老年教育是提供给老年人的准公共产品。通过对老年教育资源组织模式的国际比较,可以为发展中国老年教育提供必要借鉴:高等院校的教育资源应向社会大众开放;建立符合中国国情的慈善机构管理制度,积聚全社会的慈善资源提供公共服务;在老年教育等公共服务领域,改变单一的政府集权管理模式;按照地方政府承担公共服务的数量和种类,赋予政府基层以更大的财政权力。

# 第八章　能力导向的老年教育课程开发

老年教育补偿老年人的能力、提高老年人的福利，是通过具体课程的教学活动完成的，为此，开发和设计适应老年人能力需求和能力发展规律的课程至关重要。以能力为导向开发老年教育课程并不容易，因为老年人的心理特征、学习习惯、能力需求等和年轻人有着诸多不同。比如，同样在教室听课，老年人通常所坐的位置和年轻人喜欢坐的位置会有很大的不同；老年人渴望和老师互动，年轻人却很不喜欢老师的说教；老年人认为非常重要的内容，年轻人很有可能不以为然；老年人可以悠闲自在地学习，而年轻人却不得不为考试临时抱佛脚。因此，开发针对老年人的课程应具有一套独特的思维框架，课程主题应满足老年人的能力需求和兴趣，教学方式应生动有趣、寓教于乐，以潜移默化的方式补偿老年人的能力。

## 第一节　老年教育的课程主题与内容

老年教育的课程与一般成人教育的课程安排不同，老年人参加各种课程的学习并非为了成绩，也不是为了文凭，而是为了实现自我成长和社会参与，而社会提供老年教育课程是为了赋权增能，提高他们的福利。因此，开发和设计的课程必须符合老年人的能力需求及学习特点，而其中课程主题与内容的选择至关重要。

### 一、课程及其实施方案

成人教育的课程及其实施方案代表着教育者对教育活动有目的的设计和规划。课程(curriculum)在拉丁文中是跑道的意思，引申为学习的道路与模式。实施方案(program)是指与某一课程的具体教学活动直接相关的具有一定弹性和次序的持续实现流程，是为指导教学活动而发展出来的计划。一般来说，课程内容和实施方案代表着成人教育活动的一系列过程或者组合体。1935 年，美国学者卡斯威尔和坎贝尔在其著作《课程开发》中明确提出“课程开发”(curriculum development)的概念。1974 年 3 月，日本文部省与 OECD 所辖机构“教育研究革新中心”(CERI)合作，在东京召开了课程开发国际研讨会，提出“课程开发”的基本方向，即“‘课程开发’是表示课程的编订、实验、检验—改进—再编订、实验、检验……这一连串作业过程的整体”[①]。自此，课程开发在教育界经常得到使用。

老年教育课程开发意指通过开发适合老年人参与的一系列教育活动，在有组织、有目的的设计环境中，改变老年人的能力和行为。老年教育的实施是有计划的，其将老年教育的理念、政策、资源，通过课程的安排与设计传递给老年人，其计划的层级可以是全国性的，省、市级的，也可以是社区级的。例如，各级政府及社区都可以进行针对老年人的健康教育、防止受骗等宣传教育活动。课程是教育活动的中心目标，通过清楚的目标引导，可以设计学习方法与教学内容，以实现某种能力目标。例如，为了增进老年人的生活情趣可以开设书法课程，为增进老年人的社会适应性可以开设电脑网络课程等。

老年教育的能力补偿性质表现在：第一，老年教育是针对老年人求知、求乐、求健的特殊教育活动；第二，老年教育是老年人不断地完善人生，提高生活质量，体现人生价值的有目的的学习活动；第三，老年教育是促使老年人的个性自由发展，多样性、灵活性地融入现代社会的学习活动。老年教育的能力补偿性质决定了老年教育课程必须围绕求知、求乐、求健，以及提高能力与生活质量的要求来设置，开设体现老年人个性需求和能力需求的课程，在宽松、愉快、和谐的环境中发掘老年人的潜能。

## 二、开发老年教育课程的原则

赋权增能的老年教育课程开发，必须遵循一定的开发原则，以指导针对老年人的课程开发。这些原则主要体现在以下几个方面。

### (一)科学性和创造性

开发什么样的课程是老年教育机构必须首先解决的问题，课程的设置

---

① 钟启泉：《现代课程论》，上海教育出版社 1989 年版，第 320 页。

首先必须具有一定的科学性和创造性。老年教育课程设置的科学性主要体现在几个方面：一是课程能够满足社会的需要，主要表现在政治需要、文明建设需要、构建和谐社会需要、构建终身教育的需要等；二是能够满足老年群体的需要，主要表现为增长老年人知识的需要，提高生活质量和生命质量的能力需要，完善人生的需要、适应和参与现代社会的能力需要等；三是能够适应时代发展的要求，密切联系现代科学技术的发展，吸纳相关科技领域的新成就，以提高老年人在各学科的专业水平及能力。

### （二）多样性和趣味性

老年群体的年龄跨度、能力差别非常大，因而老年人的个人爱好及能力需求也是多种多样、千差万别，涉及繁杂的多个领域，如生活、健康保健、疾病预防、心理健康、再就业等，这就需要根据老年人多样化的需求设置多样化的课程供给。由于老年人参加教育活动的目的并非是金钱上的收入，且老年人有着不同于年轻人的心理特征，这需要在教学中加入许多趣味性元素，如兴趣活动、现场参观、动手操作等，多方面补偿老年人的能力。

### （三）层次性和递进性

老年教育课程的层次性和递进性是由老年人群本身的特征所决定的。一是老年人群是一个年龄层次非常大的群体，有刚刚退休的初老老人，也有老老人，即使从60—100岁也有40年的跨度；二是入学老年人的文化水平差别很大；三是老年人的能力差别很大；四是老年人的人生追求差别很大。这些特点使得必须根据老年人的年龄层次性、文化层次性、需求层次性和技能层次性设置课程，即使是同一门课程，也需要设置成不同的层次，采用不同的教学方法，比如音乐、书法、绘画等课程中分别设立初级班、中级班及高级班等，实施方式也有课堂教学、旅游实践等多种方式。

## 三、老年教育课程的主题

自老年教育开办以来，老年教育课程的主题选择非常广泛。大体来讲，老年人偏好的学习主题包括五大类的内容，即健康保健、人文艺术、休闲生活、语言、才艺技能等，而其中健康保健类主题最为老年人所欢迎。由于老年教育的课程主题涉及范围非常广泛，因而不同的老年教育机构开发老年教育课程时会根据自身的资源状况进行不同的侧重。一般来讲，社会福利部门开发的课程具有社会福利取向、休闲娱乐的特点，包括语言类、技艺类、文史类、社经类、保健类、科技类等。教育部门开设的课程更为专业，具有专业研究的特点，包括老人专业知识、老人健康保健、经济哲学、历史人文、道德伦理等，而宗教团体开设的课程更倾向于宗教、精神领域的课程。实际上可开发的老年教育的课程主题涉及非常广泛(见表 8-1)。老年教育课程主题具有多元化的趋势，这种多元化趋势和多方面补偿能力与提高老年生活质量和福利水平的目标是相一致的。

**表 8-1 多元化的老年教育课程主题**

| 以老年人为对象 | |
|---|---|
| 保健养生学习活动 | 以促进老年人保持身心健康为主，如养生保健、看病及用药知识、健康常识等 |
| 体育休闲学习活动 | 增加老年人体能的户外活动，如太极拳等 |
| 艺术与公民教育学习活动 | 协助老年人提升美学知识，通过艺术抒发与表达自我的生命故事，如美术、音乐、戏剧欣赏等课程 |
| 家庭人际学习活动 | 增进家人世代间关系融洽之活动，如老年夫妻活动、婆媳活动、祖孙活动或者代际互动等 |
| 消费保护学习活动 | 以建立老年人正确消费观为主，如不购买来路不明的药品和食材等 |
| 理财规划学习活动 | 协助老年人妥善规划，晚年生活无虞，如规划退休基金、金钱运用等观念 |
| 职能发展研习活动 | 让有能力与有需求的老年人重返职场 |
| 观摩学习活动 | 以拓展学习经验为主，如参观学习、旅游学习等，让老年人走出家庭，接触社会 |
| 老年义工研习活动 | 以实现老年人自助助人为目的 |
| 科技咨询研习活动 | 以提升老年人咨询知能为主，如学习电脑操作、参观科技展览等 |
| 以将退休者为对象 | |
| 理财规划学习活动 | 学习规划退休基金、健全的家庭财务管理观念等 |
| 退休生活规划研习活动 | 学习退休、培养兴趣、学习妥善规划时间等 |
| 保健养生学习活动 | 学习养生保健、用药知识、健康常识等 |
| 老年家庭生活适应研习活动 | 学习家庭人际关系、家庭生活的规划等 |

续　表

| 以一般社会大众为对象 | |
|---|---|
| 认识老化 | 认识老人的身体及心理变化 |
| 家庭伦理教育 | 家族成员相互尊重及关怀的教育 |
| 代际教育 | 世代间的交流、经验传承、祖孙活动等 |
| 居家安全及照顾教育 | 认识老年人的生理和心理变化，学习照顾老人，检视居家安全等 |
| 以各级学校学生为对象 | |
| 认识老化 | 认识老年人的生理和心理变化 |
| 祖孙活动或老人经验传承活动 | 世代互动、老化体验教学、文化技艺的传承等 |
| 校外观摩及关怀活动 | 参观老人相关机构，社区服务及关怀老人等活动 |
| 高龄议题社团活动 | 鼓励学生以社团方式，探讨老龄问题及服务偏远地区的老人 |

资料来源：朱芬郁：《高龄教育：概率、方案与趋势》，五南图书出版有限公司 2011 年版。

## 四、开发课程主题的方法

由于老年教育的目的并非像其他成人教育那样是为了发展职业生涯，而是为了补偿能力，以提高老年人的生活质量和福利水平，因而开发出适合老年人参与的课程主题有着许多的方法，可以从多个视角展开。在实践中，老年教育机构已经采取的方法主要包括以下几种。

### （一）社会问题导向

该方法对社会问题寻找原因并对症下药，其主题可依据探究问题的原因提出，如资源分配（谁是被服务、被教育的对象）、教育内容（他们应该接受什么）、社会教育供给体系的结构（如何提供服务），以及费用及成本（经费来源及支出）等。例如，许多老年人很容易被保健品的夸大或者虚假宣传所迷惑，并常常滥用而导致更严重的问题。对此可以生成课程主题，设计成由老人编写并排演的健康知识宣传短剧。老年人自编自演的宣传短剧可以引起老年人的共鸣与回应，对于演出者也是一种积极的社会参与。

### (二)个人需求导向

此方法根据老年人的个人需求来设定课程主题。获取老年人需求的方式包括访谈、问卷调查、统计资料、实地观察、田野调查等。例如，可以在社区大学中开设老人"经穴养生"的操作型课程，并调查参与者的兴趣，满足老年人对健康知识的需求。马克拉斯基认为老年人的五种不同学习需求，包括应付的需求、表达的需求、贡献的需求、影响的需求、超越的需求等，可以以此五种学习需求来开发老年教育课程主题，具体如表 8-2 所示。

**表 8-2 马克拉斯基的学习需求与课程主题**

| 学习需求 | 定义 | 相关主题 |
| --- | --- | --- |
| 应付的需求 | 因老化造成生理、认知功能衰退的需求，社会快速变迁的适应需求，以发展老年生活策略 | 适应老年生活策略课程、人际关系课程、经济理财、记忆策略、人格发展 |
| 表达的需求 | 在参与过程中获得满足感及回馈 | 休闲活动、社会关系 |
| 贡献的需求 | 从助人中获得自我价值感，即使退休仍然认为自己是有用的，增加社会互动 | 服务性工作 |
| 影响的需求 | 有涉入公共事务及社会重大议题的意愿，运用以往的生活经验，通过政治活动、社区团体、服务组织等参与，发挥其影响力 | 公共事务与社会议题的背景知识 |
| 超越的需求 | 了解生命意义，整理过去经验，坦然面对死亡 | 生命态度的分享、温暖及支持性的回顾活动 |

资料来源：黄富顺主编：《高龄学习》。

### (三)成人教育导向

该方法以成人教育的观点来提供老年教育的课程主题，即从不同主体认为适合老年人的课程主题中进行选择(见表 8-3)。

表 8-3　以成人教育观点来选择老年教育课程主题

| 来源 | 主题范围 | 解释 |
| --- | --- | --- |
| 人群 | (1)可能参与者的意见<br>(2)其他相同组织工作人员的意见<br>(3)同事、员工的意见<br>(4)专家学者的意见 | 课程主题并非由一个人想出来，有时课程主题的形成来自其他人的意见，收集参与者的直接需求，或者和同事一起进行头脑风暴都可以想出好主题。其他组织中的工作人员或者专家学者的言论，也可以开发出合适的主题 |
| 成人生活中的责任与工作 | (1)婚姻关系<br>(2)家庭关系<br>(3)义工议题<br>(4)朋友关系<br>(5)工作与生涯<br>(6)社区生活<br>(7)个人发展<br>(8)休闲活动<br>(9)保健与运动<br>(10)精神生活 | 老年人的生活经验、经历、回忆都可以发展成课程主题，这些主题能帮助老年人整理过去经验，思考生命意义，避免负面想法。老年人的责任与工作应以老年发展阶段为主，例如，在婚姻关系主题中应以子女离开家庭后的夫妻关系、丧偶调适为主 |
| 组织 | (1)义工职责<br>(2)义工服务<br>(3)义工法规<br>(4)相关服务组织 | 义工服务的催化鼓励、组织运作、助人技巧等有助于老年人社会参与 |
| 社区或社会 | (1)社区、社会已知的议题<br>(2)国际性的议题与问题<br>(3)政治变动<br>(4)社会议题(健康照护、犯罪等)<br>(5)技术革新 | 包括关系老年人的切身利益，例如老年人福利资源的利用、养老院的选择、科技产品的使用均是重要课题主题来源 |

资料来源：朱芬郁：《高龄教育：概念、方案与趋势》。

### (四)社区教育导向

社区中的老年教育课程主题一定与社区生活息息相关，因此可以结合社区精神文明建设、社区文化建设及社区老人遇到的最急需解决的问题来确定主题。因此，有目的地改变老人观念、生活习惯和传递知识，可以成为社区教育课程的主题。例如，以社区中最需要解决的健康问题、社区最需要解决的环境问题、社区中最需要解决的家庭和睦问题等作为课程主题，包括健康饮食、健康体能、防治虫害、个人卫生、安全用药、环境卫生、绿化美化、法律法规等;也可以以社区中最为重要的精神与传统为课程主题,如竹编艺术、糕饼制作、玩具制作等,这些主题贴近社区居民生活,具有亲切感,老年人接受度较高。

### (五)能力导向

王英、谭琳认为应该通过老年教育来提高老年人的生存与发展能力,包括生活掌控能力、变化适应能力和社会参与能力,相应地可以选择的课程主题包括:个人生活安排,健康管理,休闲生活,婚姻家庭协调,代间互动,老年生理和心理,涉老公共服务,社区活动参与,政治活动参与等。能力导向的观点对于老年人具有更为积极的意义,因为能力才是提高老年人生活质量及福利水平的关键,老年教育的多种课程主题及形式都是为提高老年人的能力服务。如果课程主题不符合老年人的兴趣与能力需求,只会造成老年人的参与障碍。老年教育的多元化课程主题就是要帮助老年人获得多种生活及社会参与的能力。

## 第二节　老年教育课程的实现方式

老年教育所具有的能力补偿机制要求老年教育的实施方式弹性化、多元化,但在实际执行过程中,由于经费和人力不足等原因会造成实施方式过于僵化。调查结果显示,在台湾老年教育活动多以听演讲为主,有高达70%的比例,其次是旅游访问约占65%的比例,实务操作的上课方式仅超过四成。可见,多数老年教育课程的实施方式仍较为保守,偏向于休息性质。开发和设计适合老年人的课程,就是要增加课程实施的多元性,提高课程的实用性和趣味性。归纳起来,老年教育课程的实现方式主要有以下几种方式。

### 一、嵌入式课程

所谓嵌入式课程是指在某一课程中嵌入不同属性但有关联的单元。嵌入式课程比较适合老年教育,因为老年人不喜欢有压力的学习课程,而对有弹性和有趣味的融入式课程接受度较高,且不同层面主题的嵌入可以使老年人从自己的专长入手,加大容易度。此外,老年人的丰富生活经验可以和主题结合,容易激发老年人的学习兴趣。比如,可以在现有学科中加入一个或几个单元的特定议题，例如在“文物之美”课程中安排至图书馆、博物馆、美术馆等文博机构欣赏文物和艺术作品，课程不局限于书本知识，而是直接到相关机构内实地接触作品。

嵌入式课程也可以完全通过实际接触经验与作品来进行教学，在“宗教巡礼”课程中，讲师带领学员拜访不同的庙宇、教堂，了解宗教设施与社区居民的关联，宗教如何影响人们的生活，以及居民又如何回馈给庙宇等。又如在“文化生态旅游”课程中，实地走访河流、山脉，让学员了解河流山脉与人类生态的关系，以及它们对附近居民的生活环境及产业的影响。

课外活动也是一种嵌入式课程。该模式是直接带领老年人完成某些户外活动，而不是在固定教室内完成教学。课外活动有多种形式，如歌唱团、舞蹈团等社团活动课程，可以在公园、广场、礼堂等公共场所结合校内、校际、社区节日等展开活动。又如健身舞课程，其在运动强度、动作幅度、动作美感等方面更加符合老年人的特点，更加容易被老年人所接受和喜爱。此外，还可以通过环境嵌入，即通过校园和教室的环境布置，将课程主题潜藏于环境中。比如将学员作品布置在校园及教室环境，学员可以从作品中接触到课程主题。

## 二、整合式课程

整合式课程是指单一学科学习无法发挥作用，学科必须与其他领域互动，才能让人完全掌握所需知识。整合式课程以观念与问题为中心，探讨世界相互依存的复杂问题。以某一主题为中心设计围绕于四周的课程，其内容才能体现完整的经验、知识与社会。

整合式课程可以是多学科的整合，即不同科目的讲师围绕同一主题来设计课程，并以一个核心议题贯穿于其他学科。例如，历史学科以宗教文化为主轴，而其他开设的课程也以此为主题，如摄影课程中以庙宇之美为主题，绘画课程中以临摹宗教作品为主题等。

整合式课程可以是跨学科的整合，即将各学科互通的技能与概念设计成一套课程，但仍可以区分各学科特征。比如，可以将课程主题设定为“房地产业”，引导学员跨学科整合认识主题，带领学员全面认识房地产业的发展，以及和生态环境之间的相互影响，结合摄影课程记录这些访问，同时学习应用电脑制作网页、应用互联网进行房产营销等。这种模式通过一个综合性的任务，将各课程有用的知识与技能串联起来，通过综合应用而达到学习目的。

各种课程还可以实现超学科整合，即以真实生活中遇到的实际问题为课程主题，并恰当地使用技能。教师通常根据学生提出的实际问题形成课程。超学科的特点在于已不重视学科界限，以真实世界的脉络为主线，学习者扮演“研究者”的角色，给予意见并参与决策。比如，志愿者服务技能的课程、社区照料义工的课程等，义工们可以一起讨论社区照顾工作上遇到的困难，由教师带领寻找解决这些问题的方案。

## 三、自我导向学习课程

自我导向学习是指学生自己制订学习计划并遵照执行。布鲁克菲尔德认为自我导向学习是独立学习或者自我学习，学习者和教师互为独立。梅兹罗认为所有人都有自行选择学习方法、学习资源及自行评价的能力。一般认为，自我导向学习策略优于教师导向教学的效果，学习者除了可以学习到自己所期望的东西，还可以学习到如何学习，能够增加自我学习的满足感。运用自我导向学习方法的情况较多，如电视广播教学、图书馆阅读、视听教学、自我学习网站教学等。在当今信息网络时代，老人自学网站是老年人非常好的自我学习平台，而且通过网络可以形成网络社群，不仅使老人们互相分享经验与智慧，也促进老年人更加融入社会。

通过适当创新和精心设计，在课堂教学中也可以运用自我导向的学习方式。例如，利用“翻转课堂”方法优化老年大学计算机课堂教学。翻转课堂是当前全球广泛关注的新兴课堂教学模式，源自 2007 年美国科罗拉多州的林地公园高中，译为“Flipped Classroom”或“Inverted Classroom”，其意指重新调整课堂内外时间，将学习的决定权从教师转移给学生。在这种教学模式下，教师不再占用课堂时间来讲授信息，这些信息留给学生在课后看视频讲座、看博客、阅读电子书等，还可以让学生在网络上讨论，学生可以在任何时候去查阅所需要的材料，完成自主学习。如此，在课堂内的宝贵时间里，学生能够更专注于主动的基于项目的学习，从而获得更深层次的理解，教师也能有更多的时间与每个人交流。

## 四、社区教育课程

社区教育模式是指通过学习者、社区工作者、专家、居民等互动共同发现问题，考察社区教育需求，制订成人教学计划，提升居民的自主性。比如，英国爱丁堡达利社区推行了 8 年的成人学习计划，包括 3 个阶段。

### (一)实验探索阶段(1978—1982 年)

社区教育行政人员、资深社区教育工作者组织成立一个训练营,学习弗雷勒教育的重要观念与方法,并进行社区调查,收集背景知识以形成初步的学习主体。这个阶段主要为探索工作理念与方向,并让学者们初步对话。

### (二)工作时期(1982—1985 年)

进一步进行调查,并加强实地工作训练及寻找方向。调查的主题有两个,一是健康与幸福的关系,二是新科技对社会的影响,并就此两个主题推动学习计划。

### (三)成熟时期(1985—1988 年)

以学科整合观点推动多元化学习方案,如失业者研习营、父母权威营、音乐营、技术交换短期班、父母中心、电视节目训练营、摄影营、作家研习营、福利权利团体等。

## 五、可借鉴的实现方式

当前老年教育课程已经脱离正规教育的束缚,具有活泼、高参与度、自主性的特点,其实现方式也是多种多样。以下具体实现方式的总结可以为老年教育课程开发者提供很好的借鉴。

### (一)老人旅游学习

即老年人以旅游度假的方式完成课程学习,旅游度假本身就是教学内容之一。利用国内、国外的旅游行程配合学习,让参与者在休闲之中完成学习,并实现各种社会互动。在此方式下,学习课程往往和旅游景点结合在一起。

### (二)玩具工作坊(代际学习)

将玩具工作坊设置在小学校的闲置空间,结合社区中具有各种专长的退休老人、义工,他们经培训成为玩具医生。在玩具医生修复玩具的过程中,老年人与新生代之间建立沟通的话题,老年人讲授过去的丰富经验,并从中获得成就感,而对于孩童来讲,可以培养他们尊敬长者和爱惜物品的品德,增进学校与社区的融合。

### (三)银发读书会

此模式以读书会方式获取所需知识。成员选择适合的书籍,在规定时间内(一周或更久)阅读一本书籍或者某一部分的内容,定期聚会讨论心得感想。老人在阅读过程中可以吸取新知、活化头脑,在讨论过程中可以增进感情,他们之间的互相交流学习还可以形成社会网络。

### (四)活化历史方案

此模式以老人的知识与过去的生活经历为素材(教材),将老年人的生活经历转换为戏剧、舞蹈、写作、视觉艺术与说故事活动等多种形式。还可以让老年人进入校园为孩童说故事,让孩童了解过去的历史及老人的智慧,缩小代际差距。

### (五)老照片说故事活动

运用泛黄的老照片叙述当时的时代背景,以及回忆当年的重要事情。此方法可以帮助老年人整理过去的人生经验及经历,增进老年人的记忆力,增强老年人社会参与的信心。

### (六)艺术治疗方案

以一个人独立绘画或者多人合作绘画的方式,由单一主题或无特定主题组织老年人绘画。画出的内容可以是未来的生活目标,也可以是过去的生活经历。老年人还可以通过讨论的方式让别人分享自己的作品及经历,培养老年人的绘画兴趣及绘画能力,让老年人抒发心理感受。

### (七)传承艺术方案

以老年人的生命故事为主题,采用团体的方式进行。由团体领导者引导老年人述说自己的生命故事,如恋爱、工作、生子、儿女嫁娶等,再由职工或者艺术伙伴协助老人将其转换为视觉艺术作品。

### (八)老人义工学习

老年人在图书馆、博物馆、美术馆等文博机构,或者在医院、社区等社会层面担任义工。在做中学习与反思,满足被服务者的需求的同时,使自己的精神境界得到提升。各种义工紧密地和社区联结在一起,增加老年人退休后社会参与的机会。

### (九)艺术学习

可以是以实际操作的方式学习各种艺术,如书法、绘画、陶艺、手工艺、表演艺术、乐器演奏、歌唱等;也可以是以参观与讨论的方式,如艺术赏析、艺术评论、参观美术馆、参观博物馆等。老年人从艺术学习中培养兴趣、陶冶身心,获得心灵的成长。

### (十)老人网络学习

互联网的学习网站,可以为老年人提供衣食住行、健康保健及教育娱乐等相关咨询,方便老年人主动查询并解决问题。各老年教育机构一般均提供计算机、互联网的教育课程。大学通过计算机网络的开放性平台可以为老年人的生活及健康保健提供更为科学的指导。比如,北京中医药大学开设的老年保健与康复网络教学平台课程,该网络课程设有教学管理、讨论和考核 3 个模块,老年人可以根据自己的需要进行注册学习。网络课程具有很多优势,传统课堂授课在有限的时间内很难将操作过程形象、直观、反复和全方位地展现在学生面前,而运用文字、图像、音频、视频和动画等各种多媒体技术的 Blackboard 教学平台可以使教学内容更具有直观性和感染力,特别是通过提供生动客观的视频图像,可将非直观性操作自然且逼真地展现出来,从而充分刺激学生的感官,增加学生的感性认识,达到确保操作准确性的目的。

### (十一)社区剧场学习

社区老人或者居民组成一个剧团,以戏剧的方式来表现彼此的互动、认识自己、放松身心及社会参与等。老年人通过互动与分享一起写出剧本,其内容贴近社区文化及居民生活。社区剧场不需要很专业的舞台技巧,而是重在参与。

### (十二)社区大学课程学习

在社区大学中开设人文、社会、科学、自然等多元领域的课程,这些课程对老年人开放,因而老年人可以到社区大学修习课程。社区大学因而成为实践终身学习的重要场所。一般来说,健康保健为社区大学中较受老人欢迎的课程。

### （十三）学校教育学习

学校教育多以传统教学的地点、设备、教学方式开设课程，每周安排固定学习时间与课程，学员按照固定课表上课，老年人因此可以根据自己的需要进行选择。比如老年大学提供的课程，可以让老年人发展人际、运动健身、培养爱好、规划退休人生等。

# 第三节　老年教育课程的方案设计

为了进行有效的老人教育活动，提高老年人多方面的能力及生活质量，必须进行课程设计，也称为方案规划（设计）、课程计划。课程的方案设计是通过资料分析，了解老年教育机构的目标与资源，通过一系列沟通与协调的过程，设计出一套计划并进行执行与推动。由于此过程为事先规划，为了让课程教育能够顺利进行并达到预定的教学目的，必须预先考虑所有可能发生的问题，并予以修正。课程的方案设计为一综合管理过程，这一流程包括评估学习者的需求与兴趣、设定活动目标、安排学习情境、评聘师资、管理设备、提供辅导、宣传与公共关系、预算及财政管理、评估等。按照时间进度，课程设计可以分为初期、中期、后期三个阶段。

## 一、初期：建立背景阶段

在设计初期，可以成立课程规划委员会，邀请委托机构代表、社区代表、学者专家、工作人员、志愿工作者及潜在的学员代表参加，对课程的目标与内容进行初步的探讨。

### （一）评估需求

在老龄化社会，对老年教育的需求已经不再是单个人的需求，而是广泛的多个主体的合力，这些主体包括整个社会、老年教育机构、个人及市场等。评估需求的方法很多，如问卷调查、访谈调查法、电话调查法、教育专家协助评估、询问社区关键人物、参考专业文献、媒体报道的归纳、研究报告、参与者的观察等。

1. 社会需求

老年教育课程的设置必须首先符合社会发展的要求，才能获得政府及整个社会的支持。为了能够获得更多方面的支持，要求课程设计者能够准确把握当前社会需求。例如，随着老龄化的到来，大部分老人退休后仍想留在自己熟悉的环境中老化，如开设健康老化的资讯、自我照顾的技巧、疾病的预防、养生保健、老人社会资源利用等讲座，可以促进退休者学习新知识、提高健康老化的能力。

2. 机构需求

课程设计有时必须考虑机构或单位的需求，因为不同的机构或单位有自己特殊的发展目标。例如，非政府组织的慈善目标、宗教团体的教义宣扬，或者再如国有企业、事业单位的福利目标等。

3. 学员需求

了解参加者的需求，是课程设计者最需要了解的方面。课程设计者需要全面评估潜在参与者的需求，以及老年人参与学习的情况、趋势与参与障碍，并按照一定的优先顺序进行排列，在设计课程时予以充分考虑。

4. 市场需求

这部分要做的工作包括评估老年教育市场，了解老年教育机构的资源、产品的性质及所处生命周期的阶段，市场同质性及竞争性等，以选择目标市场，将产品进行准确定位。

## (二)情景分析

考虑到可能影响方案的因素，包括经费来源与多寡、时间、地点、设备等。可以利用 SWOT 分析法来了解教育机构内部与外部可能出现的问题，借以修改方案。SWOT 为营销学中的优势、劣势分析，其中 SW 为组织内部因素，OT 则为组织外部环境因素。SWOT 分析需要考虑的内容见表 8-4。

**表 8-4　SWOT 分析法需要考虑的因素**

| 优势(Strengths) | 劣势(Weaknesses) |
|---|---|
| (1)人才方面有何优势?<br>(2)学习活动有什么优势?<br>(3)有什么创新学习活动?<br>(4)有何成功的策略应用?<br>(5)为何能吸引老年人来上课? | (1)团队的组成是否有不足?<br>(2)专业知识、活动设备是否有不足?<br>(3)过去失败的原因是什么?<br>(4)哪些是组织做不到的?<br>(5)无法满足哪一类型的老年教育? |

续 表

| 机会(Opportunities) | 威胁(Threats) |
|---|---|
| (1)新的教育商机是什么?<br>(2)有哪些有利的(政府的及商业的)政策正在推行?<br>(3)与其他学科有利的市场区隔是什么?<br>(4)可提供哪些创新知识与服务?<br>(5)哪些环境变化中产生有利机会?<br>(6)组织未来发展方向如何? | (1)环境中的不利变化是什么?<br>(2)竞争者近来的动向是什么?<br>(3)能否跟上老人学习需求的改变?<br>(4)环境改变是否不利于方案的实行?<br>(5)哪些因素的改变将威胁方案的执行? |

资料来源:朱芬郁:《高龄教育:概念、方案与趋势》。

### (三)相关理论研究

课程设计往往需要一定的理论支持,而这些理论可以来自多个学科多个领域,如老年学、教育哲学理论、社会学、心理学等,以科学理论做指导可以让老年教育方案更具成效。此外,必须参考相关法律法规及前人办理的经验。

### (四)制订工作计划

在评估需求、情景分析、相关理论研究之后,针对问题提出解决办法,形成初步的工作计划。同时应进一步收集资料,进行二次评估,对现有方案进行修正,根据组织资源分配具体工作事项。

## 二、中期:规划阶段

在认识老年教育的环境、目标、市场、需求、理论之后,对教学方案的方向有了全面的了解,接下来要做的是综合所有的信息,制订适合的方案目标,并发展成具体的课程方案。

### (一)教学方案的目标与主题

教学方案的目标可以细分为总目标和每个子方案的目标,通常方案由一个或者几个子方案组成。子方案的目标必须符合方案的总目标,并以达到总目标为目的。建立教学方案的目标之后,是形成可能的课程主题。先订立主题再确定目标的方法可能会使教学方案的目标不明确或者造成主题与目标无法符合,因此课程设计者应尽量避免此种方法。

### （二）设计实施方式

如前所述，老年教育课程的实施方式有许多种类，课程设计者应该根据具体情况进行选择。由于老年人的学习动机与一般成年人不同，宜采取比较新颖和有趣味的方式。比如，让人感到有趣、跃跃欲试；或者与目前市场上实施方式不完全相同，包括不同的技术、主题、手法及特殊的文化内涵等；最好的方式是让老年人实际参与，让老年人发挥特长、生产产品及建立精神等。以“玩具工作坊”方案为例。在教学方案的中期还需要考虑是否有足够的经费、场地是否适合等。在设计此教学方案时还应避免过于活动化，即活动适度，教学方案中的热闹、有趣是为了达到教学目标，不是为了活动而活动。

### （三）撰写计划书

初步确定方案目标、主题与实施方案后，可以将计划以文字呈现。写作时必须思考谁是计划书可能的阅读者，由于计划书的阅读者并非为参与者，应使用比较正式和书面的语言。

### （四）寻找适合的师资

在完成计划书后，需要选择适当的师资，并与讲师讨论上课时间、方案理念、参与者的特性等具体内容。由于教师是教学活动的主导者，让教师充分掌握活动目标与相关信息，可以确保方案在未来执行成功。

### （五）设计教学活动、教材与教学道具

教学活动、教材必须多元化，合乎教学方案主题与目标，并根据具体情况加以运用，如海报、电影、短片、短剧、音乐、照片、物品、书籍等道具均可以在教学中辅助教学。

## 三、后期：实施与评价阶段

有了完整的教学方案计划之后，接下来是实践的阶段，否则再好的课程内容也是纸上谈兵。教学方案必须进行适当宣传，如社区学习方案可以通过义工推广，大型的学习方案可以通过广播、电视、互联网进行宣传等。从过去老年教育的推广来看，刚开始老年人会有疑虑，往往需要靠熟识的朋友相约学习，所以口耳相传、社区服务的推广可以起到更大的推动作用。

### (一)营销

宣传营销的工作主要包括:知道如何执行营销计划中的活动;把学员当成顾客服务;了解其他机构办理类似活动的宣传方式;营销计划,包括营销方式、谁来做、什么时候完成、要花多少钱等;如何制订教育活动的收费价格;如何设计宣传资料;通过报纸、电视、互联网发布活动信息;如何布置良好的学习场地、方便学习者学习等。

### (二)方案执行

在执行老年教育方案时必须注意以下几个要点。

1.团队合作精神

老年教育方案的执行显然无法靠一个人的力量来完成。成员之间的合作关系,直接影响教学方案执行的品质,因此每一个成员必须了解该方案。此外,团队成员是否认同教育理念、是否有畅通的沟通渠道、是否有合适的激励机制、是否有合理的协调分工机制等都会影响方案的执行效果。

2.检查是否按计划进程进行

计划书内容中应附有活动时间表,定期检查进度,并对存在的问题及时解决。

3.应对突发事件

需要考虑当遇突发情况时,如天气恶劣、停电、教师缺席、传染病暴发时,是否有其他替代方案或者是否有其他解决措施等。

4.良好的服务态度

老年教育方案的执行者必须面带笑容,具有乐于助人的精神,具有沟通与倾听的技巧,在尊重老年人意见的同时主动帮助解决问题。

5.与老年人的互动

经常与参加者沟通,询问其想法,鼓励参与者表达意见,让潜在的问题浮现。

### (三)方案评价

评价的目的在于了解活动是否达到方案目标,帮助参加者了解自己的学习程度,并了解方案执行的有效性。评价的内容包括:课程、教学、人员、设备、宣传、费用等诸多方面。评价的方法有很多,如问卷调查、工作人员座谈会、观察讲师与参加者的活动、计算参与人数的多少,安排参与者座谈会等。评价方法必须考虑活动性质，比如对小班课程用人数来衡量就不太合适，用质量体系来评价就较为恰当。

## 四、老年教育方案范例

下面以老年人制作社区历史年代表为例，说明老年教育方案的形式与具体内容。[①]

### （一）方案名称

制作社区历史年代表。

### （二）情景分析

通过 SWOT 分析，了解课程设计时的注意事项，并拟定可行的策略（见表 8-5）。

**表 8-5　老年教育方案范例**

| 优势（Strengths） | 劣势（Weaknesses） |
|---|---|
| （1）老年义工人数多；<br>（2）与自身居住的环境有关，容易引起共鸣，老人较能接受；<br>（3）所需设备少，交替进行。 | （1）自身对社区历史不熟悉；<br>（2）会写字的老年人人数有限。 |
| **机会（Opportunities）** | **威胁（Threats）** |
| （1）与当地老年学习资源中心、社区发展协会协作，提供场地；<br>（2）成果可发展为更多方案，例如剧团、展览等；<br>（3）帮助居民了解社区历史，也符合社区的文化传承。 | （1）经费有限，无法持续；<br>（2）近期天气不佳，可能参与者减少；<br>（3）大学社团来社区服务，让社团转移焦点。 |

### （三）方案缘起

少子的人口老龄化趋势是未来社会必须面对的问题。因此，老年人自我意识提升，主动调整与安排自己的老年生活，才能实现身心健康、增加老年福利。为了鼓励老人自主学习，以最贴近生活的主题为宜，结合社区议

---

① 资料整理自朱芬郁：《高龄教育：概念、方案与趋势》，五南图书出版股份有限公司 2011 年版。

题设计此方案，通过社区历史的建构，引发老年人兴趣，并身体力行。

本教育机构多次承办与老年教育、服务有关的活动与训练，合作单位不计其数、成果斐然，颇受参与者好评。

### (四)方案目的

(1)让老人体验学习乐趣；
(2)协助老人整理过去的回忆与经验，以维持其记忆力；
(3)通过社区历史的构建让社区文化得到传承与记录。

### (五)方案架构

以创作历史年代表为具体教学过程，发挥老年人的自主学习精神，将过去社区重要事件制作成记录。课程的方案架构包括两个方面，一是获得创作历史年代表所需的档案，二是在活动过程中让参与者得到收获，具体表现为资料的收集与整理：照片图集、物品、书籍、文件、口述资料等。老年人心理发展与维持包括记忆力、创造力、认知能力、表达能力、社交能力的活化。

### (六)方案内容

具体方案内容见表 8-6。

**表 8-6 老年教育课程设计方案内容**

| 活动名称 | 创作社区历史年代表 |
|---|---|
| 活动目标 | (1)通过老年人的回忆，帮助其维持记忆力；<br>(2)通过回忆过去的重要事件，促进老人对社区的认同；<br>(3)帮助老人整理过去的回忆与经验；<br>(4)文化传承与记录，帮助居民更了解社区历史，也让社区居民更认同此方案。 |
| 活动对象 | 心理及认知功能较高的老人。 |
| 参与人数 | 10—15 人。 |
| 活动时间 | 预定 5 月份，每周 60 分钟，进行 3—4 次。 |
| 活动地点 | 室内空间、有桌子及舒适的椅子。 |
| 设计理念 | (1)活动主线：历史活化；<br>(2)创意特色：将老年人的亲身经历制作成社区历史年代表；<br>(3)气氛感觉：温暖、怀旧气氛(以老歌做背景音乐)；<br>(4)空间规划；<br>(5)人员配置：一位主要带领人，两位助手。 |

续 表

| 活动名称 | 创作社区历史年代表 |
| --- | --- |
| 活动流程 | (1)活动说明与暖场(5分钟):自我介绍与问候,解释活动目标,运用社区的老照片进行鼓动。<br>(2)活动进行(40分钟):请班级中最年长的老人告知重要事件;请参加者告诉大家地方上曾经发生过的重要事件(什么事、什么时候、什么地方、主要参与者、如何发生、为何发生等);写下纵贯时间图,并记录简单事件;按时间历史事件、顺序轮流发表事件与心得。<br>(3)活动结束(5分钟):总结并完成社区的历史年代表;请老人回家找寻相关故事、图书、照片等作为事件补充。<br>(4)注意事项:带领者的技巧以结构式引导为主;成员在不离题的范围内,可以自由分享;可进一步制作成精美的历史年代表。 |
| 活动目标达成指标检验 | (1)每次活动参与人数;<br>(2)活动中每位成员的发言次数;<br>(3)成员的分工状况;<br>(4)是否完成年代表中的历史事件数量?<br>(5)是否有新想法,是否将想法具体化? |
| 相关学习资源 | 各类文史资料库、图书馆等。 |

## (七)人力规划

老年教育课程设计具体人力规划见表8-7。

**表8-7 老年教育课程设计人力规划**

| 项目 | 人员数(人) | 职责说明 |
| --- | --- | --- |
| 讲师 | 1 | 负责教学、教材准备 |
| 助理 | 2 | 协助教学、教材准备 |
| 宣传与招生 | 2 | 与社区联络、接洽、招生、宣传 |
| 场地布置 | 1 | 场地借用、器材准备、场地准备 |
| 总计 | 6 | |

## (八)经费概算

老年教育课程设计具体经费概算见表8-8。

表 8-8　老年教育课程设计经费概算

| 科目名称 | 预估单价(元) | 单位 | 数量 | 预估总计(元) | 说明 |
|---|---|---|---|---|---|
| 讲师费 | 800 | 小时 | 3 | 2400 | |
| 海报纸 | 50 | 张 | 5 | 250 | |
| 马克笔 | 40 | 支 | 5 | 200 | |
| 胶水 | 20 | 个 | 2 | 40 | |
| 色笔 | 100 | 盒 | 3 | 300 | |
| 宣传费 | | | | 2000 | 包括招生宣传费用、联络费、影印费 |
| 总计 | | | | 5190 | |

## (九)执行进度

老年教育课程设计具体执行进度见表 8-9。

表 8-9　老年教育课程设计人力规划

| 时期 | 2 月 | 3 月 | 4 月 | 5 月 | 6 月 |
|---|---|---|---|---|---|
| 规划期 | √ | √ | | | |
| 提案申请 | | √ | | | |
| 宣传报名 | | √ | √ | | |
| 寻找讲师 | | | √ | | |
| 细节讨论 | | | √ | | |
| 执行期 | | | | √ | |
| 评价成效 | | | | √ | √ |

## (十)预期效益

(1)增加老年人参加社区活动的次数;
(2)增加社区历史事件的完整性;
(3)通过讲师的带领,在愉快温暖的情景下,丰富老人的学习经验。

# 第四节　成功老化的能力体系及课程体系

由于年龄歧视的存在，老年人的生活及幸福并不为整个社会所重视，国内老年教育水平还没有达到赋权增能的层次，已有老年教育课程设置流于片面和零碎，缺乏对老年人的能力培养及晚年幸福生活的整体规划。提高老年人的能力、提高他们的福利水平，从老年学意义上来讲即是成功老化。少子老龄化的趋势使得老年人的生活更加依赖于其居住的社区。从老年人的完备能力培养角度，即从人自身、人与社会以及人与自然的全方位来考虑老年教育课程的设置，对于在社区层面推动老年人的成功老化具有非常重要的意义。老年学的诸多研究成果表明，成功老化表现在三个层面，分别为生理层面、心理情绪层面及社会层面。总结老年学在各方面的研究成果，可以将成功老化所需要的能力进行分解，并据此设置相应的课程。

## 一、生理层面

成功老化在生理层面所需要的能力包括：健康管理能力、持续运动能力、健康饮食能力、规律作息能力、生理保健能力、提升生活品质能力。为获得这些能力，老年人需要选择相应的课程主题进行学习。（见表 8-10）

**表 8-10　生理成功老化所需能力及课程主题**

| 生理成功老化的能力 | 学习领域 | 课程主题 |
|---|---|---|
| 健康管理能力 | 促进健康 | (1)自我实现<br>(2)健康责任<br>(3)人际支持与压力处理 |
| 持续运动能力 | 规律运动 | (1)免疫与运动治疗<br>(2)老年人的健身活动<br>(3)养生保健 |
| 健康饮食能力 | 均衡的饮食 | (1)食疗与保健品的使用<br>(2)保健营养与免疫<br>(3)老年人的健康饮食 |

续 表

| 生理成功老化的能力 | 学习领域 | 课程主题 |
| --- | --- | --- |
| 规律作息能力 | 充足的睡眠 | (1)睡眠生理卫生<br>(2)失眠的预防与治疗<br>(3)老年人的睡眠异常 |
| 生理保健能力 | 疾病的预防 | (1)老年病的预防与照料<br>(2)老年常见慢性病的防治<br>(3)老年人的日常保健 |
| 提升生活品质能力 | 美化环境 | (1)环境与致癌因素<br>(2)老年人常见感染<br>(3)环保知识 |

资料来源:朱芬郁:《高龄教育:概念、方案与趋势》。

## 二、心理层面

老年人在心理层面成功老化所需要的能力包括:生活满意能力、智慧与创造能力、心理调适能力、正面思考能力、情绪管理能力、生命价值能力、自我整合能力。对应的学习领域及课程主题见表 8-11 所示。

**表 8-11 心理成功老化所需能力及课程主题**

| 生理成功老化的能力 | 学习领域 | 课程主题 |
| --- | --- | --- |
| 生活满意能力 | 主观幸福感 | (1)身心健康管理<br>(2)家庭生活经营<br>(3)社会参与 |
| 智慧与创造能力 | 高认知功能 | (1)学习如何学习<br>(2)老年人力资源开发<br>(3)认知再训练 |
| 心理调适能力 | 正确看待老化 | (1)老化的心理调适<br>(2)顺利老化教育<br>(3)内省教育 |
| 正面思考能力 | 乐观豁达的性格 | (1)认识老年忧郁症<br>(2)情绪健康管理<br>(3)心灵治疗 |
| 情绪管理能力 | 排除生活压力 | (1)老年人身心调适<br>(2)压力管理<br>(3)老年生活适应 |

续　表

| 生理成功老化的能力 | 学习领域 | 课程主题 |
| --- | --- | --- |
| 生命价值能力 | 建立信仰 | (1)死亡和临终教育<br>(2)人生哲理教育<br>(3)正确看待宗教 |
| 自我整合能力 | 写回忆录和遗嘱 | (1)回忆治疗<br>(2)自传写作课程<br>(3)写遗嘱课程 |

资料来源：朱芬郁：《高龄教育：概念、方案与趋势》。

## 三、社会层面

老年人在社会层面成功老化所需要的能力包括：规划退休生涯能力、建立人际网络能力、社会参与能力、经济自主能力、适应社会变迁能力、人力资本再利用能力、选择居住环境能力、婚姻调适能力、休闲能力。对应的学习领域及课程主题见表8-12。

**表8-12　社会层面成功老化所需能力及课程主题**

| 社会层面成功老化的能力 | 学习领域 | 课程主题 |
| --- | --- | --- |
| 规划退休生涯能力 | 制订退休计划 | (1)社交活动<br>(2)健康保健<br>(3)经济福利<br>(4)家人关系 |
| 建立人际网络能力 | 社会支持 | (1)代间关系与沟通<br>(2)社会关系与同辈关系<br>(3)家庭伦理 |
| 社会参与能力 | 社区服务 | (1)社区与公共事务的参与<br>(2)文化传承与创新能力教育<br>(3)志愿服务与义工的参与 |
| 经济自主能力 | 理财规划 | (1)投资理财训练<br>(2)财务管理<br>(3)理财法律常识教育 |
| 适应社会变迁能力 | 参与学习活动 | (1)素养教育<br>(2)生活问题解决能力教育<br>(3)自学能力教育 |

续　表

| 社会层面成功老化的能力 | 学习领域 | 课程主题 |
|---|---|---|
| 人力资本再利用能力 | 从事兼职工作 | (1)生产性老年教育<br>(2)人力资源开发与管理<br>(3)自我实现能力教育 |
| 选择居住环境能力 | 居住环境安排 | (1)自主生活教育<br>(2)住宅老化教育<br>(3)居住与环境选择教育 |
| 婚姻调适能力 | 和谐婚姻关系 | (1)婚姻关系与经营<br>(2)老年人的两性差异<br>(3)亲密关系与沟通 |
| 休闲能力 | 培养休闲乐趣 | (1)老人旅游教育<br>(2)手工技艺学习<br>(3)休闲娱乐教育 |

资料来源：朱芬郁：《高龄教育：概念、方案与趋势》。

## 四、能力导向课程的实施要点

老年人在生理、心理和社会层面成功老化必须达到一定的能力水平，这就要求老年人在不同的学习领域学习不同的课程主题。在实施这些以能力为导向的老年教育课程时，需要注意以下事项。

### (一)活动、课程的选择

不同的老年教育机构需要结合自身的特点、学员特性、师资条件及不同需求等因素，适当选择符合自身条件的主题，组织相关活动和开设相应课程。

### (二)教育内容的可操作性

少子老龄化的趋势使得社区成为培养老年人成功老化所需能力的最合适单位。课程的讲师和教育机构应以老年人最熟悉的生活经验为起点，以实际的生活或者社区问题为导向，通过即学即用，增加老年教育所培养能力的可操作性。

### (三)教学方法

在教学方法上应多元化，最好能够结合老年人的生活经历，如回忆治疗法、读书会、经验分享等方式，激发老年人的参与和对话。

### (四)学业评价

在学业评价方面，教师可采用访谈、观察、操作、问卷、报告等多种形式，同时也应将评价结果作为调整学习目标、教材和教学方法的依据。

# 第五节　开发针对老年痴呆的社区健康教育课程实例

根据老年人的学习特点及需求开发适合老年人的课程，在多方面培养老年人的能力，提高他们的生活质量，这是老年教育发展的根本方向。为了更为有效地完成老年教育课程，依据正确的理论指导、恰当的程序及科学的方法来开发老年教育课程非常必要。已有的老年教育课程开发实践为后来者提供了有益的借鉴，本节即介绍侯淑肖等用 KJ 法开发针对老年痴呆的社区健康教育课程的实践。

## 一、开发该课程的意义

老年痴呆是由于脑功能障碍而产生的获得性、全面性、持续性智能损害综合征。随着人口老龄化进程的不断加快，老年痴呆的发病率也日渐增加，目前痴呆已成为继心脏病、肿瘤、脑卒中后第四位引起成人死亡的病因。痴呆作为老年人常见病、多发病，严重影响着老年人的生活质量，并且给社会和家庭带来了很大的负担，已成为不可忽视的公共卫生和社会问题。临床实践表明，目前使用的药物只能改善痴呆病人的临床症状，尚无特效的治疗措施。所以在现阶段，一方面要增进人群对该病的理解，发挥非药物疗法的作用；另一方面针对病因和危险因素进行有效预防，减少老年痴呆的发病率是降低该病给社会和家庭带来负担的关键。而开展社区健康教育，提高社区居民知识的知晓率乃至改善其行为方式尤为重要。

## 二、开发该课程的方法

本课程应用 KJ 法进行课程内容开发。KJ 法是日本东京工业大学川喜田二郎教授开发的一种直观的定性分析方法。它包括 3 个步骤。

### (一)提出意见

每个参与者将自己与主题相关的想法或意见提出来,记录者将每个人的想法或意见用准确精练的语言分别写在卡片上。

### (二)意见归类

经过讨论,按意见的相似性将卡片归类,形成小组,然后通过讨论将各小组进一步归类,形成中组和大组。对难于编组的卡片或小组不勉强编组,可单独放在一边。然后将组与组之间的关系用箭头标示出来,并注明关系,构成一目了然的整体结构图。

### (三)得出结论

用简洁准确的语言描述该结构关系,呈现结论。

## 三、开发该课程的步骤

### (一)与社区居民进行面谈

2007 年 5 月,从北京市某居民小区参与社区保健活动比较活跃的居民中选择 6 人作为访谈对象,要求 21—30 岁、31—40 岁、41—50 岁、51—60 岁、61—70 岁、70 岁以上 6 个年龄段中每个年龄段各 1 人,其中接触过痴呆病人者 1—3 人,男女不限。由 2 名研究者一起对上述 6 名研究对象分别进行面对面深入访谈,访谈围绕"您对痴呆病人及痴呆病人的生活照顾是怎样看待的"展开,每名对象访谈时间大约为 30 分钟。访谈在确保研究对象隐私的场所进行,并在征得对方同意的情况下,将访谈过程全部录音。

### (二)对访谈资料进行 KJ 法分析

对所收集到的资料从"居民对痴呆病人的总体认识是什么"的角度进行 KJ 法分析。从访谈资料中共抽出与主题相关的原始标签 103 张,经 4

级归类最终形成 4 个大组。

### (三)根据分析结果设计教育内容

研究者依据分析结果,从“我们需要开发什么样的课程”的角度设计出健康教育内容。3 名研究者就教育内容设计过程中的问题和需要重视的地方再次进行分析讨论,最后确定准备实施的痴呆健康教育课程的内容。

### (四)课程的实施

运用设计的健康教育内容,对社区居民以讲授和小组讨论的形式展开教育。在访谈对象所在的小区中选择自愿参加课程的居民 20 人作为健康教育对象。课程分 3 次进行,每周 1 次,每次 1—2 小时。承担痴呆健康教育课程讲座的老师均为在老年人护理方面有丰富经验的护理工作者。另外,为了解决小组讨论时出现的疑问,使小组讨论能够顺利进行,每次课程实施时,均配置数名在痴呆护理方面富有经验的指导人员给予引导。

### (五)课程效果的评价

从课程参加者在课程实施前后相关知识得分的变化、对痴呆印象的变化和课程满意度三方面进行评价。相关知识由 10 个问题组成,每答对 1 道题得 1 分;对痴呆的印象由 11 对意义相反的词组成,由研究对象判断他对痴呆的印象更倾向于哪一方面(1—5 分),得分越高说明其印象越偏向于负性;课程满意度问卷包括课程内容是否易于理解、是否实用、对课程的满意度,以及对课程的意见和要求等。

## 四、居民对痴呆病人的总体认识

经对 6 名居民的访谈结果进行 KJ 法分析,得出居民对痴呆病人的总体认识。居民认为:痴呆病人生活不能自理,需全面照顾。然而,一方面,家属缺乏对痴呆的认识;另一方面,家属照顾病人的能力不足,需要支援。所以,需要全社会关注痴呆病人,支持家属积极面对。由此可见,痴呆病人需要家属照顾,家属又需要社会支援。所以,社会普及痴呆相关知识,共同营造有利于痴呆病人生活的和谐社区环境刻不容缓。

## 五、健康教育课程内容

结合本次访谈和KJ分析结果，从居民的需求出发，在相关专业知识的基础上，设计了本次健康教育课程的主要内容。课程主题为"关注痴呆，从我做起"，本课程共分为3讲：老年痴呆的基础知识、痴呆病人的生活照顾、为痴呆病人及家庭提供社会支持。

## 六、健康教育课程评价

### （一）居民对健康教育课程的满意度

参加健康教育课程的20名居民中，17人认为健康教育讲座的内容非常容易理解，3人认为比较容易理解；17人认为内容对自己非常有帮助，3人认为比较有帮助；19人对参加痴呆健康教育讲座感到非常满意，1人感到比较满意。

### （二）居民接受教育前后对痴呆印象的变化

居民接受健康教育前后对痴呆印象得分情况的结果显示，居民接受健康教育后，对痴呆的印象更加偏向负性，更加符合痴呆病人的客观情况。

### （三）健康教育前后居民对痴呆相关知识的掌握情况

健康教育前后，居民痴呆相关知识得分分别为7.4±1.5分和7.8±1.6分。

## 七、政策建议

### （一）开展社区健康教育是应对老年痴呆的有效途径

随着人均寿命的不断增长，老年痴呆的患病人数也在不断上升。目前，全世界患有老年痴呆的病人有2400万，2015年公布的流行病学资料显示，世界每7秒钟就会出现一个新发病例。在中国65岁以上的老年人中痴呆的患病率为5%，约600万痴呆病人。面对日益增多的老年痴呆病人，唤起全社会对这一问题的重视刻不容缓，而社区健康教育是目前应对老年痴呆的有效途径之一。

### (二)通过社区健康教育引起社会对痴呆病人及其家庭的关注和支持

老年痴呆复杂的发病机制,导致人们对其知晓率偏低。相关研究显示,公众对老年痴呆的认识普遍偏低,有半数以上的痴呆病人亲属认为老年痴呆是自然衰老的结果,而不认为是一种疾病。本研究访谈的结果也提示,目前居民对痴呆的认识并不全面,甚至认为"痴呆就是傻了、老糊涂了",有的家属不愿意让别人知道家里有痴呆病人。因此,应该在社区开展老年痴呆相关知识的宣传和普及,通过社区健康教育提高社会对老年痴呆的认识和关注,营造全社会关心关爱痴呆病人及其家庭的氛围,并制定相应政策,建立相应机构,为老年痴呆病人及家庭提供全方位服务,为构建和谐社会做出贡献。

### (三)通过社区健康教育增加居民预防疾病的知识

相关研究显示,现在使用的药物只能改善老年痴呆病人的临床症状,尚无特效的治疗措施。而老年痴呆的大多数危险因素都是可以改变和预防的。因此,让公众了解有哪些途径可以预防和改善老年痴呆,从而针对病因和危险因素进行有效预防,至关重要。另外,对于老年痴呆病人,如在前期或轻型期被发现,并在生活上采取相应措施,持之以恒地做下去,是完全可以控制其发展的。老年痴呆的发生和发展与不良的生活方式和行为密切相关,所以不健康的生活方式成为老年痴呆发生和发展的重要因素,而不良生活方式和行为的改变则需要健康教育。应针对老年人追求健康的心理,开展健康教育,对疾病预防进行指导,可以达到预防和减少老年痴呆发病的目的。

### (四)通过社区健康教育培训家属照顾痴呆病人的技能

老年痴呆发生后,病人的记忆、语言、思维、定向、计算、理解、判断和执行等高级神经功能发生紊乱,导致其日常生活、工作能力、社会交往能力等日益减退,直至完全需要他人照顾,给照顾者带来很多困难和压力,严重影响照顾者的身心健康和正常生活。目前我国绝大多数的痴呆病人与家人同住,由家庭成员负责对病人的看护和照顾。病人症状的种种表现,以及逐渐衰退的智能状态和生活能力的下降,会给家人和照顾者带来长期的身心压力和时间、精力的大量投入。和痴呆病人一样,他们的照顾者和家庭同样需要整个社会的理解、关注和支持。所以，积极开展社区健康教育培训，普及相关知识，加强护理技能培训至关重要。应定期举办专门针对痴呆病人照顾者的学习班，编制相关指导手册普及宣传，并实施个体化指导、培训。

## 第六节　本章小结

当今老年教育课程具有多元化与活泼化的趋势，对老年人提高能力、提高福利发挥重要作用。然而，在进行课程开发与设计时，老年教育课程的主题容易流于形式，例如，刻板地认为健康常识最受欢迎，因此各地举办健康讲座的比例很高，但最后的实际结果是老人们重复听讲同样的主题，被动、乏味且缺乏改变动力，对老人健康并不会产生多少有效的帮助。因此，老年教育课程开发应选择合适的主题，与老年人的周遭生活相结合，活用不同地点、教材、互动方式，以触发老年人主动学习的动机，达到课程设计的目的。以能力为导向开发适合老年人的课程，有助于老年福利的增长，以及实现成功老化。

# 参考文献

[1] 金德琅. 老年教育经济学[M]. 上海:同济大学出版社,2014.

[2] 穆光宗. 老年发展论——21 世纪成功老龄化战略的基本框架 [J]. 人口研究,2002(6).

[3] 王松涛. 终身学习目的论[J]. 开放教育研究,2001(1):23—26.

[4] 王英,谭琳. 赋权增能:中国老年教育的发展与反思[J]. 人口学刊,2011(1).

[5] 中华人民共和国民政部. 2011 年社会服务发展统计公报[R/OL]. (2012-06-21)[2015-06-13]. http://www.mca.gov.cn/article/zwgk/mzyw/201206/20120600324725.shtml.

[6] 邬沧萍,杨庆芳. “老有所为”是我国积极应对人口老龄化的客观要求[J]. 人口与发展,2011(6).

[7] 杜鹏,王菲. “老有所为”在中国的发展:政策变迁和框架构建[J]. 人口与发展,2011(6).

[8] 岳瑛. 外国老年教育发展现状及趋势[J]. 外国教育研究,2003(10).

[9] 岑咏霆,金德琅. 老年教育拉动消费比重指数及经济保障效率指数研究[J]. 数学的实践与认识,2014(5).

[10] 南希・莫罗-豪厄尔. 生产性老龄化:理论与应用视角[J]. 人口与发展,2011(6).

[11] 高志敏. 成人教育社会学[M]. 石家庄:河北教育出版社,2006.

[12] 中国人口与发展研究中心课题组. 中国人口老龄化战略研究[J]. 经济参考研究,2011(34).

[13] 韩思. 一些国家老人退休后能领多少钱? [N]. 中国劳动保障报,2007-02-01(4).

[14] 联合国电台. 如何应对世界范围内越来越严峻的老龄化问题[EB/OL]. (2001-03-28)[2015-03-15]. http://www.un.org/chinese/av/radio/transcript/ageing010328.htm.

[15] 黄燕东,姚先国.老年教育典型范式的国际比较 [J].中国人力资源开发,2012(12).
[16] 应方淦.美国的老年教育[J].老年大学,2010(3).
[17] 王霆,王德堃.健脑抗衰老[J].上海中医学院院报,2007(2).
[18] 魏映双.日本的老年教育与人力资源开发[J].成人教育,2011(8).
[19] 王英,谭琳."非正规"老年教育与老年人社会参与[J].人口学刊,2009(4).
[20] 叶忠海.老年教育若干基本理论问题[J].现代远程教育研究,2013(6).
[21] 黄富顺.各国高龄教育[M].台北:五南图书出版股份有限公司,2008.
[22] 汪毅霖. 阿玛蒂亚·森的正义观:对罗尔斯的批判及其公共政策含义[J].学术月刊,2011(6).
[23] 姚洋.自由可以这样来追求[J].经济学,2001(1).
[24] 阿马蒂亚·森.正义的理念[M].王磊,李航,译.北京:中国人民大学出版社,2012.
[25] 阿马蒂亚·森,等. 生活水准[M].徐大建,译.上海:上海财经大学出版社,2007.
[26] 尹奇,马璐璐,王庆日.基于森的功能和能力福利理论的失地农民福利水平评价[J].中国土地科学, 2010(7).
[27] 王春萍,杨蜀康.可行能力视角下教育与贫困关系的实证研究[J].山西财经大学学报,2007(11).
[28] 费菊瑛,王裕华.民工人力资本、可行能力与生活满意度[J].财贸经济,2010 (8).
[29] 高进云,乔荣锋,张安录.农地城市流转前后农户福利变化的模糊评价——基于森的可行能力理论[J]. 管理世界,2007(6).
[30] 贾燕,李钢,朱新华,等.农民集中居住前后福利状况变化研究——基于森的"可行能力"视角[J]. 农村经济,2009 (4).
[31] 方福前,吕文慧.中国城镇居民福利水平影响因素分析——基于阿马蒂亚·森的能力方法和结构方程模型[J].管理世界,2009(4).
[32] 杨爱婷,宋德勇.中国社会福利水平的测度及对低福利增长的分析——基于功能与能力的视角[J]. 数量经济技术经济研究,2012(11).
[33] 阿尔弗雷德·马歇尔.经济学原理:上[M].朱志泰,译.北京:商务印书馆,2011.

[34] 亚当·斯密. 国民财富的性质和原因的研究:上[M]. 郭大力,王亚南,译. 北京:商务印书馆,2007.
[35] 吕文慧. 从人力资本理论和人类可行能力理论比较中解读我国经济转型问题[J]. 经济问题探索,2011(11).
[36] 马永华. 论阿马蒂亚·森的可行能力理论及其现实意义[J]. 南京航空航天大学学报(社会科学版),2011(1).
[37] 胡慧源,王京安. 经济学中的“能力”概念及其反思[J]. 现代经济探讨,2013(2).
[38] 金江,何立华. 教育使人幸福吗?——基于武汉市城镇居民的实证分析[J]. 经济评论,2012(6).
[39] 闵维方. 教育在转变经济增长方式中的作用[J]. 北京大学教育评论,2013(2).
[40] 姚先国,郭继强. 论劳动力产权[J]. 学术月刊. 1996(6).
[41] 范斌,于兰华. 产出性老龄化内涵、功能与推进路径[J]. 华南农业大学学报 (社会科学版),2012(1).
[42] 李永红. 老年人健康教育知识掌握程度与生活质量的相关性[J]. 中国老年学杂志,2011(13).
[43] 马佳,张忆雄,蔡吉梅,等. 信息素养教育对不同养老模式老年人生活质量的影响[J]. 中国老年学杂志,2013(17).
[44] 于普林,杨超元,何慧德. 老年人生活质量调查内容及评价标准建议(草案)[J]. 中华老年医学杂志,1996,15(5).
[45] 邬沧萍. 提高对老年人生活质量的科学认识[J]. 人口研究,2002(5).
[46] 杨中新. 构建有中国特色的老年人生活质量体系[J]. 深圳大学学报(人文社会科学版), 2002,19(1).
[47] 杨晓苏,马佳,李小平,等. 老年人生活质量的测评及其影响因素的研究进展[J]. 中国老年学杂志,2012(23).
[48] 廖八根. 体育活动对养老院老年人生活质量影响的纵向观察[J]. 中国临床康复,2005(28).
[49] 薛茂云. 江苏省城区老年人日常体力活动水平对体质健康和生活质量的影响[J]. 中国组织工程研究与临床康复,2010(50).
[50] 吴殷,刘宁红,李琳,等. 死亡教育对老年末期癌症患者生死观、情绪状态及生活质量的影响[J]. 实用老年医学,2013(8).
[51] 饶融. 音乐教育对老年人心理特征影响的研究[J]. 音乐时空,2013(14).

[52] 彭春政. 传统养生类体育锻炼对老年人生命质量影响的研究[J]. 搏击·武术科学,2009(6).
[53] 孙建国,薛承会,王琴. 从社会参与角度探讨"后职业发展"概念及其与老年教育的关系[J]. 老龄科学研究,2015(2).
[54] 钱纳里. 工业化和经济增长的比较研究[M]. 上海:上海三联书店,1989.
[55] 周叔莲,郭克莎. 中国工业增长与结构变动研究[M]. 北京:经济管理出版社,2000.
[56] 西蒙·库兹涅茨. 现代经济增长:速度、结构与扩张[M]. 北京:北京经济学院出版社,1989.
[57] 宋世斌. 中国老龄化的世纪之困——老年保障体系的成本、债务及公共财政责任[M]. 北京:经济管理出版社,2010.
[58] 沃尔特·惠特曼·罗斯托. 经济增长的阶段:非共产党宣言[M]. 郭熙保,王松茂,译. 北京:中国社会科学出版社,2001.
[59] 沃尔特·惠特曼·罗斯托. 富国与穷国——回顾过去,展望未来[M]. 北京:商务印书馆,1990.
[60] 王业祯. 精神价值的特性及其社会效益[J]. 江西社会科学,2003(6).
[61] 王一多. 经济价值与精神价值的二难抉择——工程实践的价值判断[J]. 西南民族学院学报(哲学社会科学版),1999(4).
[62] 毛学峰,刘靖. 农地"女性化"还是"老龄化"——来自微观数据的证据[J]. 人口研究,2009(2).
[63] 萨缪尔森,诺德豪斯. 经济学[M]. 14 版. 北京:北京经济学院出版社,1996.
[64] 徐琦. 美国社区学院研究[M]. 北京:中国社会出版社,2008.
[65] 黄富顺. 各国高龄教育[M]. 台北:五南图书出版股份有限公司,2008.
[66] SIMS J,ANGUS J,FELDAM S,等. 老年痴呆的负担以及通过社区干预降低老年痴呆的危险[J]. 中国全科医学,2008,11(9A).
[67] JOCELYN A,JANE S,SUSAN F,等. 从其他慢性疾病的研究证据看社区干预能否降低老年痴呆病的危险[J],中国全科医学,2008,11(10A).
[68] 黄光雄,清田. 程设计——理论与实际[M]. 台北:五南图书出版股份有限公司,1999.
[69] 侯淑肖,周宇彤,肖顺贞. 基于 KJ 法的老年痴呆社区健康教育课程开发与实践[J]. 护理研究,2009 (6).

[70] 廖艳，林殷，张聪. Blackboard 网络教学平台在老年保健与康复课程教学中的实践与探索[J]. 中医教育，2010，29(4).
[71] 马叶. 把握老年大学课程设置的特性与原则性探析[J]. 新西部，2010(24).
[72] 盛树力. 老年性痴呆[M]. 北京：科学技术文献出版社，1998.
[73] 唐海萍，陈海滨，李传哲，等，基于 KJ 法的艾比湖流域生态环境综合治理研究[J]. 干旱区地理，2007，30(3).
[74] 薛萌. 对老年大学健身舞与有氧健美操课程的比较研究[J]. 科教文汇，2011(7).
[75] 易璇，齐朝晖. 预防保健对老年痴呆的重要性[J]. 中国民康医学，2008，20(10).
[76] 朱芬郁. 高龄教育：概念、方案与趋势[M]. 台北：五南图书出版股份有限公司，2011.
[77] 张升，李小平. 浅谈老年性痴呆的病因病机及预防对策[J]. 中国社区医师，2008，10(4).
[78] 钟启泉. 现代课程论[M]. 上海：上海教育出版社，1989.
[79] ROWE J W, KAHN R L. Human aging: Usual and successful[J]. Science，1987(23).
[80] LASLETT P A. Fresh Map of Life: The Emergence of the Third Age[M]. London: Weidenfeld and Nicholson，1989.
[81] JARVIS P. An International Dictionary of Adult and Continuing Education[M]. London , New York: Routledge, 1990.
[82] SHERRON R, LUMSDEN D B. Introducation to educational gerontology[M]. New York: Hemisphere Publishing Corporation，1990.
[83] JOHN C, EYESON A. Connecting Developments in Corporate Human Management Thinking to the Capability Approach as Used in International Development Research[J]. Management Revue, 2012, 23(2).
[84] RONALD D. What is Equality? Part 2: Equality of Resources[J]. Philosophy and Public Affairs. 1981. 10(3).
[85] ECHÁVARRI R A, PERMANYER I. Ranking profiles of capability sets.. Social Choice and Welfare[J], 2008, 31(3).
[86] GANDJOUR A. Mutual dependency between capabilities and functionings in Amartya Sen's capability approach [J]. Social Choice and

Welfare, 2008, 31(2).
[87] REIKO G, YOSHINHARA N. A Class of Fair Distribution Rules of Rawls and Sen[J]. Economic Theory. 2003, 22(1).
[88] BREENA H. Justice and the Environment in Nussbaum's Capabilities Approach: Why Sustainable Ecological Capacity Is a Meta-Capability [J]. Political Research Quarterly, 2008, 61(2).
[89] HAYEK F A. The use of knowledge in society[J]. The American Economic Review,1945, 35(4).
[90] JACKSONG W A. Capabilities,Culture and Social Structure[J]. Review of Social Economy, 2005, 63(1).
[91] NUNO M. Realism,Universalism and Capabilities[J]. Review of Social Economy, 2007, 65(3).
[92] MOULIN H,SHENKER S. Average cost pricing versus serial cost sharing: an axiomatic comparison[J]. Journal of Economic Theory. 1994(64).
[93] NUSSBAUM M C. Women and Human Development: The Capabilities Approach[M]. Cambridge: Cambridge University Press, 2000.
[94] NUSSBAUM M C. Capabilities as Fundamental Entitlements: Sen and Global Justice[J]. Feminist Economics, 2003(9).
[95] JOHN R. A Theory of Justice[M]. Cambridge, Massachusets: The Belknap Press of Harvard University Press. 1971.
[96] INGRID R. The Capability Approach: a theoretical survey[J]. Journal of Human Development. 2005a, 6(1).
[97] INGRID R. Selecting Capabilities for Quality of Life Measurement [J]. Social Indicators Research. 2005b, 74(1).
[98] SEN A. The Standard of Living[M]. Cambridge: Cambridge University Press, 1985.
[99] SEN A. Inequality re-examined[M]. Oxford: Oxford University Press, 1992.
[100] LADERCHI R. Poverty and its Many Dimensions: The Role of Income as an Indicator[J]. Oxford Development Studies, 1997, 25 (3).
[101] BUECHARDT, GRAND L. Constraint and Opportunity: Indentifying Voluntary Non-Employment[J]. Case Working Paper, 2002

(55).
[102] KLASEN. Measuring Poverty and Deprivation in south Africa[J]. Review of Income and Wealth, 2000(46).
[103] ANGRIST J. The effect of veterans benefits on education and earnings[J]. Industrial and Labor Relations Review, 1993(46).
[104] APPLETON S, BALIHUTA A. Education and Agricultural Productivity: Evidence from Uganda [J]. Centre for the Study of African Economies Working Paper, 1996(5).
[105] BOWLES S, GINTIS H. Schooling in Capitalist America Revisited [J]. Sociology of Education, 2002(1).
[106] CHARELES R, LINK, EDWARD C. Ratledge Social Returns to Quantity and Quality of Education: A Further Statement[J]. The Journal of Human Resources, 1975, 10(1).
[107] EASTERLIN R A. Why Isn't the Whole World Developed? The Journal of Economic History[J]. The Tasks of Economic History (Mar), 1981(1).
[108] FRANCESCONI M, ORSZAG M J, PHELPS E S, et al. Education and the Natural Rate of Unemployment[J]. Oxford Economic Papers, 2000, 52(1).
[109] GODOY R, CONTRERAS M. A Comparative Study of Education and Tropical Deforestation among Lowland Bolivian Amerindians: Forest Values, Environmental Externality, and School Subsidies [J]. Economic Development & Cultural Change, 2001, 49(3).
[110] GROSSMAN M. Government and Health Outcomes[J]. The American Economic Review, 1982,72(2).
[111] HAMMOND J L. Wife's Status and Family Social Standing[J]. Sociological Perspectives, 1987, 31(1).
[112] HERRNSTEIN Richard, CHARLES M. The Bell Curve[M]. New York: Free Press,1994.
[113] IPPOLITO P M, ALAND M. Information, Advertising and Health Choices: A Study of the Cereal Market[J]. The Rand Journal of Economics, 1990(3).
[114] KENKEL D. Health Behavior, Health Knowledge, and Schooling [J]. Journal of Political Economy,1991 (2).

[115] KINGS P, JAMES C. Getting on the Fast Track: Recruitment at an Elite Business School[M]. Albany: State University of New York Press, 1990.

[116] LEFGREN L, MCINTYRE F. The Relationship between Women's Education and Marriage Outcomes[J]. Journal of Labor Economics, 2006, 24(4).

[117] LANCE L. Education, Work, and Crime: A Human Capital Approach[J]. International Economic Review, 2004(3).

[118] MAYNARD R A, MCGRATH D J. Family Strcutur, Fertility and Child Welfare [M]. Ann Arbor: University of Michigan Press, 1997.

[119] MANTON K G, CORDER L, STALLARD E. Chronic Disability Trends in Elderly United States Populations: 1982—1994[J]. Proceedings of the National Academy of Science, 1997, 94(6).

[120] MCMAHON W W. Education and Development: Measuring the Social Benefits[M]. Oxford: Oxford University Press, 2000.

[121] MOFFITT T. Adolescence-Limited and Life-Course-Persistent Antisocial Behavior: A Development Taxonomy[J]. Psychological Review, 1993(100).

[122] NICKELL Stephen. Education and Lifetime Patterns of Unemployment[J]. Journal of Political Economy, 1979, 87(5).

[123] PSACHAROPOULOS G. Rates of Return to Investment in Education around the World[J]. Comparative Education Review, 1972, 16(1).

[124] RAUDENBUSH S, KASIM R. Cognitive Skill and Economic Inequality: Findings from the National Adult Literacy Survey[J]. Harvard Education Review, 1998(68).

[125] SCHULTZ T W. The Value of the Ability to Deal with Disequilibria[J]. Journal of Economic Literature, 1975, 13(3).

[126] SCHULTZ T W. Investment in Human Capital[J]. American Economic Review, 1961, 51(3—4).

[127] SPENCE M A. Market Signaling[M]. Cambridge, MA: Harvard University Press, 1974.

[128] SWINDELL R. U3As in Australia and New Zealand: Society's $4

Million Bonanza[J]. Comparative Education, 1999(2).

[129] WEIR S, KNIGHT J. Externality Effects of Education: Dynamics of the Adoption and Diffusion of an Innovation in Rural Ethiopia [J]. Economic Development and Cultural Change, 2004(1).

[130] ZHAO Y H. Labor Migration and Returns to Rural Education in China[J]. American Journal of Agricultural Economics, 1997, 79 (4).

[131] GORDON B A, RYKHLEVSKAIA E I, BRUMBACK C R, et al. Anatomical Correlates of Aging, Cardiopulmonary Fitness Level, and Education[J]. Psychophysiology, 2008, 45(5).

[132] KAHNEMAN D,DIENER E,SCHWAS N. Well being: the foundation of hednoice Psychology [M]. New York: Russell Sage,1999.

[133] KRAMER A F, WILLIS S L. Enhancing the Cognitive Vitality of Older Adults[J]. Current Directions in Psychological Science, 2002 (5).

[134] LAWTON M P. A Multidimensional View of Quality of Life in Frail Elders[J]. Concept & Measurement of Quality of Life in the Frail Elderly, 1991.

[135] LEVI L,ANDERSON L. Population,Environment and Quality of Life[J]. Royal Minister for Foreign Affair,1987, 40(6).

[136] NG S H, PING K K, PONG R W M. People living in ageing buildings: Their quality of life and sense of belonging[J]. Journal of Environmental Psychology, 2005, 25(3).

[137] LUCAS R E. On the Mechanic of Economic Development[J]. Journal of Monetary Economics, 1988(22).

[138] CHENERY H B. Patterns of Industrial Growth[J]. The American Economic Review, 1960(4).

[139] CHENERY H B. The Structuralist Approach to Development Policy,The American Economic Review[J]. American Economic Review, 1975, 65(2).

[140] KUZNETS S. Modern Economic Growth: Findings and Reflections [J]. The American Economic Review,1973(3).

[141] MANHEIMER R J, SNODGRASS D D, MOSKOW-MCKENZIE

D. Older Adult Education：A Guide to Research，Programs，and Policies[M]. London：Greenwood，1995.

[142] MANHEIMER R J. Older Adult Education in the United State：Trends and Predictions [M]. Ashevile，North Carolina：North Carolina Center for Creative Retirement，University of North Carolina at Ashevile，2002.

[143] SAMUELSON P A. The Pure Theory of Public Expenditure[J]. Review of Economics and Statistics，1954(4).

[144] OSTROM E. A Behavioral Approach to The Rational Choice Theory of Collective Action[J]. American Politics Science Review，1998(1).

[145] PARDASANI M P. Senior Centers：Pattern of Programs and services[D]. New York：Yeshiva University，2003.

[146] BEANE J A. Curriculum integration：Designing the core of democratic education. [M]. London：Teachers College Press，1997.

[147] DUNCAN B A，SIEGAL A P. Early diagnosis and management of Alzheimer's disease[J]. Journal Clinical Psychiatry ,1998 ,59(9).

[148] FILLENBAUM G G，HEYMAN A，HUBER M S，et al. The prevalence and 3－years incidence of dementia in older Black and White community residents[J]. Journal of Clinical Epidemiology，1998，51(7).

[149] MCCLUSKY H Y. Education，Backgeound and Issues：White House Conference on Aging[M]. Washington D. C：U. S. Government Printing office,1971.

[150] MEZIROW J A. A Critical Theory of Self－Directed Learning[J]. New Directions for Adult & Continuing Education，1985(25).

[151] BROOKFIELD S D. Understanding and Facilitating Adult Learning：A Comprehensive Analysis of Principles and Effective Practices[M]. Milton Keynes ：Open University Press，1994.

# 后　　记

能力是个人和社会福利增长的源泉，社会保障能力的实现方式不是能力自由而是能力平等，教育包括老年教育是重要的也是非常有效的能力补偿机制，这是本研究得到的最为重要的结论。全书致力于表达这样的中心思想，也希望读者在完成此书的阅读后能有同样的感受。阿马蒂亚·森仅认识到能力可以用来评价生活质量和福利水平，却没有看到能力对于福利增长的重要作用，而本书可以弥补其在能力方法理论方面的缺陷，这正是本书所取得的一点突破和可以出版的价值。

衰老和死亡是每个生命体的宿命，唯有此方式才能进化和发展。笔者对老年教育的研究已经历经了5年多的时间，其间曾经采访过许多老年人，他们中的一些已经过世了。平淡的生命却能给人以许多震撼。此处，我认为非常有必要记录下他们对后人的告诫，用他们最朴实的话语来纪念他们的永恒，并向他们表达我们的敬意。

感谢帮助写作此书的老年人，本书最为重要的理论创新来自老年人对于老年教育的理解，是他们对于生活、社会以及生命的智慧给了我写作的灵感。由此我也感到许多老龄问题，甚至是社会问题，其包含的道理和解决的方案并不在书本上，而在老年人的思想和智慧里，它们在等待年轻的一代去汲取和挖掘。

感谢我的恩师姚先国教授，他以敏锐的眼光、高超的学术造诣以及极大的爱心向我指明了老年教育的研究方向，从而将我引入了经济学中的未知领域。感谢我的师兄杨宜勇教授对我学术上的指点。感谢浙江大学的教授袁加勇前辈，他一丝不苟地认真地修改了本书的初稿，提出了许多很有帮助的建议，他的不断鼓励更给了我进一步研究的勇气。还要感谢浙江省社科联对于本书出版的资助。

本书一定会有许多不足之处，还望读者批评指正！

最后，祝愿天下所有的老年人幸福安康！

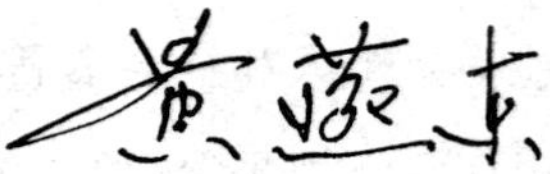

2015 年 6 月于杭州